广东省江门大道
管理与养护标准化手册

廖志聪　刘　渊　马少飞　编著

人民交通出版社股份有限公司
China Communications Press Co.,Ltd.

内 容 提 要

本书以江门大道工程为基础，结合管理与养护的实践及需求，采用图文并茂的方式，系统介绍了管理与养护工作的制度要求、组织架构，详细介绍了路基、路面、桥梁、涵洞、隧道、交通工程及沿线设施、绿化检查评定与养护的工作目的、内容及方法，并明确了应急管理、信息化建设与管理的相关要求。内容浅显易懂、生动活泼、全面细致，具有很强的针对性和实用性。

本书适合基层养护人员、管理人员和技术人员参考使用，也可作为大专院校学生学习用书。

图书在版编目(CIP)数据

广东省江门大道管理与养护标准化手册/廖志聪，刘渊，马少飞编著．—北京：人民交通出版社股份有限公司，2019.5

ISBN 978-7-114-15374-7

Ⅰ．①广… Ⅱ．①廖… ②刘… ③马… Ⅲ．①城市道路—公路养护—标准化—江门—手册 Ⅳ．①U418-62

中国版本图书馆 CIP 数据核字(2019)第 047043 号

书　　名：广东省江门大道管理与养护标准化手册
著 作 者：廖志聪　刘　渊　马少飞
责任编辑：张一梅
责任校对：赵媛媛
责任印制：张　凯
出版发行：人民交通出版社股份有限公司
地　　址：(100011)北京市朝阳区安定门外外馆斜街 3 号
网　　址：http://www.ccpress.com.cn
销售电话：(010)59757973
总 经 销：人民交通出版社股份有限公司发行部
经　　销：各地新华书店
印　　刷：北京虎彩文化传播有限公司
开　　本：787×1092　1/16
印　　张：12.5
字　　数：290 千
版　　次：2019 年 5 月　第 1 版
印　　次：2019 年 5 月　第 1 次印刷
书　　号：ISBN 978-7-114-15374-7
定　　价：50.00 元

《广东省江门大道管理与养护标准化手册》

编 委 会

前言

为促进江门大道管理与养护工作的规范化、标准化、精细化，便于养护工作人员具体工作，提高道路养护技术水平，编者结合江门大道管理与养护的实践及需求，编写了《广东省江门大道管理与养护标准化手册》，包括养护管理机构、养护管理制度、结构物检查评定及养护、应急管理及制度、信息化建设及管理等内容。本书旨在对江门大道管理与养护工作全面实施标准化管理——细化管理与养护工作制度，规范各类结构物的养护工作流程，完善应急管理措施，形成一套行之有效的标准化管理与养护制度，使管理与养护的各个层面、各个环节、每个养护单位、每一位养护员工都能高效、规范地进行管理与养护工作，每一道工序和每一项工作内容都能精细、高效、协调和持续进行。通过这样一套完整的标准和办法，规范和指导江门大道的管理与养护工作，使江门大道管理与养护工作标准化、程序化、精细化，从而实现争先创优、高效科学的管理与养护目标。

在编写本书时，作者采取理论与实践相结合的方法，将理论分析和实际管理与养护工作紧密结合在一起，明确了各种工程设施的管理与养护要求，书后还附有一些常用表格。本书既有理论性又有实践性，努力为基层养护人员与各级管理人员提供一部实用参考书。

本书共分十三章，各篇章既相互独立，又彼此关联，形成了一个整体。本书由江门市交通工程建设有限公司和北京新桥技术发展有限公司组织编写，具体的编写分工为：第一章、第二章：廖志聪、朱建明；第三章、第四章：马少飞、李文辉；第五章：刘渊、张占超；第六章：张占超、毕硕松；第七章：马少飞、毕硕松、朱建明；第八章：马少飞、曾人状、毕硕松；第九章：刘渊、张俊杰，丁铭，第十章：毕硕松、钟栋成；第十一章：马少飞、向小苗、丁铭；第十二章：廖志聪、乔国栋；第十三章：朱建明、张磊。

本书在编写过程中，得到了江门市公路局、江门市交通工程建设有限公司、江门大道管理中心等单位和领导的关心和支持，在此谨致谢意。由于编写时间有限，书中仍有许多不足之处，恳请阅者批评指正。

作　者

2018 年 12 月

目 录

第一章 概 述

江门大道是广佛江快速通道的一部分，南北方向贯通江门三区一市，是江门市标志性的主干道。

江门大道设计为双 Y 形路线，全长 123km。大道基本采用双向六车道 + 四辅道快速路标准，部分路段没有辅道。

江门大道主路全程大部分由高架桥、隧道构成，全程封闭，不设红绿灯，在沿途设有辅道作为出入口，设计速度 80km/h。辅道按照城市次干道标准建设，设计时速 40km/h。

江门大道主要技术指标见表 1-1。

主要技术指标表 表 1-1

序号	项目		单位	江门大道
1	道路等级			一级公路(双向六车道，兼具城市道路功能)
2	设计速度		km/h	80
3	行车道宽度		m	3.75×3×2
4	硬路肩宽度		m	3.75×2
5	中央分隔带宽度		m	3.00
6	不设超高最小平曲线半径		m	2500
7	一般平曲线最小半径		m	400
8	最大纵坡		%	5
9	竖曲线最小半径	凸形	m	一般值:4500;极限值:3000
		凹形	m	一般值:3000;极限值:2000
10	停车视距		m	110
11	桥涵设计荷载			公路-Ⅰ级
12	桥涵设计洪水频率			特大桥 1/300，中桥、小桥、涵洞、路基 1/100

第二章

术　语

1. 路面综合破损率

表征路面完好程度的指数。

2. 路面强度指数

为路面设计弯沉值与路段代表弯沉值之比，是表征路面结构整体强度的相对指标。

3. 路面质量指数

由路面的行驶质量指数、路面状况指数、路面强度指数和路面抗滑性能评价指标通过加权计算得出的综合评价指标。

4. 调治构造物

为引导水流方向，使水流平顺通过桥孔并减缓水流对桥位附近河床、河岸的冲刷而修建的水工构造物。

5. 养护作业控制区

为公路养护安全作业所设置的交通管控区域，分为警告、上游过渡、缓冲、工作、下游过渡、终止等区域。

6. 警告区

从公路养护作业控制区起点布设施工标志到上游过渡区起点之间的区域，用以警告驾驶人员已进入养护作业区域，应按交通标志调整行车状态。

7. 上游过渡区

保证车辆从警告区终点封闭车道平稳地横向过渡到缓冲区起点侧面非封闭车道之间的区域。

8. 工作区

从缓冲区终点到下游过渡区起点之间的施工作业区域。

9. 下游过渡区

保证车辆从工作区终点非封闭车道平稳地横向过渡到终止区起点之间的区域。

10. 终止区

设置于下游过渡区后调整车辆恢复到正常行车状态的区域。

11. 大型载重汽车停靠区

设置于桥梁搭板前或隧道入口前，控制大型载重汽车间歇放行或引导通行的停车区域。

12. 桥梁构件

组成桥梁结构的最小单元，如一片梁、一个桥墩等。

13. 桥梁部件

结构中同类构件的统称，如梁、桥墩等。

14. 山岭隧道

指贯穿山岭或丘陵的隧道,是相对于城市隧道和水下隧道,表示修建场所不同的名称。

15. 隧道土建结构

主要是指隧道的各类土木建筑工程结构物,包括洞口边仰坡、洞门、衬砌、路面、防排水设施、斜(竖)井、检修道及风道等结构物。

16. 洞门

在隧道的洞口部位,为挡土、坡面防护等而设置的隧道结构物。

17. 衬砌

为控制和防止围岩的变形或坍落,确保围岩的稳定,或为处理涌水和漏水,或为隧道的内空整齐或美观等目的,将隧道的周边围岩被覆起来的结构体。

第三章 管理与养护组织架构

第一节 养护组织机构

江门大道管理中心是在江门市公路局领导下,由江门市交通工程建设有限公司组织筹建的管理与养护单位,负责江门大道的管理与养护工作。组织架构见图3-1。

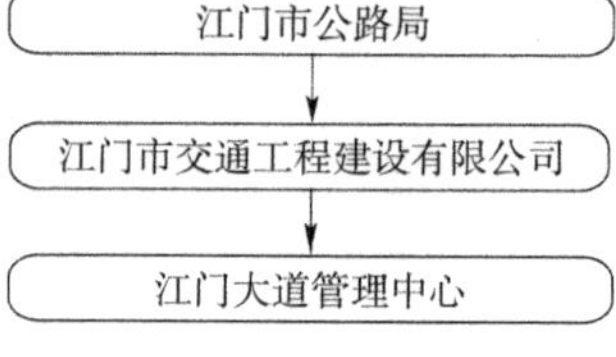

图3-1 组织架构图

江门大道管理中心领导层设中心主任、副主任;业务部门为合约部、养护工程部、综合事务部、财务部、路政大队。江门大道管理中心岗位设置见图3-2。

江门大道管理中心的管理与养护工作实行委托与公开采购相结合的业务管理模式,见图3-3。其中,日常保养和小修维护委托路段属地公路局的养护中心实施,定期检查、特殊检查、应急检查和大中修改扩建等项目通过招标采购,委托市场上具有相应资质和能力的单位实施。管理中心负责招标采购、组织实施、检查、验收等工作。路政大队负责全线路产、路权维护、损失索赔及路损修复工作。

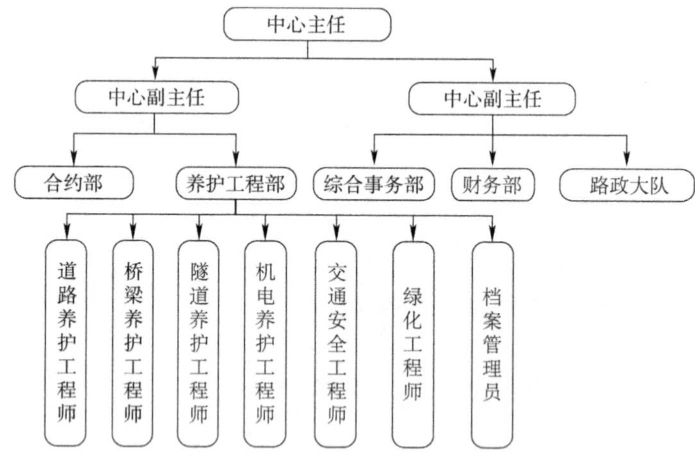

图3-2 管理中心岗位设置图

江门大道管理中心工作职责主要包括:

(1)认真贯彻落实相关公路管理与养护方面的政策法规、标准规范和管理办法,建立各项养护生产规章制度;按照上级单位下达的养护计划,制定详细的实施方案,并按要求实施。

(2)负责江门大道管理与养护工作;负责制定江门大道养护有关技术规章、标准、办法并组织实施;对各职能部门进行管理考核。

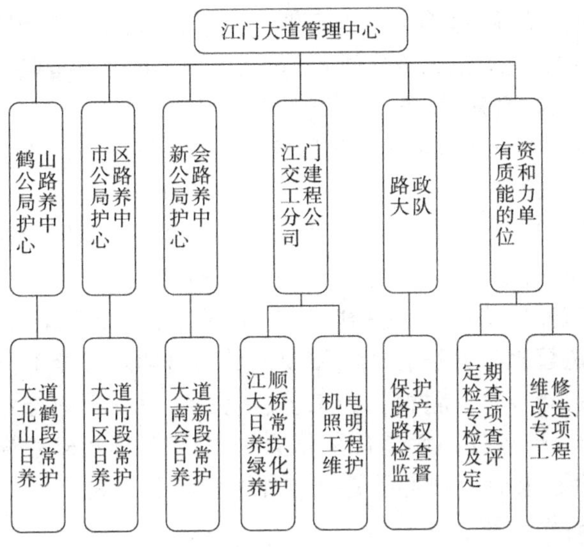

图3-3　业务管理模式图

(3)按照上级部门公路事业发展规划、中长期计划,编制江门大道养护年度计划,经上级批准后,下达组织实施并检查监督。

(4)负责江门大道大中修工程、抢修恢复工程等工程项目的工程测量、设计方案、技术设计文件、预算及其变更的审批,并组织检查和验收。

(5)负责江门大道财务管理和会计核算,对资金使用实行全面监督和审计;管理大道全线路产;负责对江门大道路基、路面、桥梁、隧道、沿线设施等实施管理。

(6)负责养护技术研究,对新技术、新材料、新工艺、新设备的应用加以跟踪监测、分析和评价,共同做好技术革新、技术改造、产品开发、技术开发、科研等方面的工作。

(7)负责制定、实施江门大道职工培训计划;指导江门大道精神文明建设。

(8)负责工程养护作业安全的教育、检查和考核工作。

(9)承办上级单位交办的其他工作。

第二节　养护工作职责

一、养护工程部部门职责

工作概述:负责江门大道维修保养的职能部门,在分管领导的直接领导和在上级业务部门的指导下开展管理与养护工作。

职责内容:

(1)负责制定江门大道管理与养护的规章制度、管理办法和工作标准。

(2)负责制定江门大道管理与养护工作计划、目标、质量标准、考核办法及实施方案。

(3)负责组织检查、考核江门大道管理与养护各项工作。

(4)负责监督江门大道路况巡查和日常维修保养工作。

(5)负责组织江门大道的各项指标检测、每季度的路况评定及评定报告上报。

(6)负责江门大道桥梁、隧道等结构物定期检查、特殊检查的组织实施。

(7)按照"预防为主,防治结合"的原则,建立江门大道防汛抢险、台风大雾等灾害性防治工作长效机制,制定工作预案,并负责组织实施。

(8)负责江门大道大中修工程计划、项目建议书、工程可行性方案、设计和预算等的制定、编制及相应申报工作。

(9)负责江门大道养护、大中修工程招投标等工作,并负责组织实施和管理,严格进行工程过程控制和监督检查,确保工程质量、安全、进度和投资效益。

(10)负责江门大道养护工程竣工决算工作,养护工程的交工验收工作。

(11)负责江门大道管理与养护、技术、作业人员的培训与考核工作。

(12)负责推广应用新技术、新材料、新工艺、新设备,提高管理与养护现代化水平。

(13)负责组织收集、整理江门大道日常养护、大中修工程及机务管理相关基础资料和技术资料,并建立相应档案,及时上报各种管理与养护资料及报表。

(14)完成其他临时性工作。

二、养护工程部部长职责

工作概述:负责江门大道的全面管理工作,贯彻执行政策方针,执行上级部门的各项管理规定和指示。

职责内容:

(1)掌握贯彻相关公路管理与养护方面的政策、法规、规范、标准。

(2)负责组织制定江门大道管理与养护的规章制度、管理办法和工作标准。

(3)负责组织制定江门大道管理与养护工作计划、目标、质量标准、考核办法及实施方案。

(4)负责组织检查、考核江门大道管理与养护各项工作。

(5)负责组织江门大道的各项指标检测、每季度的路况评定及评定报告上报。

(6)负责江门大道桥梁、隧道定期检查、特殊检查的组织实施。

(7)按照"预防为主,防治结合"的原则,建立江门大道防汛抢险、台风大雾等灾害性防止工作长效机制,制定工作预案,并负责组织实施。

(8)负责江门大道养护及大中修工程计划、项目建议书、工程可行性方案、设计和预算等的组织制定、编制及相应申报工作。

(9)负责江门大道养护、大中修工程招标等工作,并负责组织实施和管理,组织编制施工现场管理预案,严格工程过程控制和监督检查,确保工程质量、安全、进度和投资效益。

(10)负责江门大道养护工程竣工决算工作,养护工程的交工验收工作。

(11)负责江门大道管理与养护、技术、作业人员的培训与考核工作。

(12)负责推广应用新技术、新材料、新工艺、新设备,提高管理与养护现代化水平。

(13)负责组织收集、整理江门大道日常养护、大中修工程及机务管理相关基础资料和技术资料,并建立相应档案,及时上报各种管理与养护资料及报表。

(14)完成其他临时性工作。

三、道路养护工程师岗位职责

工作概述:负责所辖公路路基、路面及交通安全设施各项检查、小修保养及大中修和专项工程的组织、实施和监督、检查工作。

职责内容:

(1)熟悉有关公路养护工程管理的相关政策、法规、规范、标准及相关制度、办法等,全面掌握江门大道道路的使用状况及相应技术指标。

(2)负责路基、路面、交通安全设施基础技术数据和各项检测数据、检查记录的整理、分析工作。

(3)负责编制路基、路面、交通安全设施养护工程管理办法、制度及相应工作标准、流程等。

(4)负责组织编制路基、路面、交通安全设施养护及大中修工程计划、项目建议书、工程方案、设计和预算等。

(5)负责路基、路面、交通安全设施养护及大中修工程招投标等前期工作。

(6)负责路基、路面、交通安全设施养护及大中修工程的组织实施。

(7)负责路基、路面、交通安全设施养护及大中修工程合同执行情况及工程质量、安全、进度、投资、廉政等的监督、控制和检查,及时提出整改建议。

(8)负责路基、路面、交通安全设施养护工程计量支付的审核,并及时组织编制工程决算。

(9)负责路基、路面、交通安全设施养护工程项目的交竣工验收工作及养护工程的交工验收工作。

(10)负责新技术、新材料、新设备、新工艺应用效果的分析研究,收集相关技术数据,及时进行总结。

(11)负责收集、整理路基、路面、交通安全设施养护及大中修工程相关基础资料和技术资料,并建立相应工程档案。

(12)负责及时上报路基、路面、交通安全设施养护及大中修工程管理相关资料及工程报表。

(13)负责完成路基、路面、交通安全设施专项工程有关工作。

(14)负责道路交通战备管理工作。

(15)完成其他临时性工作。

四、桥梁养护工程师岗位职责

工作概述:负责所辖公路桥涵检查、小修保养、大中修和专项工程的组织、实施和监督、检查工作。

职责内容:

(1)熟悉有关公路养护工程管理相关政策、法规、规范、标准及相关制度、办法等,全面掌握江门大道桥梁的使用状况及相应技术指标。

(2)负责桥涵各项检查的组织实施。

(3)负责桥涵的大中修和专项工程计划、项目建议书、施工方案、设计和预算等的制定、编制及相应申报工作。

(4)负责桥涵结构工程的大中修和专项工程招投标、合同签订、组织实施及监督检查工作。

(5)负责桥涵大中修和专项工程竣工决算工作,工程项目的交竣工验收。

(6)负责收集、整理桥涵大中修工程、专项工程的相关基础资料和技术资料,并建立相应档案,及时上报各类桥涵大中修工程、专项工程管理资料及报表。

(7)负责新技术、新材料、新设备、新工艺应用效果的分析研究,收集相关技术数据,及时进行总结。

五、隧道养护工程师岗位职责

工作概述:负责所辖公路隧道土建结构各项检查、小修保养,大中修和专项工程的组织、实施和监督、检查工作。

职责内容:

(1)熟悉有关公路养护工程管理相关政策、法规、规范、标准及相关制度、办法等,全面掌握江门大道隧道的使用状况及相应技术指标;

(2)负责隧道土建结构各项检查的组织实施。

(3)负责隧道土建结构的大中修和专项工程计划、项目建议书、施工方案、设计和预算等的制订、编制及相应申报工作。

(4)负责隧道土建结构工程的大中修和专项工程招投标、合同签订、组织实施及监督检查工作。

(5)负责隧道土建结构大中修和专项工程竣工决算工作,工程项目的交竣工验收。

(6)负责收集、整理隧道土建结构大中修工程、专项工程的相关基础资料和技术资料,并建立相应档案,及时上报各类隧道土建结构大中修工程、专项工程管理资料及报表。

(7)负责新技术、新材料、新设备、新工艺应用效果的分析研究,收集相关技术数据,及时进行总结。

六、机电养护工程师岗位职责

工作概述:负责所辖公路机电设备日常保养和维修的组织、实施和监督、检查工作。

职责内容:

(1)熟悉有关公路养护工程管理相关政策、法规、规范、标准及相关制度、办法等,全面掌握江门大道机电设施的使用状况及相应技术指标。

(2)负责制定机电工程管理与养护工作计划,下达至各对应单位,并对实施过程进行监督管理。

(3)负责组织检查和考核机电管理与养护、监控室等各项工作。

(4)负责机电养护、大中修和专项工程计划、项目建议书、施工方案、设计和预算等的制定、编制及相应申报工作。

(5)负责机电养护工程招投标、合同签订、组织实施及监督检查工作。

(6)负责组织收集、整理机电设备管理相关基础资料和技术资料，并建立相应档案，及时上报各类管理与养护资料及报表。

(7)负责组织进行机电管理与养护、技术、作业人员培训及考核工作。

七、交通安全工程师岗位职责

工作概述：负责所辖路段交通安全及沿线设施检查、小修保养及维修工程组织、实施和监督、检查工作。

职责内容：

(1)熟悉有关公路养护工程管理相关政策、法规、规范、标准及相关制度、办法等，全面掌握江门大道交通安全设施的使用状况及相应技术指标。

(2)负责交通安全设施基础技术数据和各项检测数据、检查记录的整理、分析工作。

(3)负责编制交通安全设施养护工程管理办法、制度及相应工作标准、流程等。

(4)负责组织编制交通安全设施养护及大中修工程计划、项目建议书、工程方案、设计和预算等。

(5)负责交通安全设施养护及大中修工程招投标等前期工作。

(6)负责交通安全设施养护及大中修工程的组织实施。

(7)负责路基、路面、交通安全设施养护及大中修工程合同执行情况及工程质量、安全、进度、投资、廉政等的监督、控制和检查，及时提出整改建议。

(8)负责交通安全设施养护工程计量支付的审核，并及时组织编制工程决算。

(9)负责新技术、新材料、新设备、新工艺应用效果的分析研究，收集相关技术数据，及时进行总结。

(10)负责收集、整理交通安全设施养护及大中修工程相关基础资料和技术资料，并建立相应工程档案。

(11)完成其他临时性工作。

八、绿化工程师岗位职责

工作概述：负责所辖公路绿化工程的检查、维护工作。

职责内容：

(1)熟悉有关公路绿化相关政策、法规、规范、标准及相关制度、办法等，全面掌握江门大道的绿化配置及特点；

(2)负责对本单位所养路段的苗木生长情况进行调查，制定详细的绿化管护计划及实施方案；

(3)负责落实日常绿化管护，并对绿化管护工作进行定期检查、考核；

(4)协助养护工程部完成所养路段的绿化工程；

(5)负责本单位所养路段绿化管护及绿化工程技术资料、数据的整理、分析工作；

(6)负责引进绿化管护方面的新技术、新工艺，提高绿化管护的科技含量，并参加有关绿化栽植、管护技术的培训和学习；

(7)完成领导交办的其他临时性任务。

九、档案管理员岗位职责

工作概述:负责江门大道的养护文件、资料、信息、档案的管理工作。

职责内容:

(1)负责管理与养护资料的收集、整理、分类、归档工作。

(2)负责本部门会议纪要、文件处理及各种资料、信息的整理、统计和档案管理工作。

(3)负责完成本部门各类报表的统计、上报工作。

(4)负责完成本部门日常办公用品的领用、发放及考勤登记工作。

(5)负责应急预案资料管理,应急演练、培训的资料收集及汇总。

(6)负责管理与养护、技术、作业人员培训及考核的资料。

(7)完成领导交办的其他临时性任务。

第四章 管理与养护制度

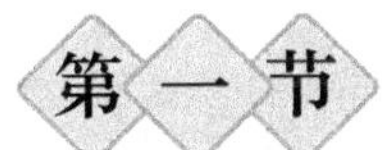

第一节 综合管理与养护制度

一、养护巡(检)查制度

1. 目的

为规范江门大道的道路巡(检)查,确保江门大道的完好畅通,维护公路的完整和高效运行,根据相关规范、文件及公路的实际情况,特制定本制度。

2. 范围

本制度适用于所管辖路段(包括:路基、路面、桥涵、隧道、沿线设施、绿化等)的日常巡查、检查和定期检测。

3. 职责

(1)江门大道养护工程部负责道路巡查的全面管理工作,负责审查承包单位的资格和合同签订。

(2)各属地局养护中心负责道路日常巡查工作,并将巡查中发现的路产损失情况及时通报养护工程部。

4. 工作程序

道路巡(检)查分为日常巡查、定期检查、特殊检查和专项检查。

1)日常巡查

日常巡查分为日间巡查和夜间巡查,由各属地局养护中心负责实施,并填写相应巡查记录及处理意见和落实情况,并以事故易发路段和病害多发路段为重点,根据有关规范、规章制度和合同要求,养护工程部对属地局养护中心的作业内容进行抽查考核。

(1)日间巡查。

日间巡查 1 次/天,并根据巡查人员上报的巡查情况,增加巡查密度。

每次 1 ~2 人,巡查作业中,巡查人员应强化自身保护意识,按规定穿着安全标志服,控制车速,并按规定开启警示灯。注意掌握道路技术状况,并填写《日间巡查记录表》(见附表 A-1),发现路面有坑槽等影响行车安全的病害,应尽快采取安全疏导措施并及时通知养护施工单位和相应责任单位落实整改。

日间巡查主要内容:

①路基:路肩上杂物、杂草情况;路肩土流失、下沉情况;边沟淤塞及积水情况;边坡冲毁及坍塌情况;边坡坡度是否正常;护坡、急流槽、边沟砌体及勾缝损坏情况。

②路面：路面各种病害的详细情况；病害是否危及行车安全；路面的各种杂物、污损情况。

③桥梁：桥面及以上部分的桥梁构件及桥梁结构异常变位情况。

④隧道：洞口、衬砌、路面所处工作状态、妨碍交通安全情况。

⑤交通安全设施及绿化。

a. 护栏：波形梁钢板护栏的损坏或变形情况；立柱与水平构件的紧固状况；污秽程度及油漆损坏状况。

b. 隔离栅、防落网：隔离栅、防落网的损坏或变形情况；污秽程度；油漆损坏及金属锈蚀情况。

c. 标线：标线的污秽情况；标线的缺损情况。

d. 绿化：绿化苗木的成活、裁剪、病虫害情况；草坪的生长情况；护坡草的生长修剪情况。

(2)夜间巡查。

①夜间巡查由养护中心负责实施，每周一次。

每次1~2人。巡查作业中，巡查人员应强化自身保护意识，按规定穿着安全标志服，控制车速，并按规定开启警示灯。注意掌握各种标线及各种反光标志的技术状况，并填写《夜间巡查记录表》(见附表A-2)。

②夜间巡查主要巡视标线、轮廓标、反光道钉、分流、导流坝等的反光情况和完好状况。

2)定期检查

(1)定期检查主要是针对一些日常巡查容易忽视或巡查不到的结构部件或项目并结合气候特点对各种病害的影响因素，对各个项目制定适宜的检查频率及方法，及时发现各种病害，为制定预防性养护措施提供决策依据。定期检查工作由具有相关专业资质的单位进行。

(2)定期检查主要内容。

①路基：

路基技术状况检测频率为1年1次。

以徒步目视检查为主，必要时采用专用仪器。检查路肩外缘线形是否顺适；边沟是否淤塞并积水；护坡是否坍塌或冲毁；护坡、边沟、急流槽的砌体或勾缝是否损坏。

②路面：

路面损坏(PCI)最低检测频率为1年1次，路面平整度(RQI)最低检测频率为1年1次，抗滑性能(SRI)最低检测频率为2年1次，路面车辙(RDI)最低检测频率为1年1次，结构强度(PSSI)为抽样检测。

运用各种仪器设备对路面状况和指标进行检测。路面的定期检查内容包括路面破损状况、路面结构强度、路面平整度及路面抗滑能力四项内容。

③桥梁：

养护检查等级为Ⅰ级的桥梁，定期检查周期不得超过1年；养护检查等级为Ⅱ、Ⅲ级的桥梁，定期检查周期不得超过3年。

主要检测桥梁的外观病害情况，并进行技术状况评定。

④隧道：

定期检查周期应根据隧道技术状况确定，宜每年1次，最长不得超过3年1次。

主要检查隧道的外观病害情况，并进行技术状况评定。

⑤涵洞：

涵洞定期检查频率为每年1次。

主要检查涵洞位置是否恰当，有无开裂、填土有无沉陷、涵底有无漏水、进出口是否堵塞、洞口铺砌是否完好、八字翼墙是否完整、涵内有无淤塞及阻水现象、洞身结构是否完好、涵洞四周护坡是否完好。

⑥交通安全设施：

交通安全设施检查频率为每季度1次。

主要检查护栏、隔离栅的损坏情况、污秽程度、油漆损坏及金属锈蚀情况；标志标线的缺损变形、污秽程度、油漆及反光材料的褪色、剥落情况，标线的磨损情况。

⑦绿化：

绿化检查频率为每月1次。

主要检查中央分隔带、路肩及边坡绿化带中垃圾及杂草清理情况，沿线苗木修剪、整枝情况，沿线苗木枯萎情况等，以保证沿线绿化整齐美观，无断档死株现象。

3）专项检查

专项检查指发生台风、暴雨、地震等自然灾害后，或发生有可能对公路及其附属设施造成较大破坏的异常情况时，对路面、桥梁、隧道、涵洞、通道、防护工程、排水设施、挡土墙、沿线设施或受损部位进行的全面检查。

专项检查由具有相关资质的单位及有经验的专家，并采用必要的仪器设备来实施。检查过程要注意做好安全防护措施，遇有紧急情况及时汇报，部分项目专项检查的承担单位在完成检查后还应提交检查报告。

5. 养护意见

通过各种检查结果评定养护等级，及时提出整改意见、技术状况评价等，并制定计划，估计养护范围和方式，反馈给养护施工单位，督促其及时处理。

6. 资料存档

各种检查记录应按统一规定分类归档，并确保资料的完整性。养护中心应在每年的3月将前一年的各种检查记录移交中心档案室。

二、日常管理与养护办法

1. 目的

为加强江门大道日常管理与养护工作，确保江门大道安全畅通，根据国家相关法律法规、技术规范及规范性文件，结合工作实际，制定本办法。

2. 范围

本办法适用于江门大道的日常管理与养护工作。

3. 工作程序

（1）江门大道日常养护应贯彻“预防为主，防治结合”的基本方针，加强江门大道日常养护，保持江门大道及沿线设施稳定的技术状态。

（2）日常养护内容包括路基、路面、桥涵、隧道、交通工程及沿线设施、绿化等，具体内容可参照交通运输部《公路养护技术规范》执行。

(3)江门大道日常管理与养护工作从工程交工验收合格之日起，由江门大道管理中心组织实施。

(4)日常管理与养护办法涉及的技术规范及规范性文件如遇更新，按最新规定执行。

(5)日常养护工作目标。

江门大道技术状况指数(MQI)保持在90以上，各分项指标(PQI、SCI、BCI、TCI)不低于85，保持畅、洁、绿、美、安的行车环境。

江门大道达到路基坚实，边坡稳定，排水设施完善、畅通；路面保持平整密实、整洁美观，桥头无明显跳车，病害处治及时，无修补不良现象；桥涵等构造物保持技术状况良好；交通安全设施保持规范、齐全；机电系统设施、设备应处于良好运行状态；绿化苗木保持长势良好，无整段死苗、缺苗现象。

江门大道日常养护内业资料应齐全、真实、规范，并应成立养护资料档案室，及时将内业资料整理、归档。

(6)江门大道应加强日常养护维修安全作业的管理，做到施工安全设施齐全，施工现场规范、有序。

(7)江门大道技术状况检测调查与评定。

①江门大道应按照《公路技术状况评定标准》的有关规定，定期对江门大道技术状况进行检测调查与评定。

②江门大道技术状况检测调查与评定应遵循客观、科学和高效的原则，积极采用先进的检测和评价手段，保证检测与评定结合准确可靠。

③江门大道技术状况检测与调查应尽量采用自动化检测设备，由具有相应资质和技术能力的单位进行。

④江门大道技术状况检测调查结果应及时进行整理，进行技术状况综合评定。检测调查与评定结果应作为制定江门大道养护年度计划和维修对策的重要依据。

(8)江门大道小修保养。

①路面保洁应实现机械化作业，主线及匝道每日应至少进行1次全程清扫。

应及时、经常地对路面进行保养维修，防止路面坑槽、裂缝等病害的产生和发展，确保路况良好。对路面坑槽等影响行车安全的病害应在发现后24小时内修复；裂缝要不分季节及时灌缝，并确保施工质量，防止修补不良。

②路基边坡砌筑防护等应无沉陷、无掏空现象，达到路基边坡、边沟和沟外平台线形顺直、美观，填土密实、稳定。对于软基等地质不良路段，如果发生不均匀沉降等病害，应进行连续观测，并做好记录。

③应定期对各种交通安全设施进行清洗、检查、维修，保证其清洁、完整，并处于良好状态。标志破损应在发现后5日内修复或更换，护栏、隔离栅破损、丢失应在发现后2日内修复或更换；标志立柱、板面每季度清洗1次；沿线护栏每年至少清洗2次。

④绿化管护应及时，做到无明显病害，无缺行断垄。对死苗、缺苗要在春季、雨季进行补植。补植苗木的规格应与成活苗木品种规格相同或略偏大；适时对包括主线的边坡、中央分隔绿化带及匝道互通区内绿化工程实施浇水、追肥、剪枝抚育、病虫害防治等管护项目。

⑤小修保养是对江门大道及其沿线设施经常进行维护保养和修补其轻微损坏部分的作业。江门大道应积极进行预防性养护，采取必要的措施，使江门大道始终处于完好状态。

⑥江门大道管理中心应积极推广应用新技术、新材料、新工艺、新设备，提高江门大道养护现代化水平。

⑦江门大道管理中心每季度应至少进行 1 次对所属养护中心或日常养护承包单位的考核与检查，根据实际情况制订相应的考核办法和检查评定标准，对江门大道养护技术状况、内业档案、资金及合同履行情况、安全生产及机械设备管理情况等进行全面检查，并制定相应的奖惩办法。

(9) 日常养护资金管理。

每年应安排足够的日常养护资金，确保路况良好、安全畅通。

日常养护资金必须专款专用。自办模式的管理与养护单位要建立江门大道日常养护生产台账，对日常养护资金的使用要有详细记录；承包模式的管理与养护单位要详细调查养护市场，签订承包合同，明确管护范围和费用计量支付方式。

三、日常养护作业过程控制程序

1. 目的

日常养护作业过程控制程序规定了日常养护作业的过程控制程序，旨在加强各项管理与养护工作，及时修复损坏部分，实施预防性养护，保持路况良好。

2. 范围

日常养护作业过程控制程序适用于江门大道的日常养护作业。

3. 职责

中心养护工程部负责日常养护维修作业的控制领导工作。

属地局养护中心或日常养护承包单位为具体负责实施的部门。

4. 工作程序

(1) 各属地局养护中心根据下达的年度养护计划、季度考核办法、年度养护考核目标，制定总体实施计划。内容包括：路面、路基、绿化、结构物的各组成部分等，并应突出重点。

(2) 具体实施计划的管理。

①具体实施计划由属地局养护中心统一管理。

②具体实施计划在执行过程中如发生变化，由具体负责的技术管理人员提出修改意见后，报中心养护工程部审批。

③每月 23 ~ 25 日属地局养护中心向中心养护工程部填报本月生产完成情况和下月计划。

5. 养护作业

(1) 技术、安全交底。

各类养护维修项目都必须进行技术、施工要求和安全交底。

交底内容包括：施工方法、质量要求、安全措施等，并填写《技术安全交底表》（见附表 A-4）。

(2)确定作业范围,进行施工放样。

现场测量工具须经过检定合格并有标识方可使用。

现场养护人员根据公路路况的具体情况,确定作业范围。

现场养护人员在修补后应填写《养护工程计量单》(见附表 A-5),由养护负责人签认,交养护中心保存。

6. 施工检验

检查养护作业现场的施工安全标志是否齐全、醒目,作业人员是否着安全标志服;作业人员对每道工序均需进行自检,合格后方可进行下道工序,若自检不合格,则必须进行返工,直至合格,并填写《养护工程质量验收单》 (见附表 A-6)。

7. 对属地局养护中心的检查

(1)检查范围:养护作业的质量、计划执行情况、临时增加工作的完成情况、养护作业的及时性和安全性等。

(2)检查方法:随机抽查和定期检查相结合,定期检查每月不少于 1 次。

8. 作业环境要求

现场施工材料应堆放整齐,保证道路畅通。做到工作有序、文明生产,为正常施工创造良好的工作环境。

四、日常养护检查考核办法

为进一步加强江门大道日常管理与养护工作,提高管理与养护水平,依据上级部门和行业主管部门的考核要求,并结合本单位的工作实际,制定本单位日常养护检查考核办法,每月对承包人的工作进行检查,日常养护检查考核办法按月、季、年进行检查、考核,并把检查结果作为对养护作业单位养护质量的评价依据,具体考核办法如下。

1. 检查考核范围及对象

日常养护检查考核办法适用于江门大道的公路工程日常养护和小修工程,包括路基路面、桥梁隧道等项目,不包括机电工程及绿化工程(另行考核)。被考核对象为负责养护工程的实施单位。

2. 检查考核方式

(1)考核时间。

每月的 20 ~25 日,当与其他形式的检查冲突时,与其他形式的检查合并进行。

(2)实施办法。

考核分月度考核、季度考核和年度考核,根据公路养护生产的不同季节和生产特点,有重点地检查养护作业项目和内容。考核采用百分制,其中达标为 90 ~ 100 分,基本达标为 70 ~89 分,不达标为 70 分以下。针对考核情况,管理中心将以通报的形式告知各养护单位。

每次考核抽取 3km 检查,原则上上、下次考核不能重复抽查同一路段。

①月度考核:月度考核标准分为 100 分,每月由江门大道管理中心组织月度考核,按公路管理与养护考核表评分。

②季度考核:季度考核总分为 100 分,每季度最后一个月由江门大道管理中心组织季度考核,按公路管理与养护考核表评分。季度考核分 = 季度专项检查得分 ×60% +(该季度前

两个月)月度检查平均分×40%。季度考核分是该季度计量支付的依据,季度考核≥90分,该季度支付款为该季度理论支付额(即不扣款);季度考核<90分,则每低1分,扣罚该季度理论支付额的1%。季度考核<70分为不达标,将扣罚该季度理论支付额的30%。季度考核累计2次不达标,则视为被考核单位严重违约,考核单位有权终止合同,并进驻现场接管合同承包的日常养护工程。

③年度考核:年度考核分为季度考核分的算术平均值。年度考核低于70分者为不达标,视为被考核单位严重违约,考核单位有权终止合同,并进驻现场接管合同承包的日常养护工程。

④季度评分在95分以上(包括95分),下季度初给予被考核单位5000元的奖励;若年度评分在95分以上,则在年终另外给予合同总金额1%的奖励。考核奖金应用于奖励各路段养护工作相关人员,奖励方案交江门大道管理中心备案。

(3)《养护质量考核表》见附表A-3。

(4)每次考核完成后,及时宣布考核结果及存在的问题,养护单位应限期整改,如不能及时整改需上报说明原因。

3.整改及验收

整改方法措施应符合现行《公路桥梁施工养护规范》。验收程序和要求按现行《公路工程竣(交)工验收办法》和《公路工程质量检验评定标准》及广东省公路工程验收有关规定、规范执行。若养护单位整改质量不符国家、地方相关检验标准的,管理与养护单位可要求养护单位无偿返工。对于养护单位多次整改仍达不到相关检验标准的,管理与养护单位不结算该部分工程量。

五、养护维修、专项工程管理程序

1.目的

本程序规定了工程养护专项工程的管理程序,旨在加强江门大道工程养护专项管理工作的计划性、有序性,提高工程养护专项工程管理的工作效率。

2.适用范围

养护维修工程是指为保持公路及其附属设施的正常使用功能,而进行经常性、预防性修补其轻微损坏部分的工程。

专项工程是指对公路及其附属设施的一般性磨损和局部损坏进行修理、加固、更新和完善的工程及对已达服务周期,或因水毁、风暴、交通事故等造成损坏的公路和其附属设施,必须进行应急性、周期性的综合处治和修复,以逐步提高公路通行能力的工程。

3.职责

(1)公路养护维修、专项工程项目,均需严格贯彻执行交通运输部现行公路工程有关技术标准、规范、规程和办法,确保工程设计和施工质量符合一级公路的运营要求。

(2)养护维修、专项工程项目的建设项目、设计方案和估算投资,经报上级主管部门批准下达后方可实施,交通事故造成的工程维修可在抢修后补办有关手续。上报专项工程时,需填写《专项工程审批表》(见附表A-7)。

(3)养护维修、专项工程的实施由管理中心通过招标、议标等方式选择施工队伍,统一组织实施。

4. 工作程序

(1)工程承包人的确定。

(2)养护维修、专项工程应遵照《施工监理办法》和《公路工程施工管理规范》,实行施工单位自检、项目监理和社会监督的三级质保体系;一般工程可由公司选派(或外聘)专职技术人员进行现场监理;大型复杂工程可委托有资质经公开投标的专业监理单位进行监理。

5. 技术管理

(1)工程技术文件必须根据《公路工程基本建设项目设计文件编制办法》的要求进行编制。养护维修、专项工程概(预)算可根据现行定额进行编制。

(2)养护维修、专项工程实施时,各实施单位应成立工程管理领导小组,负责协调、监督和落实,并明确项目负责人。

(3)施工单位应在投标书中提出实施性的施工组织设计,内容包括拟投入专项工程的人员、机械材料、来源、具体施工工艺、施工工期和进度安排、制定确保通车和施工安全的措施、建立质量保证体系等。

(4)养护维修、专项工程开工前,各单位部门及施工单位的技术负责人应熟悉、核对设计图纸和资料,明确设计意图和质量标准要求,组织有关施工人员学习技术规范和操作规程,做好施工测量、材料试验以及设备材料和劳力组织等准备工作。

(5)养护维修、专项工程施工中,各有关单位应在各自的职责范围内认真做好高程及平面尺寸的测量控制和材料的组成设计,加强对油石比、水灰比、强度、压实度、厚度、横坡度、横向力系数、平整度等各项技术指标的全过程检测、试验与监督工作,及时检查、填写和收集施工原始记录和资料。施工单位应按时上报工程月报,包括当月和累计工程进度、工程质量、设计变更、计量支付及下月施工计划安排。

(6)在施工过程中,要严格执行按图施工的原则,不得随意变更工程设计,特殊情况需变更时,应填报变更设计报告单,经监理工程师同意后,报设计单位、公司批准后方可实施。每项工程均需建立完善的维修和专项工程技术档案,内容包括:

①竣工资料。

②验收会议纪要。

③工程完成后,须整理装订成册(一式三份),及时移交养护工程部存档备查。

6. 质量管理

(1)认真贯彻“百年大计,质量第一”的方针。精心组织,精心施工,实行全面质量管理,确保优良工程。

(2)专项工程施工,必须交由符合有关文件规定(具有一定资质等级和高等级公路施工经验)的施工单位承包;发包时,必须通过招投标或议标方式择优选定,并实行五包,即包工期、包质量、包投资、包畅通、包安全。

(3)养护维修、专项工程质量管理应实行养护工程部、现场监理逐级把关负责制,发现问题及时处理;养护工程部在工程实施过程中应加强中期质量检查,以确保工程质量。

(4)施工中,承包人必须严格按照设计文件、有关规范和操作规程进行施工作业,不得偷工减料、随意改变施工程序或任意简化工作程序。

(5)工程所用进场材料的设计指标(包括规格型号、杂质含量等)必须符合设计要求,对钢筋、水泥、沥青等主要材料,除须附有出厂合格证明外,还要做好抽样试验,不得以次充好和擅自替换。

(6)所有工程(包括路基、路面、桥涵和房屋工程等)在施工过程中,均须按有关规范和规定,及时进行检测和试验,严格控制每道工序中各项技术指标,使之符合设计要求,确保工程质量。

(7)施工中所有的材料试验由经监理批准的有相应资质的实验室进行,所发生费用由施工单位负责(在合同条款中予以明确)。

(8)工程的外形尺寸及各项设计指标,必须满足设计文件和《公路工程质量检验评定标准》的要求,并做到线形平顺整齐,外形美观一致。

(9)对不符合质量要求的工程,监理人员应要求施工单位及时纠正或返工,以确保工程质量。

7. 合同管理

(1)施工合同是发包承包双方为完成专项工程项目,明确双方责任权利和义务,经双方充分协商后达成的法律文件,双方必须严格信守执行。

(2)施工合同必须符合国家有关法律、政策和规定,并具备以下基本条件:

①具有法人资格。

②承包人有与招标工程相适应的施工能力(包括为完成项目工程所需配备的安全、质量保证体系,技术人员素质,机械设备能力和施工技术方案等)。

(3)负责单位在洽谈合同时必须有两名以上有关人员参加,合同主要条款应事先在养护工程部或主管领导主持下集体讨论决定,洽谈代表不得擅自更改。

(4)合同应具备以下主要条款和内容:

①合同双方单位名称。

②工程名称的地点(或桩号)。

③施工范围和内容,工程数量。

④开、竣工日期。

⑤工程质量保证体系及保证方法。

⑥工程造价。

⑦工程价款的支付、结算办法。

⑧双方责任权利义务及违约责任。

⑨工程意外事项等。

(5)施工合同应有双方法定代表人(或其书面委托的代表)签字并加盖单位公章,否则即视为无效合同。

(6)施工合同正本由签字双方各执一份归档,副本除执行部门执行外,同时送公司财务、养护工程部备案。

8. 工程验收及决算

(1)养护维修、专项工程的验收程序和要求按现行《公路工程竣(交)工验收办法》和《公路工程质量检验评定标准》及广东省公路工程验收有关规定、规范执行。

(2)工程的验收,一般应分为初验(交工验收)和竣工验收两阶段进行。由管理中心主持(交)竣工验收。

(3)工程完工后,施工单位应按有关规定准备好交工资料,向管理中心提出交工验收申请,经核实具备交工验收条件后方可组织初验。

竣工验收时施工单位应提供以下资料:竣工资料(包括设计文件及竣工图纸;各种原材料实验报告及合格证明;各类混凝土、浆强度等中间试验报告和记录;施工过程中各种检查原始记录及重要部位、隐蔽工程的照片和文案说明;重大问题的处理文件或变更设计审批表;承包方的施工总结等),以及交工验收报告。

验收通过后,提交《专项工程经费结算单》(见附表 A-8)。

(4)工程缺陷责任期为从竣工之日起两年。在缺陷责任期内工程所出现的一切工程自身质量问题均由施工单位负责修缮;如不能修缮,管理中心有权从保留金中扣除所发生的一切费用。缺陷责任期过后,剩余保留金一次性付给施工单位。

(5)养护维修、专项工程质量评定的依据是《公路工程质量检验评定标准》。工程质量标准分为“合格”“不合格”两个等级。总评分在 75 分以上(含 75 分)者为合格;总评分在 75 分以下的工程为不合格工程。不合格工程应限期返工,以达到合格为止,费用由施工单位自负。

(6)竣工验收后一个月内,施工单位应及时办理工程决算,清理各种往来款项和剩余材料等。

六、专项工程质量检验评定标准

1. 目的

为加强江门大道养护专项工程质量管理,统一公路养护专项工程质量检验标准和评定标准,保证工程质量。现根据《公路工程质量检验评定标准　第一册　土建工程》(JTG F80/1—2004),特制定本标准。

2. 适用范围

专项工程质量检验评定标准适用于江门大道专项维修工程项目的质量鉴定、监理工程师对专项工程质量的抽查认定、施工单位自检和分项工程的交接验收,是专项维修工程交工验收和竣工验收的质量评定依据。

3. 工程质量评定

根据维修任务、施工管理和质量检验评定需要,应在施工准备阶段将维修项目划分为单位工程、分部工程和分项工程。施工单位、工程监理单位和管理与养护单位按相同的工程项目划分进行工程质量的监控和管理。

(1)单位工程。

在专项维修项目中,根据签订的合同,具有独立施工条件的工程。

(2)分部工程。

在单位工程中,应按结构部位、路段长度及施工特点或施工任务划分为若干个分部工程。

(3)分项工程。

在分部工程中,应按不同的施工方法、材料、工序及路段长度等划分为若干个分项工程。

(4)专项维修工程质量检验评分以分项工程为评定单元,采用100分制评分方法进行评分。在分项工程评分的基础上,逐级计算各相应分部工程、单位工程、管辖段和专项维修项目评分值。

(5)施工单位应对各分项工程按专项工程质量检验评定标准所列基本要求、实测项目和外观鉴定进行自查,按《公路工程质量检验评定标准　第一册　土建工程》(JTG F80/1—2004)的附录J中"分项工程质量检验评定表"及相关施工技术规范提交真实、完整的自查资料,对工程质量进行自我评定。

工程监理单位应按规定要求对工程质量进行独立抽检,对施工单位检评资料进行签认,对工程质量进行评定。

管理中心根据对工程质量的检查及平时掌握的情况,对工程监理单位所做的工程质量评分及等级进行审定,并可依据专项工程质量检验评定标准对专项维修工程质量进行检测评定。

4. 工程质量评分

各分项工程、分部工程、单位工程、合同段(管辖段)和专项维修项目工程质量的评分方法按照《公路工程质量检验评定标准　第一册　土建工程》(JTG F80/1—2004)中的3.2.1~3.2.4条规定。

5. 工程质量等级评定

(1)各分项工程、分部工程、单位工程、合同段(管辖段)和专项维修项目工程质量的等级评定方法按照《公路工程质量检验评定标准　第一册　土建工程》(JTG F80/1—2004)中的3.3.1~3.3.4条规定。

(2)交工验收工程质量等级评定分为优良、合格和不合格,工程质量评分值大于或等于90分的为优良,大于或等于75分且小于90分的为合格,小于75分的为不合格。

(3)竣工验收工程质量评定得分大于或等于90分的为优良,大于或等于75分且小于90分的为合格,小于75分的为不合格。

七、工程养护维修安全管理办法

1. 目的

工程养护维修安全管理办法根据国家有关法律、法规,结合江门大道的具体实际情况,制定了工程养护维修的安全管理办法,旨在确保江门大道养护维修工程施工现场安全管理,确保公路的完好畅通,维护公路的完整、安全和高效运行,预防事故发生,保障从事公路养护工程施工人员及财产的安全,各单位在养护工程施工中应贯彻执行"安全第一,预防为主"的方针,做到"安全生产,警钟长鸣"。

2. 适用范围

工程养护维修安全管理办法适用于江门大道管理中心及其他有关养护施工单位和人员在江门大道范围内从事的养护维修施工作业。

3. 安全措施

(1)对参加工程养护及施工的人员,应由施工主管部门负责进行安全技术教育,使其熟知并严格遵守本工种的各项安全技术操作规程。对于从事电气、起重、登高作业、锅炉、电焊、车辆驾驶、试验等特殊工种的人员，应经过专业培训，获得合格证书后方能上岗作业。

(2)各施工、管理与养护单位均应按国家规定建立健全各级安全管理机构和设立专职(或兼职)安全检查人员。养护工程施工作业现场必须按有关规定设置施工警告警示标志、限速标志、导向标志和必要的安全防护措施。各种交通标志的设置应符合《道路交通标志和标线》(GB 5768)、《公路养护安全作业规程》(JTG H30)的规定。施工前人、机、料应准备齐全，确保在计划时间内完成作业。完工后，必须及时清理现场，清除路障，恢复交通，保证道路安全畅通。

(3)公路工程养护工程作业需要占道、改变车辆流向时，各施工单位应及时办理报批手续，并在地方交警的协助下，维护作业现场的交通秩序。

(4)凡进入公路进行养护维修作业的各施工单位，均需在施工前填写好道路施工审批表，注明施工时间、区域、等级、材料、人员及安全措施等，根据相关规定报公司养护工程部审批同意后，再报交警部门及路政部门批准，审批完成后报公司养护工程部及监控分中心备案。同时，各施工单位须提前24小时且保证在下午两点前将施工作业及占(封)道信息上报交警及相关路段监控分中心。

(5)在任何时间进行各项工程养护维修作业时，各施工单位必须严格遵守《公路养护安全作业规程》(JTG H30)的规定要求。

(6)公路养护维修及专项、大修施工必须做好各种形式的公告工作，专项、大修工程必须单幅封闭主线或匝道在连续24小时以上时，相关单位应视情况在省级或当地的报纸、电台发布公告。养护工程部应将封道信息提前24小时通报监控中心。监控中心和养护工程部应利用可变情报板、车道入口告示牌等设施，将施工和道路交通情况及时告知过往车辆。

(7)道路养护施工需要车辆绕行的，施工单位应当在绕行处设置标志。需要封闭道路中断交通的，除紧急情况外，应当提前5天按相关规定向社会公告。

(8)养护工程施工所用的各种机具设备，各养护施工单位应定期进行检查和必要的检验，保证其经常处于完好状态，不合格的机具设备严禁使用。作业现场的机具设备、器材、材料、废料等物资应放置在封闭区域内和不妨碍正常交通的路肩上，不得放置在非封闭区域的行车道上。

(9)公路养护工程施工作业人员，包括绿化管理工及进入作业现场施工或进行检查、指导工作的管理人员、施工人员必须具有高度的安全警觉，必须穿着统一的反光安全标志服，路面清扫工须穿着带有反光标志的橘红色工作装，并注意观察来往行驶车辆，不准停留在行车道上，以防发生意外事故。没有穿着反光安全标志服的人员，不准进行公路养护工程作业。

(10)养护工程施工人员不得随意在非封闭区域的行车道上坐、站立或行走，需要跨越行车道时，应观察车辆行驶情况，在确保安全情况下迅速通过。

(11)公路养护施工作业车辆、机械应当安装示警灯，喷涂明显的标志图案，作业时应当开启示警灯和危险报警闪光，并须符合《公路养护安全作业规程》(JTG H30)的相关规定要求。当施工作业路段发生交通阻塞时，养护施工单位应协助交警及时做好分流、疏导，维护交通秩序。

(12)养护工程作业车、道路巡查车等确需紧急停车时,应靠右停在硬路肩内,并必须亮尾灯、频闪灯。

(13)公路尽量避免夜间施工,若必须在夜间施工时,应报交警及公司养护工程部审批,同意后,在施工上游过渡区内设置黄色频闪灯,作业区内应设置照明。

4. 监督、检查与考核

(1)各级施工、管理单位要建立健全公路养护工程施工安全目标责任制,明确主管领导为安全生产第一责任人,分管领导为安全生产主要责任人,项目实施人为安全生产具体实施责任人。各级负责人要经常深入现场,检查施工安全,及时消除事故隐患,加强安全管理,并定期进行考核,奖优罚劣,杜绝事故发生。

(2)凡违反工程养护维修安全管理办法的单位和个人,养护工程部有权要求具体组织实施单位或个人限期予以改正和改进,必要时可令其停工,待完善安全措施和规范作业行为后方准予复工。因违反工程养护维修安全管理办法而造成安全事故的,将追究有关人员责任。

5. 突发事件应急处理

根据管理中心的应急预案执行。

6. 记录

各单位在日常工作中要做好安全记录,施工单位要建立专门的安全台账,并及时进行总结。

八、技术档案管理办法

1. 目的

技术档案管理办法明确了对养护技术档案管理的要求和操作程序,旨在能确保路产养护技术档案的完整性及有效性得到保持和利用。

2. 适用范围

技术档案管理办法适用于管理中心路产养护技术资料的管理。

3. 职责

针对养护工程部:

(1)负责本部门路产养护技术档案的分类管理。

(2)负责对各养护单位的路产养护技术档案管理工作进行指导、监督。

(3)负责设计并统一各类路产养护技术数据的报表并进行汇总。

(4)负责组织、指导道路数据库的建立和维护。

4. 工作程序

1)分类与收集

路产养护技术档案按阶段分为建设期技术档案、养护期技术档案。养护工程部按照相应的职责收集所辖范围内的各类资料。

(1)建设期技术档案。

指建设期编制的各类竣工文件、竣工图纸、工程决算等竣工资料。由管理中心保管完整的整套资料,养护工程部保留常用资料(如竣工图)复印件一套。

(2)养护期技术档案。

①基础资料类。

由养护工程部根据建设期技术档案、《公路养护技术规范》等相关规定建立所辖路段内的各类工程养护技术基础资料，包括路段总体情况、桥涵等构造物技术档案、路线纵断面、平曲线资料、道路安全设施资料、路面结构情况等。

②路产养护计划资料、汇总报表类。

包括年度养护计划、专项工程计划、计划执行情况记录、路产养护月报等。

③日常养护资料类。

包括日常养护工作记录、日常巡查记录、定期检查记录、维修保养记录及日常养护质量评定记录、计量支付报表等。

④专项养护工程技术资料类。

包括专项工程设计资料、概预算资料、招投标资料、监理资料、施工资料、质检资料、计量支付资料、竣工资料等。

⑤“四新”技术资料类。

根据平时各种信息渠道收集或在养护工作中自行研究、总结、发明的各类新材料、新技术、新工艺、新设备等资料。

⑥养护技术文件类。

包括收、发的工程养护技术文件及路产养护规章制度、办法、程序等。

⑦电子文件资料类。

指对各类重要数据资料及技术文件建立电子版并进行备份归档。

⑧数据库资料类。

养护工程部根据本路段路产管理与养护的技术特点，购买或自行建立路产养护数据库系统并安排专人负责数据库的数据建立和维护。定期输入养护单位在定期检查、养护质量评定及各类工程养护工作中采集到的技术数据，并通过系统进行计算分析，根据所得的分析数据指导养护工作的计划和实施。

2）档案管理

（1）人员及装具。

养护工程部和养护单位应安排专职或兼职人员负责路产养护技术档案管理，并应配备必要的记录档案存放装具和库房。

（2）技术档案的登记、归档、保存、销毁。

（3）为确保技术水平提高，应开展相应的研究工作。每年养护经费的0.5%作为技术研究服务费。

第二节　桥梁管理与养护制度

一、责任划分制度

要逐桥划分桥梁养护和安全运行工作责任，江门大道管理中心是桥梁安全运行的责任主体，江门市公路局是桥梁安全运行的监管单位，其他相关单位的责任按法律规定执行。

江门大道桥梁安全运行的责任主体为江门大道管理中心；县级交通运输主管部门应提

出具体方案,报县级人民政府批准后执行。

对公路上的非公路交通运输部门管理与养护的桥梁,由江门市交通运输主管部门或公路管理机构向当地人民政府报告,明确管理与养护责任单位。

发生桥梁安全运行责任事故的,应按相关规定追究相关单位和个人责任。

桥梁管理责任划分:

(1)根据“事权一致、责任清晰”的原则,明确本辖区进行公路桥梁管理与养护的单位为江门大道管理中心,监管单位为江门市公路局,合理确定各自的工作职责。

(2)江门大道所属桥梁管理与养护的单位是江门大道管理中心。

(3)公路桥梁管理与养护单位疏于管理与养护,不按相关规定准确掌握桥梁技术状况,或未及时采取相关措施,而导致的桥梁安全事故,由江门大道管理中心承担主要责任,江门市公路局承担监管责任。

(4)负责公路桥梁养护经费的投资决策单位未根据桥梁技术状况和管理与养护要求安排相应投资而造成的桥梁安全事故,由投资决策单位和具体管理与养护单位共同承担主要责任,监管单位承担监管责任。

(5)公路桥梁管理与养护单位和监管单位必须明确负责桥梁管理与养护工作的分管行政领导和具体技术人员,保证桥梁管理与养护的各项职责得以贯彻落实。

二、信息公开制度

公路桥梁应统一设置桥梁信息公开牌,中桥及以上桥梁应做到“一桥一牌”。桥梁信息公开内容应包括桥名、路线编号、路线名称、桥型、养护单位、管理单位、监管单位、联系电话等主要信息。

桥梁信息公开牌按照《桥梁信息公开牌设置要求》设置。新改建公路的桥梁信息公开牌要在桥梁建设时同步设置。

三、资金保障制度

在安排公路养护资金时,要根据桥梁养护工作正常开展和桥梁安全管理需要专项安排桥梁养护资金。

桥梁日常养护和检查等经常性支出统筹安排,专款专用;大中修和改建等项目性支出按照养护工程管理有关规定执行。对特大、特殊结构和特别重要的桥梁,应按单座桥梁和养护作业类别安排专项管理与养护资金。

对干线公路其他桥梁,清扫保洁资金可在公路日常养护资金中统筹考虑,经常检查、小修保养和定期检查资金由相关工作责任单位统筹安排,资金总额每年每延米应分别不低于60元、80元和100元。特殊检查资金根据检测内容和桥梁具体情况,按照工作需要专项安排。同时,加大桥梁预防性养护资金投入,及时处置安全隐患,努力延长桥梁使用寿命。

四、养护工程师制度

按照《公路桥梁管理与养护工作制度》(交公路发〔2007〕336号)的规定,设置桥梁养护工程师,并配备必要的技术人员协助桥梁养护工程师开展工作。桥梁养护工程师团队应按照相关技术规范要求开展工作。

(1)管理中心应设置专职的桥梁养护工程师,并保持其人员的相对稳定。

(2)桥梁养护工程师履行以下主要职责:

①主持桥梁的经常检查与评定,负责组织桥梁的定期检查与评定。并根据检查结果编制并上报养护维修建议计划,提出须进行特殊检查的桥梁的申请报告,组织编制桥梁养护、维修、改建方案和对策措施。

②主持桥梁的小修保养和抗灾抢险工作,考核桥梁养护质量,并及时上报辖区的桥梁受自然灾害和其他因素损坏的情况。组织实施超重车辆通过的有关技术工作。

③监督、组织桥梁养护、大中修和改建工程;组织并参与桥梁大中修和改建工程的中间检查和交(竣)工验收。

④负责所管辖桥梁技术档案的补充、完善和保密工作,定期对辖区内桥梁技术状况进行综合评价与分析;负责桥梁管理系统的数据更新、系统维护、系统运行以及桥梁养护报告编写等工作。

⑤负责对下级单位桥梁养护工程师的技术业务培训、考核工作。

(3)桥梁养护工程师应具有三年以上从事桥梁管理与养护工作经历,具有工程师及以上技术职称。

桥梁养护工程师的具体资格条件由省级交通运输主管部门制定。

(4)桥梁养护工程师实行定期培训考核制度。

省级交通运输主管部门应定期对持证桥梁养护工程师进行技术培训,并核发上岗证。桥梁管理与养护技术人员经培训并参加考核合格后,才可持证上岗。

五、例行检查制度

桥梁检查是确保桥梁安全运行和正常开展桥梁养护工作的基础,是保证桥梁养护得以科学开展的前提。江门大道管理中心应按照《公路桥涵养护规范》(JTG H11—2004)和《公路桥梁技术状况评定标准》(JTG/T H21—2011)等相关规定,组织桥梁养护工程师和专业桥梁检测单位对所辖桥梁进行例行检查。

其中:经常检查每月不少于一次,汛期应增加检查频率,及时发现桥梁重要部件异常;定期检查是确定桥梁技术状况的全面检查,应不少于三年一次,将定期检查打包,委托专业桥梁检测单位实施。

江门市公路局应按规定组织做好桥梁技术状况的复核工作;特殊检查应按照相关规定委托专业桥梁检测单位及时开展,以查清病害成因、破损程度和承载能力等。

(1)桥梁检查分为经常检查、定期检查和特殊检查。

经常检查主要对桥面设施、上部结构、下部结构和附属构造物的技术状况进行日常巡视检查。

定期检查是指按照规定周期,对桥梁主体结构及其附属构造物的技术状况进行定期跟踪的全面检查,以评定桥梁技术状况等级。

特殊检查指在特定情况下对桥梁技术状况进行鉴定,以查清桥梁的病害成因、破损程度、承载能力或抗灾能力等。

经常检查和定期检查应符合《公路桥涵养护规范》的规定。

(2)经常检查主要以目测方式配合简单工具进行,检查周期为每月不少于一次,汛期应增加检查频率。对经常检查中发现重要部(构)件明显达到三、四、五类技术状况的桥梁,应立即安排定期检查。

经常检查过程中,应填写桥梁经常检查记录表,现场登记所检查的项目和缺损类型,估计缺损范围和养护工程量,提出相应的小修保养措施,为编制小修保养计划提供依据。

检查结束后要及时更新桥梁管理与养护系统数据。

(3)桥梁定期检查主要以目测结合仪器检查方式进行。其检查周期一般不低于每三年一次,特殊结构桥梁应每年一次。

(4)特殊检查应委托有相应资质和能力的单位实施。

特殊检查应采用仪器设备,通过检测或试验的方法,并结合理论分析,对桥梁的缺损状况、病害成因、承载能力或抗灾能力作出科学明确的判定,并根据检测结果提出针对性的维修处治措施建议。

桥梁的特殊检查评定应符合有关标准和技术规范的要求。

(5)依据检查结果,桥梁技术状况等级评定分为一至五类。

一类桥:技术状况处于完好或良好状态,仅需对桥梁进行保养。

二类桥:技术状况处于良好或较好状态,仅需对桥梁进行小修或保养。

三类桥:技术状况处于较差状态,个别重要构件有轻微缺损或部分次要构件有较严重缺损,但桥梁尚能维持正常使用功能。

四类桥:技术状况处于差的状态,部分重要构件有较严重缺损或部分次要构件有严重缺损,桥梁正常使用功能明显降低,桥梁承载能力降低但尚未直接危及桥梁安全。

五类桥:技术状况处于危险状态,部分重要构件出现严重缺损,桥梁承载能力明显降低并直接危及桥梁安全。

(6)公路桥梁技术状况由江门大道管理中心负责组织评定。对非收费公路、政府还贷收费公路上评定为四类和五类的桥梁按以下规定进行复核。复核期间,管理与养护单位应采取应急保障措施,保证桥梁运营安全。

技术状况为四类的中、小桥梁以及结构较简单、病害清楚的大桥,由江门市公路局的桥梁养护工程师负责组织复核。

技术状况为四类的特大桥、结构或病害较复杂的大桥,以及技术状况为五类的桥梁,由江门市公路局桥梁工程师提出初步复核意见后报广东省公路局,由广东省公路局的桥梁养护工程师负责组织提出最终复核意见。

(7)特大桥、特殊结构桥梁和单孔跨径60m及以上大桥的检测评定工作应符合以下规定:

①在桥梁上下部结构的必要部位埋设永久性位移观测点,并定期进行观测,一、二类桥每三年至少一次,三类桥每年至少一次,四、五类桥每季度至少一次,特殊情况时应加大观测密度。

②应安排专项经费委托有资质的单位进行定期的特殊检查。一、二类桥每五年至少一次,三类桥每三年至少一次,四、五类桥应立即安排进行特殊检测。

③对特别重要的特大桥，应建立符合自身特点的管理与养护系统和健康监测系统。

六、分类处置制度

应根据桥梁技术状况评定结果，分类采取不同的管理与养护措施。其中：一类桥梁进行正常保养；二类桥梁进行小修，及时修复轻微病害；三类桥梁进行中修，酌情进行交通管制，及时修复或更换较大损坏构件；四类桥梁应进行大修或改建，及时进行交通管制或封闭交通；五类桥梁应及时封闭交通，进行改建或重建。

公路改扩建时，应同步对危桥进行改造。对病害多发的桥型，应加大养护和改造力度。

同时，桥梁养管单位应针对自然灾害和其他原因可能造成的公路桥梁安全运行事故，制定突发事件应急预案。对特大、特殊结构、特别重要桥梁和危旧桥梁，应单独制定应急预案，确保一旦发生事故，应急和交通组织工作井然有序。

桥梁养护工程管理：

桥梁养护工程分为小修保养、中修、大修、改建。

(1)对技术状况为一、二类的桥梁应加强小修保养，防止出现明显病害。对技术状况为三类的桥梁应及时进行中修，防止病害加快扩展，影响桥梁安全运营。对技术状况为四类和五类的桥梁，应及时采取管理措施，保证安全，并依据桥梁特殊检查结果和技术论证分析，安排大修或改建。省级交通运输主管部门应制定有关安全管理规定，明确警示标志的设置位置、形式、数量，以及应采取的管理措施等。

(2)对荷载等级、宽度、抗灾能力、安全防护标准等技术指标低于所在公路技术标准的桥梁，应有计划地进行技术改造。

桥梁小修保养、中修工程由管理与养护单位组织实施，大修、改建工程由地市级及以上公路管理机构组织实施。

(3)大修、改建工程应通过竞争方式选择施工单位，并视工程具体情况推行招标投标制度。

情况特殊不进行招标投标的项目，应对被委托人的资质、业绩和信誉等有关情况进行审查。

(4)桥梁大修、中修、改建工程完工后，应按照相关规定进行验收。工程实施后的桥梁技术状况必须恢复至一、二类。

(5)各级交通运输主管部门应采取有效措施，加强桥梁养护工程的施工管理。

对需要封闭交通或长时间占用行车道施工的桥梁养护工程，除紧急情况外应在项目开工前15天，发布相关信息。断交施工信息应及时按规定报交通运输部备案。

(6)桥梁养护工程施工单位应按照相关规定，合理布设施工作业区，设置标志和安全防护设施，保证施工车辆、人员和过往车辆的安全，必要时还应协助有关部门做好交通疏导工作。

七、桥梁技术档案管理制度

应建立健全桥梁技术档案管理制度，大力推进公路桥梁信息化管理。

除应满足技术档案管理办法外，桥梁的技术档案还应满足以下要求。

江门大道管理中心要按照“一桥一档”的要求建立纸质桥梁技术档案，做到内容完整、更新及时、方便实用。特大、特殊结构和特别重要桥梁的管理与养护单位，要利用现代信息技术，建立符合自身特点的管理与养护系统和健康监测系统。

应建立健全公路桥梁技术档案管理制度，大力推广应用公路桥梁管理系统，及时更新桥梁技术数据，保证公路桥梁技术档案真实完整，实现电子化管理。

(1)特别重要的特大型桥梁应建立符合自身特点的电子档案管理系统和管理与养护系统。

(2)公路桥梁技术档案应包括桥梁基础资料、管理资料、检查资料、养护维修资料、特殊情况资料等。

(3)桥梁基础资料包括以下内容：

①桥梁设计施工图及竣工图，结构计算分析报告。

②施工过程中的试验检测及科研资料。

③工程事故处理资料。

④施工全过程的结构位移或变形测试资料。

⑤观测或监测点(部件)资料。

⑥交(竣)工验收资料。

对新建桥梁，接养单位应参与交(竣)工验收。桥梁建设单位应向接养单位移交桥梁基础资料，并协同做好接养工作。

(4)桥梁管理资料包括桥梁管理与养护单位、监管单位，分管领导、桥梁养护工程师等的基本资料。

管理资料中对桥梁养护工程师除应归档个人基本资料外，还应归档其业务考核情况和年度主要工作情况。

(5)桥梁检查资料包括桥梁经常检查、定期检查结果、养护对策建议、特殊检查建议报告、养护建议计划等技术资料，以及检查的时间、实施人员等基本资料。

特殊检查还应包括检测(试验)方案、检测(试验)报告、照片及多媒体材料，检测(试验)方的资质证书(复印件)、业绩证明(复印件)以及主要检测人员的资格证书(复印件)等。

(6)桥梁养护维修资料应包括以下内容：

①小修保养工程的实施技术资料和养护质量评定结果，以及工程实施的时间、组织实施人员等。

②桥梁的中修、大修、改建工程的设计图纸、竣工图纸、施工资料、监理资料、监控(监测)资料、质量事故处理报告、交(竣)工验收等技术资料，以及设计、施工、监理和监控(监测)等各方的资质证书(复印件)、业绩证明(复印件)及其主要检测人员的资格证书(复印件)等。

(7)桥梁特殊情况资料主要包括地质灾害、气象灾害、超限运输等特殊事件的具体情况、损害程度、处治方案等。

(8)基本资料缺失的桥梁，应根据历年检查、养护资料，逐步建立和完善其技术档案。必要时，可专门安排有针对性的检测、试验或特殊检查，补充、完善桥梁技术资料。

八、年度报告制度

建立桥梁管理与养护和安全运行年度报告制度，对所辖桥梁技术状况、桥梁检查和桥梁管理与养护工作开展等情况进行分析和逐级上报，具体办法按省级交通运输主管部门要求执行。

九、定期培训制度

高度重视桥梁养护技术人员的培训工作，不断提升桥梁养护技术水平和专业化程度。每年应组织不少于一次面向桥梁管理与养护技术人员的培训，桥梁管理与养护技术人员每年参加培训时间不少于16学时。

定期培训制度由各省级公路管理机构结合实际制定。

十、挂牌督办制度

为有效防范和遏制公路桥梁安全事故，各级公路桥梁监管单位要在抽检和例行检查的基础上，根据桥梁安全隐患严重程度和养管状况，建立桥梁安全隐患分级挂牌督办制度。交通运输部将结合年度长大桥梁抽检巡查等情况，对存在重大安全隐患的桥梁进行挂牌督办；对存在一般安全隐患的，由省级交通运输主管部门进行挂牌督办。

江门大道管理中心要按照挂牌督办要求，及时整治和报告隐患整改情况，严防桥梁安全运行事故发生。桥梁将单位要加强对整改情况的全过程监督，做到隐患不消除，挂牌不取消，督办不停止。

十一、应急处置制度

(1)桥梁突发事件的处置工作应在江门市政府的统一领导下，由江门市交通运输局具体负责，实行条块结合、以块为主。

(2)江门大道管理中心应单独制定针对重要和特大型桥梁的应急预案。对技术状况为四、五类的桥梁，以及超过使用年限的危旧桥梁，除采取相应的管理措施外，还应分别制定应急交通组织方案，确保一旦发生事故，交通组织工作井然有序。

(3)接获公路桥梁突发信息后，江门大道管理中心应立即向江门市公路局报告并启动应急预案，及时、有效地进行处置工作。应急处置过程中，要按相关规定向江门市公路局续报有关情况。

(4)发生以下突发事件，江门大道管理中心和省级交通运输主管部门应在接获有关信息后立即上报交通运输部：

①桥梁损毁中断交通的。

②大型、特大型桥梁出现严重病害危及桥梁安全的。

③车辆或船舶与桥梁设施相撞，造成严重后果的。

(5)按照职责分工和相关预案切实做好应对桥梁突发事件的人员、物资、资金保障工作，确保应急工作正常有序进行。

第五章
路基检查评定与养护

第一节 日常巡查

一、日常巡查目的

路基日常巡查主要检查路肩、边坡、边沟、防护、急流槽等是否清洁，有无淤塞、损坏。

二、日常巡查频率

主道日常巡查频率为每天 1 次；遇大雨天气或抛洒物严重时，不少于每天 2 次。

辅道日常巡查频率为每天 1 次。

三、日常巡查内容

主道与辅道路基巡查的内容：

(1)检查路肩两侧是否长有杂草，集水井和泄水槽内是否存在杂物堵塞。

(2)检查路基红线范围内是否有杂物，及时清扫，保持路容的整洁性。

(3)检查边坡水毁情况，挡土墙等路基防护结构是否发生位移变形。

(4)观察、预防滑坡、翻浆、泥石流、坍塌等病害，及时检查并排除险情。

四、日常巡查方法

每天由 1 ~ 2 人乘车巡查，车速控制在 40km/h 以下，必要时停车检查，注意掌握道路技术状况，发现病害或其他影响行车安全的情况及时处置，不能及时处置的要采取应急安全措施，确保道路行车安全，通知相关人员及时组织修复。

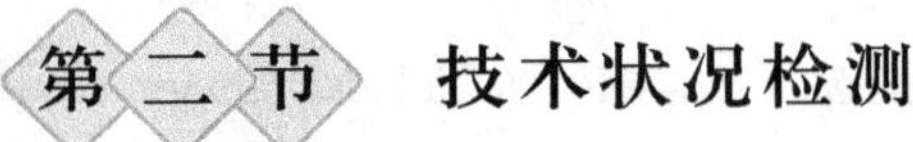

第二节 技术状况检测

一、技术状况检测目的

在日常巡查的基础上，重点对路肩是否有损坏，边坡是否稳定，边沟、排水沟等排水设施有无淤塞、排水是否通畅，进出口是否完好，挡土墙等支挡结构物有无变形、损坏进行检查，做好预防性养护工作。

二、技术状况检测频率

主道技术状况检测频率为1年1次。

辅道常规检测的频率为1年1次,结构强度检测为3年1次。

三、技术状况检测内容

1.路基

路基是否存在不均匀沉降。

2.路肩与边坡

(1)公路路肩是否保持平整、坚实,横坡是否适顺,排水是否顺畅。

(2)路基边坡是否保持平顺、坚实,是否有缺口、坍塌、高边坡碎落、侧滑等病害。

3.排水设施

(1)路基排水设施是否保持排水畅通,是否存在冲刷、堵塞和损坏。

(2)对暗沟、渗沟等隐蔽性排水设施,着重检查是否存在淤塞现象。

4.挡土墙

挡土墙墙身有无开裂、凸出或倾斜,有无勾缝脱落风化、石块松动变形,墙顶有无积水、开裂和下沉,趾前地面有无冲刷或挤出,墙后地面排水设备和墙身泄水孔有无长草、堵塞等。

5.透水路堤

(1)透水路堤透水层及设置于其内的泄水管是否保持稳定和良好的透水(泄水)性能,有无损坏。

(2)透水路堤的上下游底铺砌是否保持平整密实。

四、技术状况检测方法

技术状况检测是对构造物及其附属设施的技术状况进行的一般性检查,检查时采用目测方法并配以简单工具进行测量,并填写《路基损坏调查表》(见附录B-1)。

第三节 路基评定

路基技术状况用路基技术状况指数(SCI)评价,按式(5-1)计算。

$$SCI = \sum_{i=1}^{8} \omega_i (100 - GD_{iSCI}) \tag{5-1}$$

式中:GD_{iSCI}——第i类路基损坏的总扣分(Global Deduction),最高分值为100,按表5-1的规定计算;

ω_i——第i类路基损坏的权重,按表5-1取值;

i——路基损坏类型。

路基损坏分为8类,相应的扣分标准如下。

1.路肩边沟不洁

路肩(包括土路肩、硬路肩和紧急停车带)和边沟(包括边坡)有杂物、油渍、垃圾及堆积物。按行车方向的长度计算,每1m扣0.5分。

2. 路肩损坏

轻:路肩轻度损坏按损坏的实际面积计算,每 $1m^2$ 扣1分,累计面积不足 $1m^2$ 按 $1m^2$ 计算。

重:路肩重度损坏按损坏的实际面积计算,每 $1m^2$ 扣2分,累计面积不足 $1m^2$ 按 $1m^2$ 计算。

3. 边坡坍塌

挖方路段边坡坍塌,损坏按行车方向的长度计算。长度小于或等于5m为轻度损坏,5～10m为中度损坏,大于10m为重度损坏。

4. 水毁冲沟

填方路段边坡由于雨水冲刷形成的冲沟。损坏按冲刷深度计算。深度小于或等于0.2m为轻度损坏,0.2～0.5m为中度损坏,大于0.5m为重度损坏。

5. 路基构造物损坏

包括挡墙等圬工体断裂、沉陷、倾斜、局部坍塌、松动和较大面积勾缝脱落。损坏按长度计算。长度小于或等于5m为轻度损坏,5～10m为中度损坏,大于10m为重度损坏。

6. 路缘石缺损

路缘石丢失或损坏。按行车方向上的长度计算,每1m扣4分。

7. 路基沉降

深度大于30mm的沉降。损坏按长度计算,长度小于或等于5m为轻度损坏,5～10m为中度损坏,大于10m为重度损坏。

8. 排水系统淤塞

轻:边沟、排水沟、截水沟等排水系统淤积。按长度计算,每1m扣1分,累计长度不足1m按1m计算。

重:边沟、排水沟和截水沟等系统全截面堵塞,损坏按处计,每处算20分。

具体扣分标准及所占权重见表5-1。

路基损坏扣分标准 表5-1

类型(i)	损坏名称	损坏程度	计量单位	单位扣分	权重(ω_i)
1	路肩边沟不洁	—	m	0.5	0.05
2	路肩损坏	轻	m^2	1	0.10
		重		2	
3	边坡坍塌	轻	处	20	0.25
		中		30	
		重		50	
4	水毁冲沟	轻	处	20	0.25
		中		30	
		重		50	

续上表

类型(i)	损坏名称	损坏程度	计量单位	单位扣分	权重(ω_i)
5	路基构造物损坏	轻	处	20	0.10
		中		30	
		重		50	
6	路缘石破损	—	m	4	0.05
7	路基沉降	轻	处	20	0.10
		中		30	
		重		50	
8	排水系统淤塞	轻	m	1	0.10
		重	处	20	

第四节 养护工程

一、小修保养

小修保养为对公路及其沿线设施经常进行维护保养和修补其轻微损坏部分的作业。

路基工程的小修保养主要包括以下内容:

1. 保养

(1)整理路肩、边坡,修剪路肩草,清除杂物,保持路容整洁。

(2)疏通边沟,保持排水系统畅通。

(3)清除挡土墙、边坡、护栏滋生的杂草,修理伸缩缝、泄水孔及松动石块。

(4)路缘带的修理。

(5)清扫保洁的内容为:路基边坡处散落物和悬挂物的清理;挡土墙、护坡滋生的有碍设施功能发挥的杂草的清除;边沟、排水沟、截水沟杂物的清除等。

(6)清扫保洁采用人工与专用机械配合的方式进行。人工主要承担设备无法实施的清扫保洁内容。

(7)除雨天外,边沟、排水沟、截水沟杂物每周清理1次;路基边坡处散落物和悬挂物等每天随时清除。

(8)清扫保洁标准为:边沟、排水沟、截水沟畅通;路基边坡处散落物和悬挂物存留时间不得超过24小时。

(9)人工路上行走及作业方向为逆车流方向,设备行驶及作业方向为顺车流方向。作业人员应穿着安全标志服,作业车辆应安装安全警示设施,并开启应急警示灯具。

2. 小修

(1)小段开挖边沟、截水沟或铺砌边沟。

(2)清除零星塌方,填补路基缺口,轻微翻浆沉陷的处理。

(3)修理挡土墙、护坡、护坡道、泄水槽等局部损坏。

(4)局部用砂石或稳定材料加固路肩。

3.砌石防护工程保养维修

(1)包括路肩预制块、中央分隔带预制块、边沟、排水沟、截水沟、挡墙、锥坡、急流槽(泄水槽)、边坡砌石防护等的保养维修。

(2)对砌石防护工程的勾缝要经常检查,并采用不低于10号的砂浆及时修补脱落的勾缝、填充缝隙孔洞。

(3)发生坍塌、勾缝全部脱落、压盖、沟底抹面大面积破损的砌石工程应进行全部或局部的重新翻砌,所有翻砌的砌石工程要采取浆砌并且勾凹缝的工艺。

4.边坡的保养维修

(1)对养护巡查发现的边坡冲沟、缺口、碎落、侧滑、坍塌等病害,在病害发生12小时内开始组织修复。

(2)边坡修补的工艺及方法应视具体情况而定,一般采取与原路基相同材料修复,滑坡和易塌方路段可视情况打桩,面积较大的补土应采用夯实设备夯实,有防护的应恢复防护。

(3)边坡修复的质量标准是保证边坡平顺、坚实,不低于设计压实度指标。

二、中修工程

中修工程为对公路及其沿线设施的一般性损坏部分进行定期的修理加固,以恢复公路原有的技术状况的工程。

路基工程的中修工程主要包括以下内容:

(1)局部加宽、加高路基,或改善个别急弯、陡坡、视距。

(2)全面修理、接长或个别添建挡土墙、护坡、护坡道、泄水槽、护栏及铺砌边沟。

(3)清除较大塌方,大面积翻浆、沉陷处理。

(4)整段开挖边沟、截水沟或铺砌边沟。

(5)过水路面的处理。

(6)平交道口的改善。

(7)整段加固路肩。

路基工程常见的中修工作如下。

1.增设边沟

(1)边沟应按图纸规定施工,并应符合现场的地质、地形条件,边沟和涵洞接合处应与涵洞洞口建筑配合,以便水流通畅进入涵洞。

(2)平曲线处边沟施工时,沟底纵坡应与曲线前后沟底纵坡平顺衔接,不允许曲线内侧有积水或外溢现象发生。曲线外侧边沟应适当加深,其增加值等于超高值,但曲线在坡顶时可不加深边沟。

(3)边沟的尺寸应符合规定。对于土质地段,当沟底纵坡大于3%时应采取加固措施;采用干砌片石对边沟进行铺砌时,应选用有平整面的片石,各砌缝要用小石子嵌紧;采用浆砌片石铺砌时,砌缝砂浆应饱满,沟身不漏水;若沟底采用抹面时,抹面应平整压光。

2.增设跌水与急流槽

(1)跌水与急流槽必须采用浆砌圬工结构。跌水的台阶高度可根据地形、地质等条件决定,多级台阶的各级高度可以不同,其高度和长度之比应与原地面坡度相适应。

(2)急流槽的纵坡不宜超过1:1.5,同时应与天然地面坡度相配合。当急流槽较长时,槽底可用几个纵坡,一般是上段较陡,向下逐渐放缓。

(3)当急流槽很长时,应分段砌筑,每段不宜超过10m,接头用防水材料填塞,密实无空隙。

(4)急流槽的砌筑应使自然水流与涵洞进、出口之间形成一个过渡段,基础应嵌入地面以下,基底要求砌筑抗滑平台并设置端护墙。路堤边坡急流槽的修筑,应能为水流入排水沟提供一个顺畅通道,路缘石开口及流水进入路堤边坡急流槽的过渡段应连接圆顺。

(5)边沟、急流槽接入涵洞进口处,应加设消力池,当急流槽水流大且流速较大时,为防止溅水上路基,宜在急流槽下部槽口上加设盖板。

3. 路基翻浆处治

路基翻浆防治的基本途径为:

(1)调节路基水温状况,防止地面水、地下水或其他水分进入路基上部。如在路基中设置隔离层、隔温层,做好路基排水,提高路基等。

(2)如有水分聚积在路基上部,则应及时排除,或将水蓄积在渗水性与水稳性良好的路面结构层中,如设置排水或砂砾垫层等。

(3)改善路基,加强路面。

(4)在有些情况下,用一种处理措施达不到预期效果时,可采用综合的处理措施。

路基翻浆防治的工程措施见表5-2。

路基翻浆防治措施 表5-2

编号	措施种类	适用翻浆类型	翻浆等级	适用地区或条件	使用说明
1	路基排水	地下水类、地面水类、混合水类	轻、中、重	全线所有路段	适用于一切新、旧道路
2	加高路基	地下水类、地面水类、混合水类	轻、中、重	地势较低的路段	新、旧路均可使用,必要时也可与3、4、5、6、7、8、9任何一类组合应用
3	砂桩、砂砾垫层	地下水类、地面水类、土体水类、混合水类	中、重	砂、砾供应较便捷的路段	新、旧路均可用,主要做垫层或与2、4类组合应用
4	石灰土结构层	地下水类、地面水类、土体水类、气态水类、混合水类	中、重	砂、石供应不便的路段	新、旧路均可用,主要做基层或垫层,或与3、5类措施组合应用
5	煤渣、石灰土结构层	地下水类、地面水类、土体水类、气态水类、混合水类	中、重	砂、石供应不便,但煤渣供应便捷的路段	新、旧路均可用,主要做基层或垫层,或与4类措施组合应用

续上表

编号	措施种类	适用翻浆类型	翻浆等级	适用地区或条件	使 用 说 明
6	透水性隔离层	地下水类、混合水类	中、重	砂、石供应便捷的路段	适用于新路
7	不透水隔离层	地下水类、地面水类、气态水类、混合水类	中、重	适用于不透水路基	多用于新路
8	盲沟	地下水类、混合水类	轻、中、重	坡腰或横向地下水出露路段、地下水位高的路段	新、旧路均可使用
9	换土	地下水类、地面水类、土体水类、混合水类	中、重	砂砾或其他水稳定性良好材料供应充足路段	适用于新、旧路

1)换土

把翻浆路段上的土挖出来,换填厚度 $t>80$cm 的砂性土,压实后重铺路面,此法适用于翻浆较严重的路段。

2)加高路基

根据实际情况加高路基,使路基上部土层远离地下水或地表积水。路基加高的数值,应根据路基土质和水文情况,以路基最小填土高度或临界高度的方法确定,以保证路基处于干燥状态。

3)透水性隔离层

透水性隔离层用碎石、砾石或粗砂等做成,其厚度一般为 10~20cm,为了防止淤塞,应在隔离层上面和下面设置防淤层,隔离层底部应高出地面水 20cm 以上,并向路基两侧做成 3%的横坡。

4)不透水隔离层

用经过沥青结合料处理过的土做成厚 2~3cm 的不透水隔离层,用油毛毡则为 2~3 层,或用不易老化的特别塑料薄膜铺在路基全宽上,做贯通式,或只做到路面边缘外 50~80cm 处的不贯通式。

5)增设排水设施

为了不让地下水大量上升到路基上部土层,可设法降低地下水,常用以下几种方法:

(1)修建管式渗沟。

在路基两旁的边沟底上,向下挖一道深沟,比现有的地下水位再深一些。在沟底安放四周带孔的 PVC 管,管上填满碎石、碎砖或砾石,最上层用 20cm 厚的黏土夯实封口,黏土与碎石等粒料之间可铺一层 3cm 厚草皮,这样地下水可经瓦管排走而降低其水位。

(2)扩大边沟。

扩大边沟适用于边沟有一定的纵坡,能保证排水畅通的路段。一般边沟可加深至 1 m

左右，底宽0.6m左右，并用片石或混凝土预制块加固。

(3)增设横向盲沟。

一般在路肩上设横向盲沟，每隔5～6m设置一道，沟底宜做成4%～5%的纵坡。如地下水位高，可在边沟底下设置纵向盲沟，其深度应根据当地土质毛细作用高度及降低水位多少而定。盲沟深度20～40cm、宽40cm左右，应用渗水良好的碎(砾)石填充。

6)砂(砾)垫层

砂(砾)垫层具有蓄水排水的作用，排除砂砾垫层中水分的方法有整体式砂垫层和砂(砾)垫层与纵向或横向排水管配合的形式。排水管一般采用打孔的PVC管。

砂(砾)垫层的厚度在中等湿度路基为15～20cm，在潮湿路基为20～30cm。砂(砾)垫层的梁端，要用不透水的黏性土封闭，以防止翻浆蔓延。

4. 路基滑坡处治

路基滑坡的处治措施：

1)抗滑桩处治

抗滑桩与一般桩基类似，但主要是承担水平荷载，目前在边坡工程中常用的多为钢筋混凝土桩。抗滑桩设计一般应满足以下要求：

(1)抗滑桩提供的阻滑力要使整个滑坡体具有足够的稳定性。

(2)抗滑桩桩身要有足够的强度和稳定性。

(3)桩周的地基抗力和滑体的变形在容许范围内。

(4)抗滑桩的埋深及锚固深度、桩间距、桩结构尺度和桩断面尺寸都比较适当，安全可靠，施工可行、方便，造价较经济。

2)消除或减轻水对滑坡的危害

(1)排除地表水。

在容易发生滑坡或已发生滑坡的边缘上方修建截水沟，把滑坡体以外的地面水，从截水沟引向桥涵或排水沟排出。其位置应离病害区顶部边沿至少5m，一般深40～60cm，底宽30～50cm，边坡1:1～1:1.5。沟底纵坡大于3%时，还要在坡面上设树枝状排水沟，排除滑坡体范围内的地面水。如表土松散，必须夯实，以防流水渗入。若跨越裂缝，可用搭叠形渡槽引过。

(2)排除地下水。

对地下水一般以疏导为主，不应采取堵塞的方法，通常设置盲沟来排除。

①纵向盲沟。这是与滑动方向平行的盲沟，当滑坡体内土层滞水较多，而滑坡体的厚度不大，采用这种盲沟较为适宜，它可以疏干土体内的地下水，并对边坡起支撑作用。

②横向盲沟。这是与滑动方向垂直的盲沟。当滑坡体上方有地下水时，设置这种盲沟，将地下水截住，由滑坡体的两侧排出。

(3)夯填边坡裂缝。

对路基上边坡的裂缝，或截水沟漏水形成的大裂缝，必须及时予以夯实，以防止地面水向下渗透。夯填方法是先沿裂缝挖深、挖宽，一般要求挖到看不见裂缝为止，如果裂缝很深，至少要挖深1m。裂缝两侧松土要挖掉，再用黏土分层夯实，顶部应填成鱼背形。填好后要经常观察，特别是应在雨季和雨后几天细致检查，如再出现裂缝，应再行填补。

3)削方减载与填土反压

削方减载措施特别适用于上陡(重)下缓(轻)的推动式,且滑坡后缘及两侧有明显的边界,或者有岩体出露而不易受到牵引变形的滑坡治理,对改善滑坡的稳定性,提高安全系数有着非常明显的效果。

4)生态防护

生态防护可采用植草和栽植根系发育的灌木和亚乔树种,固结表土,减少降水浸入。必要时,可结合框架锚索方案,在坡面网格培土植草。

5. 路基不均匀沉降处治

路基不均匀沉降的处治措施:

为了保持路基能经常处于干燥、坚固和稳定状态,必须将影响路基稳定的地面水予以拦截,并排除到路基范围以外,防止漫流、聚积和下渗。同时,对于影响路基稳定的地下水,应予以截断、疏干、降低水位,并引导到路基范围外,使全线的沟渠、管道、桥涵构成完整的排水系统。

6. 路基横向裂缝处治

路基横向裂缝的处治措施:

(1)吹除裂缝内灰尘后向缝内灌注热沥青,在裂缝两侧 1m 范围内铺玻纤格栅或喷洒乳化沥青后铺土工布。

(2)对于裂纹不严重、路基未沉降变形的地段,开槽挖除裂缝部分,用膨胀混凝土回填处理。

(3)对仅上基层开裂、底基层完好的地段,将上基层挖除,用 C20 现浇钢筋混凝土板代替上基层部分。

7. 路基纵向裂缝处治

路基纵向裂缝的处治措施:

1)表面弥合法

在路基表面能够看到的纵向裂缝地段,可采用三合土材料,通过漏斗直接灌入裂缝内,用锤或木棍捣实,捣实只能在表面进行,然后表面找平,做好排水坡。

2)表面覆盖法

在路基表面有纵向裂缝的地段,直接用碎土填平裂缝,填平后在表面进行硬化处理,硬化处理材料可以采用素混凝土或沥青碎石。硬化厚度为 100mm 左右,硬化处理作用是防止雨水从裂缝进入路基内。

3)开挖填筑夯实法

纵向裂缝深度 <1m 的地段,可以采用沿着纵向裂缝方向进行开挖,分层填筑、分层夯实,材料可采用拌和三合土。

4)直接灌浆法

在路基表面有纵向裂缝的地段,裂缝深度 >1m 的,可直接灌浆填平裂缝。灌浆可以采用压浆机或漏斗靠重力自然灌满裂缝,灌浆材料采用石灰浆或水泥砂浆。

5)灌浆覆盖法

在灌浆后裂缝表面再进行硬化处理。

8. 边坡溜方、滑坡处治

边坡溜方、滑坡的处治措施：

(1)做好边坡排水，防止水流对边坡的冲刷。

(2)做好边坡的绿化防护，增加边坡的抗冲刷能力。

(3)及时填补边坡的冲沟。

(4)完善排水设施。

9. 路堤坍散处治

路堤坍散的处治措施：

(1)在可以中断交通的情况下，挖除该部分路基，重新换填符合要求的良好的路基材料。

(2)在路基两侧增设挡土墙，对滑动体起到支撑作用。

(3)用土工合成材料加筋路堤。

三、大修工程

大修工程为对公路及其沿线设施的较大损坏进行周期性的综合修理，以全面恢复到原技术标准的工程。

路基工程的大修工程主要包括以下内容：

(1)在原路技术等级内整段改善线形。

(2)拆除、重建或增建较大挡土墙、护坡等防护工程。

(3)大塌方的清除及善后处理。

(4)泥石流的防治方法。

①植树造林，封山育林。对流泥、流石的山坡，在春秋两季，应大量植树造林、铺植草皮，特别是在分水岭、山坡、洪积扇上及沟谷内。树木以生长快、根系多的柳树等为宜。铺草皮要先修整边坡，铺后要用木锤拍紧、拍平，使接缝紧密。但因草皮只能预防坡面冲刷、剥蚀，因此，对滑动没有停止的边坡，不宜种植。同时应控制放牧，不允许在同一坡面上伐树、采挖草皮，以防造成新的泥石流。

②平整山坡，填充沟缝，修筑梯阶、土埂，以控制水土流失，防止滑坡发展。

③修筑排水及支挡工程。修筑截水沟、边坡渗沟等排水工程，设置支撑挡墙，加固沟头、沟底、沟坡，稳定山坡。

④在地质条件好的上游，分级修建砌石或混凝土拦渣坝，以起到沉积、拦阻泥石流的作用。坝址宜选在能充分停淤的沟谷狭窄处，基础要设置在可靠的地基上，沉积在坝后的泥石，要随时清除。

⑤对于少量的泥石流，应在路肩外缘设置碎落台或修建拦渣挡墙，并随时清除冲积的泥石。

四、改建工程

改建工程为对公路及其沿线设施因不适应现有交通量增长和荷载需要而进行全线或逐段提高技术等级指标，显著提高其通行能力的较大工程项目。

第六章 路面检查评定与养护

第一节 日常巡查

一、日常巡查目的

日常巡查是利用交通工具或步行的方式,通过目测、测量、记录等手段,及时发现沥青路面病害及可能诱发病害的因素,发现可能妨碍交通的路障等并及时上报,以进行处治。

通过日常巡查,基层养管单位可定期对公路技术状况进行复核与评定,并完成路况数据库的更新与完善。

二、日常巡查频率

主道与辅道路面的日常巡查频率均为 1 天 1 次。

三、日常巡查内容

(1)路面上是否有明显的坑槽、裂缝、拥包、沉陷、松散、车辙、泛油、波浪、麻面、翻浆等病害,其危害程度及趋势。

(2)路面上是否有可能损坏路面或妨碍交通的堆积物等。

(3)路面是否有水毁、塌方、边沟堵塞、绿化、路肩、路缘石损坏、交通设施损坏等情况。

此外,辅道的日常巡查还应包括以下内容:

(1)检查井框与路面高差、剥落、啃边、缺失、破损、淤塞等损坏情况。

(2)检查井盖、雨水口箅子完好情况。

(3)积水情况。

(4)检查在道路范围内的施工作业对道路设施的影响。

四、日常巡查方法

每天由 1 ~2 人乘车巡查,车速控制在 40km/h 以下,必要时停车检查,注意掌握道路技术状况,发现病害或其他影响行车安全的情况及时处置,不能及时处置的要采取应急性安全措施,确保道路行车安全,通知相关人员及时组织修复。

日常巡查常用的工具见图 6-1。

通过日常巡查,管理中心定期对公路技术状况进行复核与评定,并完成路况数据库的更新与完善。

图 6-1 日常巡查常用工具

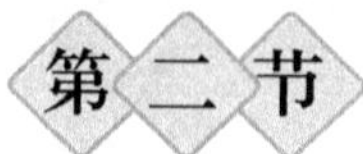

第二节 技术状况检测

一、技术状况检测目的

技术状况检测是在日常巡查的基础上，对路面损坏状况、路面平整度状况、路面车辙状况、路面抗滑性能及路面结构强度进行检查。

其中，路面损坏状况检查主要是对路面裂缝、松散、变形、排水设施堵塞等的检查。

二、技术状况检测频率

主道路面根据《公路技术状况评定标准》(JTG H20—2007)，路面损坏(PCI)最低检测频率为 1 年 1 次，路面平整度(RQI)最低检测频率为 1 年 1 次，抗滑性能(SRI)最低检测频率为 2 年 1 次，路面车辙(RDI)最低检测频率为 1 年 1 次，结构强度(PSSI)为抽样检测。

最低检测与调查频率见表 6-1。

最低检测与调查频率 表 6-1

检测频率 / 检测内容		路面损坏(PCI)	路面平整度(RQI)	抗滑性能(SRI)	路面车辙(RDI)	结构强度(PSSI)
沥青路面 PQI	一级公路	1 年 1 次	1 年 1 次	2 年 1 次	1 年 1 次	抽样检测

辅道路面定期检查的频率为 2 年一次。

三、技术状况检测内容

1. 路面损坏状况检测

采取快速检测设备检测路面损坏时，应纵向连续检测，横向检测宽度不得小于车道宽度的 70%。检测设备应能够分辨 1mm 以上的路面裂缝，检测结果宜采用计算机自动识别，识别准确率应达到 90% 以上。

路面损坏检测数据应以 10m 为单位长期保存。

2. 路面平整度检测

路面平整度宜采用快速检测设备，可结合路面损坏和车辙一并检测。单独检测路面平整度时，宜采用高精度的断面类检测设备。路面平整度检测设备必须定期标定，每年至少标定一次，标定的相关系数应大于 0.95。

路面平整度检测数据应以 20m 为单位长期保存。

3. 路面车辙检测

路面车辙宜采用快速检测设备,可结合路面损坏和路面平整度一并检测。路面车辙检测设备必须定期标定,每年至少标定一次。根据断面数据计算路面车辙深度(RD),计算结果应以10m为单位长期保存。

4. 路面抗滑性能检测

路面抗滑性能宜采用基于横向力系数的路面抗滑性能检测设备或其他具有可靠数据标定关系的自动化检测设备。检测设备必须定期标定,每年至少标定一次。路面抗滑性能检测数据(横向力系数)应以20m为单位长期保存。

5. 路面结构强度检测

路面结构强度宜采用具有可靠数据标定关系的自动化检测设备,检测结果应能换算成我国相关技术规范规定的回弹弯沉值。自动检测设备必须定期标定,每年至少标定一次。标定的相关系数不得小于0.95。弯沉检测数据应以20m为单位长期保存。

抽样检测时,检测范围控制在养护里程的20%以内。

四、技术状况检测方法

对路缘石破损、排水设施异常等现象一般采用人工检查,对病害进行记录并拍照留存影像资料。

对路面损坏状况、路面平整度状况、路面车辙状况、路面抗滑性能、路面结构强度主要借助快速检测设备进行检查,每个检测方向至少检测一个主要行车道。

1. 路面损坏状况检查

1)裂缝类病害检查

路面开裂包括:疲劳开裂、块状开裂、边缘开裂、轮迹带纵向开裂、非轮迹带纵向开裂、接缝处的反射裂缝、横向开裂等。

(1)疲劳开裂。

①描述。

疲劳开裂主要出现在轮迹带处,有时相互连接,一般小于0.3m,裂缝的主要形状有点像鳄鱼皮。

②测量方法。

对严重的疲劳开裂处一般计开裂面积(m^2),其他则记录示意图。

(2)块状开裂。

①描述。

块状开裂将路面分割成几个矩形形状,矩形面积从0.1m^2到10m^2。

②测量方法。

严重开裂处用面积记录并量测其长度,如果中间有疲劳开裂则应该减去疲劳开裂的面积(注:一般块状开裂长度大于15m)。

(3)边缘开裂。

①描述。

一般在路肩与路面0.6m处出现月牙形的开裂或纵向开裂。

②测量方法。

记录开裂的长度和严重程度。

(4)纵向开裂。

①描述。

一般出现在轮迹带上与道路行车方向平行。

②测量方法。

a. 轮迹带纵向开裂。

记录纵向开裂的长度(m)。

对已经灌缝的纵向开裂也应记录长度(m)。

注:如果轮迹带的纵向开裂含有随机开裂或已经有扩展现象则记为疲劳开裂。

b. 非轮迹带纵向开裂。

记录非纵向开裂的长度(m)。

对已经灌缝的非纵向开裂也应记录长度(m)。

(5)反射裂缝。

①描述。

由于半刚性基层的收缩裂缝和温度裂缝而反射到沥青路面表面的裂缝,还有施工接缝或沥青路面加铺在接缝处出现的裂缝,反射裂缝一般表现为横向裂缝。

②测量方法。

对反射裂缝一般记录裂缝长度(m)和损坏程度。

③测定要求。

由于裂缝种类繁多,而且裂缝一般为结构性破坏,因此,必须进行认真的评价,分析裂缝对沥青路面加固的影响。因此进行沥青路面裂缝的分析与测定应注意以下几点:

a. 除了进行裂缝特征描述外,必须进行裂缝产生历史的调查,分析是反射裂缝(温度型还是荷载型)、疲劳裂缝、路基不均匀沉降裂缝等,尤其是半刚性基层沥青路面必须调查裂缝的深度等,如有时沥青面层没有裂缝,但是基层已经有的裂缝。

b. 对裂缝严重的路段,必须考虑进行挖除补强,保证路面整体比较均匀。

2)松散类病害检查

松散类病害主要包括坑槽、松散等。

(1)坑槽。

①描述。

路面表面出现的碗状凹陷,一般平面直径大于150mm。

②测量方法。

记录坑槽的数量和面积。

③测定要求。

测定时应注意以下几点:

a. 必须认真分析坑槽产生的原因,其原因一般有压实沥青层的空隙率偏大产生的水损害、由于层间不连续导致沥青层出现拉应力导致疲劳损害等。因此,对由于空隙率偏大产生的水损害导致的坑槽主要采取封水措施;对于层间不连续导致沥青层出现拉应力导致疲劳损害的,需要清除局部破坏段落,避免加铺层由于底面的层间不连续而出现较快的损害。

b. 针对不同的坑槽类型进行修补预处理。

(2)松散。

①描述。

由于胶结料的黏结性等原因而导致的细集料和粗集料的流失。

②测量方法。

一般用面积计量(m^2)。

③测定要求。

由于表面缺陷主要是级配设计不合理、胶结料的问题等原因,因此分析测定沥青路面的表面缺陷时必须注意以下几点:

a. 必须认真分析表面缺陷产生的原因,如果是表面泛油一般不用采取什么措施,只有到抗滑性能不满足要求时才可以采用微表处、表面碎石封层等措施。

b. 对表面松散,则必须重视松散的原因,采取微表处或其他措施。

3)变形类病害

表面变形主要包括:沉陷、车辙、波浪拥包等。

(1)沉陷。

①描述。

路面出现差异沉降。

②测量方法。

用面积计量(m^2)。

路面的补丁与开裂主要包括:补丁或补丁损坏及坑洞。

(2)车辙。

①描述。

轮迹带纵向出现的下凹。

②测量方法。

只用车辙深度(mm),每隔 15 ~25m,用 3m 直尺量测。

③测定要求。

测定沥青路面的车辙时必须注意以下几点:

a. 必须认真分析表面变形产生的原因,如果是表层的车辙,则可以采用就地热再生的工艺进行恢复,如果中面层也有严重的车辙,那么就必须进行认真分析,采用深度就地热再生和铣刨上面层和中面层就地热再生的工艺。

b. 测定时注意获得最大车辙量,采用全断面测试车或断面测定仪。

(3)波浪拥包(表面推挤)。

①描述。

推挤是由于车辆的制动或加速而出现的纵向位移,主要出现在上坡路段、曲线和交叉口。

②测量方法。

用面积计量(m^2)。

4）其他病害

主要包括：泛油、表面磨光和补丁等。

（1）泛油。

①描述。

由于油石比偏大、空隙率偏小等原因在轮迹带出现沥青上冒等现象。

②测量方法。

一般用面积计量（m^2）。

（2）表面磨光。

①描述。

表面集料在行车荷载作用下磨平。

②测量方法。

一般用面积计量（m^2）。

（3）修补。

①描述。

路面表面（一般小于0.1m^2）出现坑洞采用附加材料进行修补。

②测量方法。

记录修补数量和面积。

2.路面车辙状况检查

1）直尺测量

人工检测车辙采用较多的设备有横断面尺、3m直尺以及改进的3m直尺等。横断尺为硬木或金属制成的顶面平直的直尺，两端有把手和支脚。测量时将横断尺就位于测定断面上，沿横断面尺每隔一定距离，用量尺垂直立于路面上，测记横断面尺与路面之间空隙的高度。根据测定读数绘制断面图，计算出车辙深度。

2）手推式断面仪

手推式断面仪用于检测纵横断面的变形状况。代表性设备有澳大利亚ARRB开发的Walking Profiler和美国ICC生产的SurPro等。检测时操作者推动仪器沿横断面匀速行走，仪器能够按照一定的横向间隔（Walking Profiler为243mm、SurPro为300mm）测量路面点的高程变化情况。

3）横向轮廓仪

横向轮廓仪的钢制横梁宽度为3.6m（12ft），上面设有水准气泡和水平调节螺钉，通过一个直径为7.6cm（3in）的测试轮检测路面高程变化，沿横断面推动把手可以自动绘制横断面图。

4）车辙快速检测装置

车辙快速检测装置（RutBar）是通过在车体上安装位移传感器来快速、连续地检测道路横断面的检测设备，它主要由检测横梁、传感器和计算机系统三部分组成。位移传感器的类型主要有三种：①激光传感器；②超声波传感器；③红外线传感器。绝大多数传感器都是利用光时差原理测量车体与路面之间的相对距离，当传感器数量足够多时，便可以检测出路面车辙形状。

5)横断面扫描装置

代表设备包括路面轮廓扫描仪PPS(Pavement Profile Scanner)和3-D激光车辙扫描系统LRMS(Laser Rut Measurement System)。

横断面扫描系统是目前最为先进的路面车辙检测设备,生成的数据量远远超过一般配有3个、5个甚至更多传感器的自动车辙仪,如此的采样密度可以得到近似连续的车道横断面信息,同时还避免了路面车辙位置和检测车横向飘移的影响,能够更为准确地计算各种路面车辙指标。

3.路面平整度检测

路面平整度测定方法和仪器可划分为两大类型:断面类平整度测定、反应类平整度测定。

1)断面类平整度测定

断面类平整度测定是直接沿行驶车辆的轮迹量测路面表面的高程,得到路表纵断面,通过数学分析后采用综合统计量作为其平整度指标。主要有:

(1)水准测量。

采用水准仪和水准尺沿轮迹测路面表面的高程,由此得到精确的路表纵断面。这是一种测定结果较稳定的简便方法,但测量速度很慢、很费工。

(2)梁式断面仪。

用3m长的梁(或直尺)连续量测轮迹处路表同梁底的高程差,由此得到路表纵断面。

(3)惯性断面仪。

在测试车车身上安置竖向加速度计,以测定行驶车辆的竖向位置变化。车身与路表面之间的距离,利用激光、超声等传感器进行测定。两方面测定结果叠加后,便可得到路表面纵断面。

2)反应类平整度测定

反应类平整度测定系统是在主车或拖车上安装由传感器和显示器组成的仪器。可以传感和累积车辆以一定速度驶经不平整路表面时悬架系统的竖向位移量。显示器记下的测定值,通常是一个计数数值,每计一个数相应于一定的悬架系位移量。

4.路面结构强度检查

1)目的

(1)利用弯沉仪量测路面表面在标准试验车后轮垂直静载作用下的轮隙回弹弯沉值,用作评定路面强度的指标。

(2)根据实测所得的土基或整层路面材料的回弹弯沉值,按照弹性半空间体理论的垂直位移公式计算土基或路面材料的回弹模量。

(3)通过对路面结构分层测定所得的回弹弯沉值,根据弹性层状体系垂直位移理论解,反算路面各结构层的材料回弹模量值。

2)主要仪器和设备

(1)贝克曼弯沉仪1~2台。通常由铝合金制成总长为3.6m,杠杆比(前臂与后臂长度之比)一般为2:1。要求刚度好、质量轻、精度高、灵敏度高和使用方便。

(2)试验用标准汽车,规范规定试验用标准车为BZZ-60(或用解放CA-10B型汽车)和

BZZ-100(或用黄河 JN-150 型汽车)。用作试验的标准汽车,要求轮胎花纹清晰,没有明显磨损,车上所装重物应稳固均匀,汽车行驶时载物不得移动。装载后后轴总重 P 对于解放 CA-10B 型应为(6.0 ±0.1)t,黄河 JN-150 型为(10.0 ±0.2)t,轮胎对路面压力 p 则分别为 0.49MPa和0.686MPa。测试前应对轮胎气压进行检验。

(3)百分表1~2只,量程为10mm,并带百分表支架。

(4)皮尺1~2把,长30~50m。

(5)其他工具和物品,如千斤顶、加载用重物、花杆、手杖、口哨、油漆、粉笔、记录板、记录表、厘米纸、铅笔和扳手等。

3)试验方法

(1)汽车加载。以砂石、砖等材料或铁块等重物加载,注意堆放稳妥。

(2)称量汽车后轴质量。此时前轮应驶离地面,调整汽车加载重物,使汽车后轴总重 P 合乎上述规定。

(3)印取轮迹。在平整坚实的地表上,将合乎荷载标准的汽车后轮用千斤顶顶起,在车轮下放置盖有复写纸的厘米纸。开启千斤顶使车轮缓缓下放,即在复写纸覆盖的厘米纸上压现轮迹。然后再顶起后轮,取出厘米纸,注明左右轮,用笔勾画出轮胎印迹周界。

第三节　路面评定

沥青路面养护质量的评定等级分为优、良、中、次、差5个等级,按《公路技术状况评定标准》(JTG H20—2007)评定。

路面技术状况评价(PQI)包含路面损坏(PCI)、路面平整度(RQI)、路面车辙(RDI)、抗滑性能(SRI)及结构强度(PSSI)5项指标。其中,路面结构强度为抽样检测指标,单独计算与评定,评定范围根据路面大中修养护需求、路基的地质条件等自行确定,如式(6-1)所示。

$$PQI = 0.35PCI + 0.40RQI + 0.15RDI + 0.10SRI \tag{6-1}$$

1.路面损坏(PCI)

路面损坏用路面损坏状况指数(PCI)评价,PCI 按式(6-2)、式(6-3)计算。

$$PCI = 100 - a_0 DR^{a_1} \tag{6-2}$$

$$DR = 100 \times \frac{\sum_{i=1}^{i_0} \omega_i A_i}{A} \tag{6-3}$$

式中:DR——路面破损率(Pavement Distress Ratio),为各种损坏的折合损坏面积之和与路面调查面积的百分比(%);

A_i——第 i 类路面损坏的面积(m^2);

A——调查的路面面积(调查长度与有效路面宽度之积)(m^2);

ω_i——第 i 类路面损坏的权重,按表6-2取值;

a_0——取15.00;

a_1——取0.412;

i——考虑损坏程度(轻、中、重)的第 i 项路面损坏类型;

i_0——包含损坏程度(轻、中、重)的损坏类型总数,取21。

沥青路面损坏类型和权重 表6-2

类 型 i	损坏名称	损坏程度	权 重 ω_i	计量单位
1	龟裂	轻	0.6	面积(m^2)
2		中	0.8	
3		重	1.0	
4	块状裂缝	轻	0.6	面积(m^2)
5		重	0.8	
6	纵向裂缝	轻	0.6	长度(m) (影响宽度:0.2m)
7		重	1.0	
8	横向裂缝	轻	0.6	长度(m) (影响宽度:0.2m)
9		重	1.0	
10	坑槽	轻	0.8	面积(m^2)
11		重	1.0	
12	松散	轻	0.6	面积(m^2)
13		重	1.0	
14	沉陷	轻	0.6	面积(m^2)
15		重	1.0	
16	车辙	轻	0.6	长度(m) (影响宽度:0.4m)
17		重	1.0	
18	波浪拥包	轻	0.6	面积(m^2)
19		重	1.0	
20	泛油	—	0.2	面积(m^2)
21	修补	—	0.1	面积(m^2)

沥青路面各类损坏的判定标准如下:

1)龟裂

轻:初期裂缝,裂区无变形、无散落、缝细,主要裂缝宽度在2mm以下,主要裂缝块度在0.2~0.5m,损坏按面积计算。

中:龟裂的发展期,龟裂状态明显,裂缝区有轻度散落或轻度变形,主要裂缝宽度在2~5mm,部分裂缝块度小于0.2m,损坏按面积计算。

重:龟裂特征显著,裂块较小,裂缝区变形明显、散落严重,主要裂缝宽度大于5mm,大部分裂缝块度小于0.2m,损坏按面积计算。

2)块状裂缝

轻:缝细、裂缝区无散落,裂缝宽度在3mm以内,大部分裂缝块度大于1.0m,损坏按面积计算。

重：缝宽、裂缝区有散落，裂缝宽度在3mm以上，主要裂缝块度在0.5～1.0m，损坏按面积计算。

3）纵向裂缝

与行车方向基本平行的裂缝。

轻：缝细、裂缝壁无散落或有轻微散落，无支缝或有少量支缝，裂缝宽度在3mm以内，损坏按长度计算，检测结果要用影响宽度（0.2m）换算成面积。

重：缝宽、裂缝壁有散落、有支缝，主要裂缝宽度大于3mm，损坏按长度（m）计算，检测结果要用影响宽度（0.2m）换算成面积。

4）横向裂缝

与行车方向基本垂直的裂缝。

轻：缝细、裂缝壁无散落或有轻微散落，裂缝宽度在3mm以内，损坏按长度计算，检测结果要用影响宽度（0.2m）换算成面积。

重：缝宽、裂缝贯通整个路面、裂缝壁有散落并伴有少量支缝，主要裂缝宽度大于3mm，损坏按长度计算，检测结果要用影响宽度（0.2m）换算成计算面积。

5）坑槽

轻：坑浅，有效坑槽面积在$0.1m^2$以内（约0.3m×0.3m），损坏按面积计算。

重：坑深，有效坑槽面积大于$0.1m^2$（0.3m×0.3m），损坏按面积计算。

6）松散

轻：路面细集料散失、脱皮、麻面等表面破坏，损坏按面积计算。

重：路面细集料散失、脱皮、麻面、露骨，表面剥落、有小坑洞，损坏按面积计算。

7）沉陷

大于10mm的路面局部下沉。

轻：深度在10～25mm，正常行车无明显感觉，损坏按面积计算。

重：深度大于25mm，正常行车有明显感觉，损坏按面积计算。

8）车辙

轮迹处深度大于10mm的纵向带状凹槽（辙槽）。

轻：辙槽浅，深度在10～15mm，损坏按长度计算，检测结果要用影响宽度（0.4m）换算成面积。

重：辙槽深，深度15mm以上，损坏按长度计算，检测结果要用影响宽度（0.4m）换算成面积。

9）波浪拥包

轻：波峰波谷高差小，高差在10～25mm，损坏按面积计算。

重：波峰波谷高差大，高差大于25mm，损坏按面积计算。

10）泛油

路面沥青被挤出或表面被沥青膜覆盖形成发亮的薄油层，损坏按面积计算。

11）修补

龟裂、坑槽、松散、沉陷、车辙等的修补面积或修补影响面积（裂缝修补按长度计算，硬下痟宽度为0.2m）。

2. 路面行驶质量(RQI)

路面平整度用路面行驶质量(RQI)评价,按式(6-4)计算。

$$RQI = \frac{100}{1 + a_0 e^{a_1 IRI}} \tag{6-4}$$

式中:IRI——国际平整度指数(International Roughness Index)(m/km);

a_0——一级公路采用0.026;

a_1——一级公路采用0.65。

3. 路面车辙(RDI)

路面车辙用路面车辙深度指数(RDI)评价,按式(6-5)计算。

$$RDI = \begin{cases} 100 - a_0 RD & (RD \leqslant RD_a) \\ 60 - a_1 (RD - RD_a) & (RD_a < RD \leqslant RD_b) \\ 0 & (RD > RD_b) \end{cases} \tag{6-5}$$

式中:RD——车辙深度(Rutting Depth)(mm);

RD_a——车辙深度参数,采用20mm;

RD_b——车辙深度限值,采用35mm;

a_0——模型参数,采用2.0;

a_1——模型参数,采用4.0。

4. 路面抗滑性能(SRI)

路面抗滑性能用路面抗滑性能指数(SRI)评价,按式(6-6)计算。

$$SRI = \frac{100 - SRI_{min}}{1 + a_0 e^{a_1 SFC}} + SRI_{min} \tag{6-6}$$

式中:SFC——横向力系数(Side-way Force Coefficient);

SRI——标定参数,采用35.0;

a_0——模型参数,采用28.6;

a_1——模型参数,采用-0.105。

5. 路面结构强度(PSSI)

路面结构强度用路面结构强度指数(PSSI)评价,按式(6-7)和式(6-8)计算。

$$PSSI = \frac{100}{1 + a_0 e^{a_1 SSI}} \tag{6-7}$$

$$SSI = \frac{l_d}{l_0} \tag{6-8}$$

式中:SSI——路面结构强度系数(Structure Strength Coefficient),为路面设计弯沉与实测代表弯沉之比;

l_d——路面设计弯沉(mm);

l_0——实测代表弯沉(mm);

a_0——模型参数,采用15.71;

a_1——模型参数,采用-5.19。

第四节 养护工程

一、日常保养

日常保养是通过对沥青路面的清扫、排水设施的维护、边沟清理、路肩边坡的养护等工作，保持路况完好，延长公路使用寿命，为行驶车辆提供畅安舒美的行车环境。

日常保养的基本要求：路面洁净，无积水、障碍物，路容整洁，排水顺畅，路基稳定坚实，无缺口、冲沟，边缘整齐平顺。

1. 清扫

路面清扫包含机械作业和人工作业两种方式。其中，一级公路以机械清扫为主，其他公路可采用机械与人工相结合的方式。

清扫频率不宜少于 1 次/天。且养护人员在巡查过程中，发现路面上有杂物时要及时处理。

1）泥土石子处理

用扫帚清扫干净，污染面积较大且泥土吸附在沥青混凝土面层难以清理干净时用水冲洗。

2）石块处理

将碎落石块收集成堆，装车清除出路面，人工用扫帚清扫干净，污染面积较大且泥土吸附在沥青混凝土面层难以清理干净时，用水冲洗。

3）油类或化工品污染处理

当油类或化工品污染路面时，利用沙土或废弃沥青料覆盖污染路面，对路面进行清扫，洒水冲洗干净。

2. 路肩维修

路肩分为硬路肩和土路肩。公路的路肩应保持横坡适度、边缘顺直，与路面衔接平顺；表面坚实平整、清洁、无杂物、无蒿草；保持无坑槽、隆起、沉陷及缺口。

3. 路缘石维修

路表水冲刷及车辆碾压容易造成路缘石的松动、破损，应及时修复或更换。可挖除松动或破损的路缘石，重新安装预制块或现浇混凝土。

4. 排水设施的维护

应对边沟、排水沟、截水沟、涵管等排水设施进行全面检查，在巡查过程中，如发现排水设施损坏或淤塞，应及时进行维修疏通。

5. 清理边沟

边沟清理主要是清除淤塞物、杂草、垃圾等，使边沟能够满足排水需要。清理时应注意不能破坏边沟原有的断面尺寸。

6. 疏通排水沟

排水沟疏通主要是清理或疏通排水明沟和暗沟内的淤积物、杂草或山坡的掉落物，保持排水畅通。

特殊季节养护：高温洒水。

夏季天气炎热，容易导致沥青路面出现泛油、发软、车辙、拥包、波浪等各种病害。在高温时段对沥青路面进行洒水降温，可抑制高温对路面造成的损坏，延长路面的使用寿命。洒水主要采用机械作业。

二、小修工程

对路面的轻微损坏部分进行的维修工作称为小修工程，通过对轻微病害的及时修补，可有效防止病害的发展和有效面积的扩大，延长路面的使用寿命。

由于基层原因导致的沥青路面局部病害的修补方法同大面积坑槽修补，主要采用挖补法。挖除损坏的基层或路基后，用与原结构相同的材料进行回填压实后，对路面进行修补。

小修的主要工作内容是修补路面的裂缝、坑槽、沉陷，处理波浪、局部龟裂、啃边等病害。其中，裂缝修补和坑槽修补是小修工作中最普遍的内容，该内容将在下面的章节中介绍。

1. 裂缝修补

开裂后的路面的养护措施取决于裂缝的密度与程度。如果裂缝已经钝化或裂缝边缘已损坏，则为高度损坏，这类路面最好采用诸如碎石封层、稀浆封层等措施。如果裂缝处于低度、中度损坏状态，开始向边缘损坏发展，裂缝宜采用修补措施。表 6-3 给出了不同裂缝状态时的推荐养护措施。

养护措施推荐表 表 6-3

裂缝密度	裂缝边缘损坏程度（占裂缝长度的百分比）		
	低(0～25)	中(26～50)	高(51～100)
低	不处治	不处治或仅处治裂缝	裂缝修复
中	裂缝处治	裂缝处治	裂缝修复
高	处治面层	处治面层	大修

根据裂缝的不同程度和发展阶段，采取不同的处治方法：灌缝、贴缝和全断面切挖填补缝，即裂缝修补的“三阶段”法。

在裂缝开裂初期，为控制裂缝进一步扩展，防治路面水损害，宜对裂缝进行及时处理，因裂缝较细微，直接采用灌缝工艺即可。

灌缝修补后，随着时间的推移，在车辆荷载、动水荷载等作用下，先前的灌缝逐渐失效，裂缝在宽度、长度和深度方向进一步扩展，导致了更加严重的水损害，此时宜清理原灌缝材料及杂物，填充适量的沥青砂浆等材料，并进行必要的贴缝处理，以便路面水损害得到有效控制。

若原有裂缝已经扩展得比较严重，横向裂缝已贯穿整个断面，贴缝已不能有效处理时，宜进行裂缝全断面切挖，切挖深度需到达裂缝最低点，然后在切挖的坑槽中填充一定粒径范围的大粒径透水性沥青混合料，使之与原路面沥青混合料充分黏结。填补全断面的大粒径透水性沥青混合料后，路面结构层中的水分将沿大粒径透水性沥青混合料迅速排至路侧。

1）灌缝

（1）灌缝方式。

材料封、填缝分为以下四类：

①平缝、不切缝。

将材料简单地封、填于裂缝中，裂缝未做切缝处理，施工结束后将多余材料剔除。

②平缝、切缝。

裂缝需要预先切缝，填缝料施工完成后要与路面齐平或稍低于路面。

③骑缝。

裂缝不需预切缝，材料填入裂缝中后有富余，从而使填缝后材料高度突出路面，如果用刮刀进行修正的话，突出的材料会形成一个规整的突出波段，上述条带通常宽75～125mm、厚3～6mm。如果不将上部材料修正，会形成一条不规整的"盖、帽"状形状。

④混合式（①及②混合式）。

裂缝需预切缝，填缝后材料突出路面，用刮刀进行修正，使裂缝成为规整的条带状，位置正好位于裂缝的中央。

(2)灌封工艺。

封缝、填缝施工一般包括以下几步：

①切缝（刨槽工具或电锯）。

②清理裂缝、干燥裂缝。

③准备材料并施工。

④施工完成/材料外部修正。

⑤表面处理。

2）贴缝

当灌缝修补失效后，裂缝进一步开裂，裂缝边缘出现了一定程度的破损，如不及时处理，裂缝将会在水和荷载的作用下迅速扩大化，很快就发展为严重的坑槽。为有效防治水损害，宜进行及时的贴缝处理。

3）全断面切挖-填补缝

在贴缝施工后，裂缝处的水损害得到了有效的控制，但随着时间的推移，在光照、水损害、车辆等因素作用下，贴缝带渐渐失效，出现了更加严重的裂缝病害，针对该程度的病害，宜进行全断面切挖-填补。

2.坑槽修补

1）坑槽修补材料

为了提高沥青路面坑槽的修补质量，特别是考虑修补的耐久性，防止重复性维修，应尽量采用物理性能、力学性能和化学性能都较好且适宜的集料，以及黏结性、延展性、感温性、耐老化性及酸性都较佳且恰当的沥青结合料，制备成具有高性能的坑槽修补材料。

选材时除了保证集料和沥青结合料自身质量外，还必须考虑集料与沥青结合料、沥青结合料与改性剂之间的相容性，同时还要考虑拌制而成的沥青混合料与原有沥青路面材料的相容性，才能够确保修补材料的质量及坑槽修补的耐久性。

目前，国内常用的材料一般分为以下几类：热拌沥青混合料，喷补料、沥青混凝土预制块、常温乳化沥青混合料、冷拌冷补沥青混合料。

(1)热拌沥青混合料。

热拌沥青混合料（HMA）是经人工筛配的矿质混合料与黏稠沥青在专门设备中加热拌

和而成，并在热态下进行填料和压实的混合料。

热拌沥青混合料是在热铺、热压下进行修补施工，其修补质量好、耐久性高，修补后的路面可以承受重载交通，故常被用作坑槽破损的永久性修补材料。这种材料适合于路面坑槽面积较大，又相对比较集中的情况。同时，热拌沥青混合料技术成熟，通过开槽、吹缝、填补、压实等一系列程序，填补材料能与原路面紧密地结合。

对于热拌沥青混合料，采用的结合料应为重交通沥青或经改性的沥青，由不同的聚合物改性沥青作结合料，可以制成橡胶类、树脂类或热塑性橡胶类改性沥青混合料，而目前大部分高性能专用修补料皆为特殊配方的改性沥青混合料。

(2)喷补料。

喷补料是将最大粒径为9.5mm的单一尺寸的矿料与60℃的乳化沥青，经专门的喷补设备同步喷射入坑槽中，当矿料喷入坑槽时被同时喷出的乳化沥青很好地裹覆，而形成的一种无需摊平、碾压的混合料。这种方法形成的坑槽修补料，是美国的一项专利技术，其较多地用于日常修补和应急修补。

(3)沥青混凝土预制块。

沥青混凝土预制块是将良好级配的矿质混合料和黏稠沥青用专门的设备加热拌和，再将拌好的松散混合料投到钢模中，用压力机将其压实成具有一定压实度和尺寸规格的板块状修补料。在对破损坑槽进行修补时，必须按照沥青混凝土预制块尺寸规格的倍数进行放样、开槽、底层补强整平，再将预制块平整地铺设在坑槽内。此种坑槽修补方法，前期工作较多，开槽的尺寸要求非常严格，且对不同大小坑槽的适应性较差。

(4)常温乳化沥青混合料。

常温混合料是相对于热拌沥青混合料而言的，它是将级配矿料与乳化沥青按照一定的配合比拌和而成的一种材料，一般称为乳液型常温混合料。常温混合料可在室温下装袋或入库储存，随取使用。

(5)冷补沥青混合料。

冷拌冷补沥青混合料是近些年来出现的一种新型坑槽修补材料，胶结料主要为溶剂油稀释沥青或在其中添加冷补添加剂，此混合料适用性强，常温下就具有一定的疏松性和黏结性，施工不受温度、季节限制，甚至可以在-30℃以上作业，可以铺筑2~3cm的薄层，也可适合5~10cm的较深的坑槽修补，可用于高等级公路坑槽的修补，也可以用于一般性的道路养护。

2)坑槽修补方法

(1)热补法。

其修补工序是首先用破碎工具铲除需补部位旧路面，然后喷洒沥青黏结层，填充新的热拌沥青混合料，并摊平、压实，此方法受温度、湿度因素影响较大，一般只能在5~10月进行路面修补。

(2)喷补法。

利用高压喷射方式，将乳化沥青经过喷管与输送来的集料相混合，通过控制喷管上的乳液、集料和压缩空气3个开关，把混合料均匀、高速地喷洒到坑槽中，达到密实黏结效果。

(3)热再生法。

其修补方法是先将高效热辐射加热板放置到待补区域，使得旧沥青路面软化，然后耙松被软化的沥青旧料，喷洒乳化沥青使旧料现场再生，补充新沥青混合料拌和，并摊铺、压实。

(4)常温修补法。

常温混合料是一种以乳化沥青为结合料，预先加热拌和、储存，常温下使用的沥青混合料，一般选用乳化沥青及改性乳化沥青。

(5)低温修补法。

用一种新型的修补材料即冷拌冷补沥青混合料进行修补。

3. 拥包

处治措施：

(1)对于轻微而稳定的拥包，用铣刨机在气温较低时削平即可。

(2)对于由面层原因产生的严重拥包，可以在气温较高面层发软后铲除，然后洒一层黏性沥青，重新铺筑沥青混合料，再找平压实；如油层较厚，可以在气温较低时，用铣刨机铣平，洒一层黏层沥青，随即撒一层0.3～0.6cm的石屑，扫匀后用轮胎压路机碾压即可。

(3)对于因基层强度不足或基层松软形成的较大面积拥包，将基层挖除后重新铺筑基层再做面层。

4. 啃边

啃边是在行车作用和自然因素影响下，路面边缘不断缺损，路面宽度减小的现象。其处治措施为：

(1)因路面边缘沥青面层破损形成的啃边，将破损的沥青面层挖除，在接茬处涂刷适量的黏结沥青，用沥青混合料进行填补，再整平压实。修补啃边后的路面边缘应与原路面边缘齐顺。

(2)因路基松软、沉陷而形成的啃边，先对路面边缘基层局部加强后再恢复面层。

5. 磨光

处治措施：

(1)对已磨光的沥青面层，可用路面铣刨机直接恢复其表面的粗糙度。

(2)路面石料棱角被磨掉，路面光滑，抗滑性能低于要求值时，应加铺抗滑层。

(3)对表面过于光滑、抗滑性能特别差的路段，应做罩面处理。

6. 沉陷

处治措施：

(1)对不均匀沉陷，如基层和土基较为密实、稳定，可只修补面层，用沥青砂或细粒式沥青混合料填补、整平、压实，面积较大时应加铺面层。

(2)对局部因路基有坑洞、沟槽等的沉陷，应采用碎(砾)石、干砌或浆砌片石等重新回填密实，将土基和基层根治后，再铺面层。

(3)对于桥(涵)头路面，因填土不实出现的沉陷，应采取加铺基层，重新做压实处理后再做面层。

(4)对因含水率和孔隙比较大的软基或含有机物质的黏性土层，宜采取换土处理，其厚度视软层厚度而定。换填材料宜用碎石土、卵砾土、中粗砂及合格的工业废渣，且要求级配合理。

(5)视情况可采取钻孔注浆加固处理。

7. 车辙和推移

处治措施：

(1)对于连续长度不超过30m、辙槽深度小于8mm、行车有小摆动感觉的,可通过对路面烘烤、耙松、添加适当新料后压实。

(2)当沥青面层磨损、横向推移时,应清除不稳定层,用铣刨机拉毛,重铺面层。

(3)当基层或土基不稳定时,应先进行补强处理后,再修复面层。

(4)对于因基层施工质量差引起的车辙、推移,在重新摊铺面层前应先行处理好软弱基层。

8. 松散

处治措施:

(1)因嵌缝料散失出现轻微麻面,在沥青面层不贫油时,可在高温季节撒适当的嵌缝料,并用扫帚扫匀,使嵌缝料填充到石料的空隙中。

(2)大面积麻面喷洒稠度较高的沥青,并撒适当粒径的嵌缝料,应使麻面部分中部的嵌缝料稍厚,周围与原路面接口要稍薄,并碾压成型。

(3)因沥青与酸性石料间的黏附性不良而造成路面松散,应将松散部分全部挖除后重做面层。

9. 泛油

1)处治措施

(1)对于路表轻微泛油、表面石子仍外露的路段可不做处理。

(2)对于局部施工质量差引起水损坏且出现坑槽破坏的,宜按坑槽修补方法处治。

(3)对于大段泛油严重、摩擦系数降低较多、影响行车安全的,可采用碎石压入法处治或铣刨原路面重新摊铺面层。

修补工艺流程如图6-2所示。

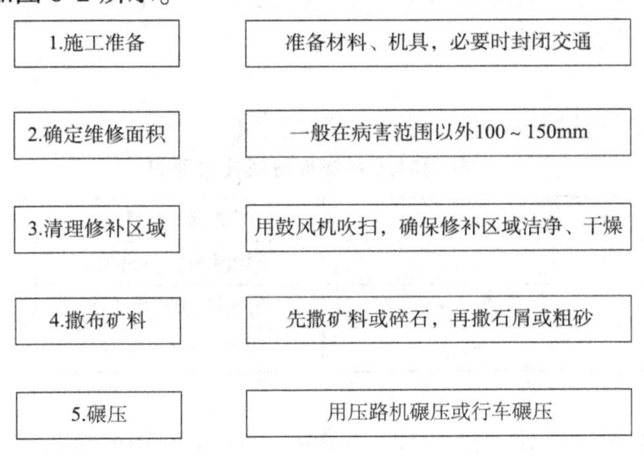

图6-2　泛油修补工艺

2)施工要点和注意事项

(1)处治时间应选择在高温季节(每年的6~8月)。

(2)撒料时应顺行车方向,先粗后细,无堆积、无空白。

(3)分次撒布时,两次撒布之间应用压路机碾压,稳定后再进行下次撒布。最后采用压路机或引导行车碾压,使所撒石料均匀压入路面。

(4)采用行车碾压,应及时将飞散的粒料扫回,待泛油稳定后,将多余浮动的石料清扫并收回。

三、中修工程

中修工程是指对公路及其沿线设施的一般性损坏部分进行定期的修理加固,以恢复公路原有的技术状况。在江门大道工程中,此项工程由江门大道管理中心按年(或季度)安排计划并组织实施。

当路面损坏状况指数评价为中及中以下,或路面行驶质量指数评价为中及中以下,或路面抗滑能力不足(SFC <40)时,应采取中修罩面措施。

路面工程的中修工程主要包括以下内容:

(1)沥青路面整段封层罩面。

(2)沥青路面较严重病害的处理。

(3)整段安装、更换路缘石。

(4)桥头搭板或过渡路面的整修。

以下几种为路面工程中常见的预防性养护工程,属于中修工程的范畴。

1. 含砂雾封层技术

1)定义

雾封层技术就是利用专用雾封层洒布车在沥青面层喷洒一层薄薄的、高渗透性的改性乳化沥青,以形成一层严密的防水层将路面空隙封闭,起到阻止路面表面渗水、防止路面表面松散、延缓原路面沥青老化、降低沥青面层温度和改善路面外观的作用。

2)材料技术要求

含砂雾封层包括乳化沥青基含砂雾封层和煤沥青基含砂雾封层,两种雾封层原材料主要有沥青基材料、砂和水(必要时)。

(1)沥青基材料。

含砂雾封层沥青基材料技术指标要求应满足表6-4中的要求。

含砂雾封层沥青基材料技术要求 表6-4

试验项目	技术要求	试验项目	技术要求
残留物含量(%)	≥40	干燥时间(h)(60℃)	≤2
残留物灰分(%)	20~40	耐热性(100℃,2h)	无流淌、滑动、滴落
布氏黏度(25℃)(Pa·s)	≥2.5	黏结强度(MPa)	≥0.12

(2)砂。

含砂雾封层可采用石英砂或机制砂。机制砂宜采用专用的制砂机制造,并选用优质的玄武岩生产。砂应满足表6-5的技术要求。

砂技术要求 表6-5

项目	技术要求		试验方法
	机制砂	石英砂	
表观密度	≥2.60	≥2.50	T0328
含水率(%)	≤1	≤1	T0332

续上表

项目		技术要求		试验方法
		机制砂	石英砂	
含泥量(%)		—	≤0.5	T0 333
硅含量(%)		—	≥99	SJ 3228.4
通过筛孔的百分率(%)	0.6 mm	95～100	95～100	T 0327
	0.3 mm	20～75	5～10	
	0.15 mm	0～20	0～5	
	0.075 mm	0～3	0～1	

两种砂可混合使用,混合砂应满足表6-6的技术要求。

混合砂技术要求 表6-6

项目		技术要求	试验方法
表观密度		≥2.50	T 0328
含水率(%)		≤1	T 0332
通过筛孔的百分率(%)	0.6 mm	90～100	T 0327
	0.3 mm	15～60	
	0.15 mm	0～20	
	0.075 mm	0～2	

(3)水。

含砂雾封层在必要时可掺入一定的水,水中不得含有有害的可溶性盐类、能引起化学反应的物质和其他污染物,一般可采用饮用水。

(4)添加剂。

添加剂的主要作用是防止沥青基材料与砂的离析分层、调节干燥时间,并可在一定程度上改善沥青基材料的性能。添加剂的掺加不应对沥青基材料性能产生不利影响。

3)含砂雾封层混合料设计

含砂雾封层的混合料设计,应充分考虑原路面状况、交通量、气候条件等因素,选择适当的雾封层材料,确定材料方案。根据不同需要,含砂雾封层可采用单层或双层喷洒。

(1)单层含砂雾封层。

单层含砂雾封层喷洒量为0.7～0.95kg/m^2。单层含砂雾封层通常的材料用量范围可参照表6-7。

(2)双层含砂雾封层。

双层含砂雾封层喷洒时,依天气情况在上层风干2～4h后即可进行。第一层喷洒量为0.65～0.9kg/m^2,第二层喷洒量为0.5～0.7kg/m^2。双层含砂雾封层通常的材料用量范围可参照表6-8。

单层含砂雾封层通常的材料用量范围 表 6-7

项　目	材料用量	项　目	材料用量
雾封层材料(kg/m²)	0.4～0.5	砂(kg/m²)	0.2～0.3
水(kg/m²)	0.1～0.2	添加剂	根据实际需要

双层含砂雾封层通常的材料用量范围 表 6-8

项　目	材料用量	
	第一层	第二层
雾封层材料(kg/m²)	0.4～0.5	材料配比同第一层
水(kg/m²)	0.1～0.15	
砂(kg/m²)	0.15～0.25	
添加剂	根据实际需要	

2. 沥青碎石封层技术

1)碎石封层

碎石封层就是采用层铺法施工,在旧路面强度指标符合要求的情况下,对原路面进行清扫和简单处理,采用直接洒布沥青和撒铺碎石的方法加铺的沥青薄处理层,具有改善路面的使用质量、修复磨耗路面、路面防水等多项功能,并具有造价低、施工工艺简便、施工速度快等多项优点。

2)碎石封层的材料要求

(1)石料。

碎石的质量对沥青碎石封层的施工质量起着决定性的作用。石料的选择应结合质量要求、经济性及工程实际情况等多方面因素进行综合考虑,特别是同步碎石封层,要求集料质量更高,必须注意以下几方面因素:

硬度:必须有足够的硬度以抵挡交通磨损,在重载车辆较多、车流量较大的情况下,集料的硬度尤为重要,压碎值应小于 14%。

清洁度:我国的相关规定对碎石清洁度的要求是小于 0.075mm 颗粒含量不大于 1%,过多的石粉含量将直接影响到碎石的黏结效果。

粒径:碎石应该近乎单一级配,并根据工程需要确定粒径大小。

针片状颗粒含量:尽量使用立方体的集料,避免针片结构,我国要求针片状颗粒含量不应大于 15%,以保证集料在沥青中达到合适的嵌入深度。

同步碎石封层对集料的质量要求见表 6-9,普通碎石封层对集料的质量要求见表 6-10,普通碎石封层用沥青技术要求见表 6-11。

同步碎石封层用集料的质量要求 表 6-9

序号	技术指标	技术要求	试验方法
1	压碎值(%)	≤14	T 0316—2000
2	洛杉矶磨耗损失(%)	≤30	T 0317—2000
3	破碎面、几何形状	4 个破碎面以上、近似立方体	—

续上表

序号	技术指标	技术要求	试验方法
4	与沥青的黏附性(%)	4级以上	—
5	针片状含量(%)	≤15	T 0312—2000
6	粉尘含量(%)	≤1	T 0310—2000
7	软石含量(%)	≤5	T 0320—2000

普通碎石封层用集料的质量要求 表6-10

项目	质量标准	试验方法
洛杉矶磨耗损失(%)	≤45	MTM 102 或 T 0317—2000
石料破损率(%)	≥95	MTM-117
有害颗粒含量①(%)	≤8	MTM-110
针片状含量(%)	≤20	ASTM D4791 或 T 0312—2000
集料磨耗指数(AWI)②	≥260	MTM-111

注:①有害颗粒是指页岩、泥板岩、淤泥、泥沙、黏土等杂质。

②AWI 即 Aggregate Wear Index。

普通碎石封层用沥青技术要求 表6-11

试验项目		单位	技术要求
电荷		—	阳离子(+)
筛上剩余量(1.18mm)		%	≤0.1
黏度	恩格拉黏度 E_{25}	—	4~10
	标准黏度 $C_{25,3}$	s	16~25
蒸发残留物	残留物含量	%	≥65
	针入度(25℃)	0.1mm	50~150
	软化点	℃	≥50
	延度(15℃)	cm	≥40
与矿料的黏附性(裹覆面积)		—	≥2/3
贮存稳定性	1d	%	≤1
	5d	%	≤5

(2)胶结料。

碎石封层的胶结料包括乳化沥青和(改性)热沥青,普通碎石封层常用的沥青类型主要是高浓度的阳离子型乳化沥青,改性与不改性由具体应用情况选择。其有关指标应符合表6-11的规定。其用量应以70%的石料能嵌入乳化沥青黏结层为标准,单层和双层碎石封层的乳化沥青用量范围一般均在1.76~1.86L/m^2,可根据现场情况调节。

同步碎石封层常用的沥青类型主要是热沥青或改性热沥青,一般需要加热至150~170℃,其质量应符合表6-12的有关规定。其用量应以70%的石料能嵌入乳化沥青黏结层为标准,一般在1.2~1.7kg/m^2,可根据现场实际情况调节。

同步碎石封层用沥青技术要求 表 6-12

试验项目		单位	技术要求		
			基质沥青	橡胶沥青	SBS 沥青
针入度(25℃,100g,5s)		0.1mm	40~100		
软化点		℃	≥42	≥47	≥50
延度(10℃)		cm	≥10	≥10	≥20
60℃动力黏度		Pa·s	≥140	≥2.0	≥2.5
RTFOT 后	质量变化	%	±0.8		
	残留针入度比(25℃)	%	≥50		
	残留延度(10℃)	cm	≥10	≥5	≥15

注:1. 橡胶沥青、SBS 沥青采用5℃延度。

2. 橡胶沥青采用180℃旋转黏度,SBS 沥青采用135℃运动黏度。

除上述沥青外,碎石封层用沥青还可用 SBR 类、EVA、PE 类等沥青,且沥青指标应符合《公路沥青路面施工技术规范》中聚合物改性沥青技术要求。

3. 纤维封层技术

1)纤维封层

纤维封层技术是指采用纤维封层设备同时洒(撒)布沥青黏结料和玻璃纤维,然后在上面撒布碎石经碾压后形成新的磨耗层或者应力吸收中间层的一种预防性养护技术。

纤维封层施工中,经过专门工艺破碎切割的纤维在上下两层均匀洒布的沥青结合料中呈乱向均匀分布,相互搭接,与沥青混合料形成网络缠绕结构,有效地提高了封层的抗拉、抗剪、抗压和抗冲击强度等综合力学性能,类似在新建道路基层和面层之间或原有路面基础上加铺了一层具有高弹性和高强度的防护网垫。特别适用于旧沥青路面(或新建路基)、面层层间应力吸收中间层和原有旧沥青路面耐磨层施工,对新旧沥青道路建设及养护起到有效的保护作用,更能延长其养护周期及服务寿命。

2)纤维封层的施工

(1)施工设备。

纤维封层所用的主要施工装备为纤维封层机。

纤维封层核心设备主要包括沥青洒布系统、纤维系统、添加剂系统以及为保障这些系统正常工作的辅助系统等。

(2)施工步骤。

①道路勘察,试验制定配方。

到施工路段进行现场勘察路面状况、交通量大小等,根据勘察所得数据,分析并做试验,确定施工方案,施工结构,进行有针对性的材料选型,作出确实可行的施工配方,包括改性乳化沥青、纤维、碎石种类与用量。是否需要添加抗剥落剂,如果添加,就要确定剥落剂的类型和用量。

②道路预处理。

a. 旧沥青路面加铺防水磨耗层的施工：对裂缝、坑槽等严重病害的预处理等。

b. 旧水泥面板路面改造为沥青路面的防水黏结层的施工：对裂缝、坑槽等严重病害的预处理等。

c. 公路的下封层的施工前准备：平整度的处理等。

d. 桥面防水层的施工前准备：堵漏、堵缝等的预处理。

e. 做好配套工作，如配套设备的组织协调工作，原材料的供给，交通的阻断、开放及车辆限速等工作。

(3)施工过程。

①先选择大约50m路面上进行一次试验路施工作业，并根据效果对施工各参数进行调整(包括纤维封层设备沥青喷洒、纤维撒布试作业，碎石撒布车碎石撒布量的修正)，直到达到预期效果后，再进行连续长距离的施工。

②纤维封层设备同时洒(撒)布两层乳化沥青和一层玻璃纤维，控制车速在3～4.5km/h，最佳车速为3.6km/h，洒(撒)布过程中，如发现不均匀或中间断条情况，应立即停车检查，发现问题及时处理。

③碎石撒布车交替连续跟进纤维封层设备进行碎石撒布，车速与纤维封层车速相匹配。应力吸收层碎石层撒布覆盖率控制在70%以上，磨耗层碎石覆盖率控制在95%以上。碎石撒布后，立即用胶轮压路机碾压，碾压初始速度控制在2km/h以内，以后可以适当增加，碾压后的碎石颗粒浸入深度以粒径的1/2为宜。

④施工结束。

a. 施工结束，碾压完成后，待乳化沥青破乳后即可全面开放交通，车辆交通基本不受路面施工影响；但须对来往车辆进行限速，设立标志或派人把守，将过往车辆车速限制在40km/h以下。对于一些散落在路边的集料，及时进行清除。

b. 对纤维封层设备，按保养技术要求马上实施保养维护，包括沥青管路清洗、设备除尘等操作。

c. 如为路面养护工程，通车一周后再对路面进行一次清扫。

4. 微表处技术

1)定义

微表处是由聚合物改性乳化沥青、集料、填料、水和外加剂按合理配合比拌和并均匀摊铺到已适当处理过的路面上的薄层。它应能满足摊铺不同截面厚度(楔形、凹形)的要求，不同沥青用量和不同摊铺厚度的混合料，经养护和初期交通固化后，能经受住行车的作用，并在使用寿命内保持良好的抗滑性能。它应能适应迅速开放交通的需要，在气温24℃、湿度小于50%的情况下，1cm左右厚度的微表处施工后1h可开放交通。

2)施工要求

(1)对原路面的要求与施工前准备。

要求原路面具有足够的强度和刚度，具有良好的整体稳定性，且表面平整、密实、清洁。

施工前需进行修补工作，当原路面上有坑洞、边线破损和裂缝宽大时，应进行修补。有深洞时，应分层填补并压实。对于大的拥包和深的车辙(如车辙深超过10mm)，应先进行铣刨和填补，修补完成后，应进行清洁，避免用水冲洗，可采用高压空气吹的方法。

(2)备料。

必须将施工的矿料中超大粒径的石料筛掉，以免大粒径石料给拌和和施工带来不利影响。拌好的矿料应尽量堆在经过铺装且洁净的地面上，以免混入泥土。填料的质量要求主要是细度、含水率等。水泥、石灰、硫酸铵、粉煤灰均不得含泥土杂质，并应干燥、疏松、没有聚团和结块，且小于0.075mm的颗粒含量不应少于80%。施工用水应采用饮用水，当pH值在7左右并且无咸味时，都可以采用。

(3)设备的标定。

微表处设备的计量控制系统，施工前应进行严格的计量标定工作，应根据室内试验确定的混合料设计配合比，对矿料、填料、乳化沥青、水、添加剂等各种材料的用量，进行单位输出量的标定。通常在以下几种情况时，应进行计量标定工作：机器第一次使用前、机器每年的第一次使用前、原材料或配合比发生较大变化时。

(4)施工环境要求。

微表处施工前的准备工作完成之后，必须视天气条件而确定能否施工。施工对天气条件的要求为：气温未达到10℃且持续下降时不得施工；养护成型期内气温大于10 ℃，雨后路面积水未干或未清除之前，不可施工；施工养护成型期内可能会出现降雨，则不可施工。

(5)施工程序。

一般微表处施工采用以下流程，见图6-3。

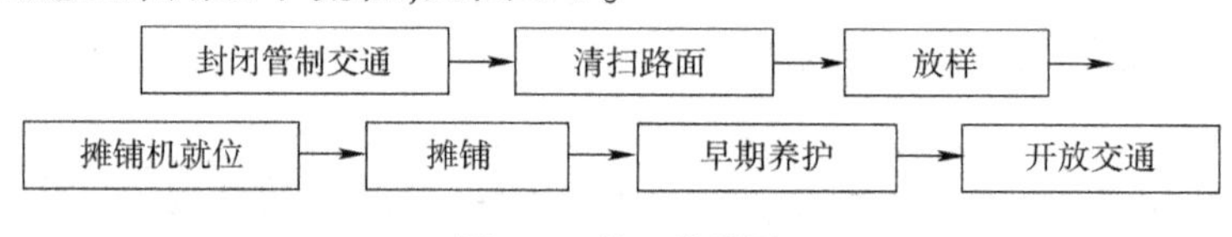

图6-3　施工流程图

根据路幅全宽，调整摊铺箱宽度，使施工车程次数为整数。据此宽度从路缘开始放样，一般第一车均从左边开始，划出走向控制线。将符合要求的矿料，乳化沥青、填料、水、添加剂等分别装入摊铺机的相应料箱，一般应全部装满，并应保证矿料的湿度均匀一致。

①摊铺。

摊铺是施工中最关键的环节，机械摊铺过程如下：

a.将装好料的摊铺机开至施工起点，对准走向控制线，并调整摊铺箱厚度与拱度，使摊铺箱周边与原路面贴紧。

b.确认各料门的高度或开度后开动机器，接合拌和缸离合器，使搅拌轴正常运转，并开启摊铺箱螺旋分料器。

c.打开各料门控制开关，使矿料、填料、水几乎同时进入拌和缸，并当预湿的混合料推移至乳液喷出口时，乳液喷出。

d.调节稀浆在分向器上的流向，使稀浆能均匀地流向摊铺箱左右。

e.调节水量，使稀浆稠度适中，刚开始流出的稀浆混合料应用铁铲接住并丢弃。

f.当稀浆混合料均匀分布在摊铺箱的全宽范围内时，启动底盘，并缓慢前行，一般前进速度为1.5～3.0km/h，但应保持稀浆摊铺量与生产量基本一致，保持摊铺箱中混合料的体积为摊铺箱容积的1/2左右。

g. 混合料摊铺后，应立即进行人工找平，找平的重点是：起点、终点、纵向接缝，过厚、过薄或不平处，尤其对超大粒径矿料产生的刮痕，应尽快清除并填平。

h. 当摊铺机上任何一种材料用完时，应立即关闭所有的开关，让搅拌缸中的混合料搅拌均匀，并送入摊铺箱摊铺完后，即停止前进。

i. 将摊铺箱提起，然后将摊铺机连同摊铺箱开至路外，清洁搅拌缸和摊铺箱。

j. 查对材料剩余量。

②碾压。

微表处混合料在破乳成型后，都会有若干空隙。这些空隙在自然交通的反复作用下，可以提供足够的压实，将空隙自动弥合，因此也就无需压实机械碾压。但交通量不足的地方，如停车场、机场、广场及不开放交通的下封层，则必须碾压。碾压的时机非常重要，一般认为，刚破乳的沥青微粒，其成膜后的性质接近于液态而非固态，因此在此时碾压，其压实效果最好。

③成型养护与开放交通。

微表处施工完后需要一个成型养护的过程。养护的时间，视稀浆混合料中水的蒸发及黏结力的大小而变化，通常认为，当黏结力达到 1.2N · m 时，稀浆混合料已经初凝，当黏结力达到 2.0N · m 时，稀浆混合料已凝固到可以开放交通的状态。影响稀浆混合料成型的因素很多，包括气候、材料、机械设备、配比等多方面。

刚摊铺的稀浆混合料，在养护成型期间，严禁任何车辆和行人进入，否则将影响外观。必须立即开放交通时，须采取一些措施，尽可能减少对封层的破坏。可以采用撒砂的方法，而且在这些路段应尽量避免紧急制动和急转弯。

施工时产生的一些缺陷，如漏铺、刮痕、脚印等，均应在开放交通前进行修补，以防病害扩大。

3）微表处施工外观质量的要求

(1) 表面平整、密实、无松散、无轮迹。

(2) 纵、横缝衔接平顺，外观色泽均匀一致。

(3) 与其他构造物衔接平顺，无污染。

(4) 摊铺范围以外无流出的稀浆混合料。

(5) 表面粗糙，无光滑现象。

4）其他需注意的问题

(1) 预湿水。

天气过于干燥炎热时，对原路面进行预洒水，有利于微表处与原路面的牢固黏结。新式的微表处摊铺机都带有预洒水设备，只需摊铺时打开即可。对于无洒水系统的摊铺机或人工摊铺，可采取其他方式洒水，但应避免洒水过多，量的控制以路面无积水为宜，洒水后可立即摊铺。

(2) 接缝。

在先铺筑的接缝处进行预湿水处理有助于两车微表处混合料的连接，而用橡胶刮耙处理接缝处的突出部分非常有效，再用扫帚进行扫平，使纵向接缝变得平顺，总体外观更佳。

横向接缝过多过密会影响外观和平整度，因此要尽可能减少。首先在起点处，当摊铺箱的全宽度上都布有稀浆时，可以低速缓慢前移，这样就可以减少因箱内积料过多而产生的过厚起拱现象，并对起点进行人工找平。施工时可在起点的摊铺箱下铺垫一块油毡，当摊铺机前进后，将油毛毡连同上面的混合料一道拿走。

(3)加水量的控制。

成功的微表处是建立在稀浆中沥青分布均匀的基础上。加水太多，稀浆的稳定性降低，粒料下沉沥青上浮，造成与原路面的黏结降低，而封层表面的沥青含量过高。封层越厚这种影响越严重。

(4)过大颗粒及细料凝块。

石料中难免会有超径的颗粒，这些颗粒有可能会卡住搅拌轴，引起机械故障，更有可能卡在橡胶刮板下面，形成纵向划痕。

矿料受潮时会产生细料凝块，特别是对于砂当量较低的矿料。这种凝块也容易造成纵向划痕，有时也可能在摊铺箱下压碎，给封层表面留下一条松散的浅色痕迹，为避免这种现象，应将装入矿料箱的矿料过筛。

5.(超)薄层罩面

1)薄层、超薄层罩面定义

薄层罩面是一种传统的预防性养护方法。它是在原有路面上加铺一层厚度为1.5~2.5cm(超薄罩面)、4cm左右(薄层罩面)的热沥青混合料。沥青路面罩面按使用功能划分为罩面层、抗滑层(磨耗层)等。一般罩面层的厚度，可根据路面等级、交通量大小、道路等级、功能综合考虑确定。

(1)用于重点解决路面轻度网裂、透水时可采用较薄的罩面层。

(2)对路面破损，平整度、抗滑两项性能需要改善时，应采用较厚的罩面层。

(3)用于解决抗滑的罩面层，可视不同等级和交通量大小，采用不同的厚度，一级公路抗滑层不宜太薄，宜采用2.5~4cm。

(4)各类型一般罩面厚度不得小于最小施工结构层厚度。

2)适用范围

沥青路面养护中，应根据沥青路面养护质量评价指标等级确定是否罩面和罩面的种类。需要罩面的路段，路面结构强度系数(SSI)必须在中等等级以上范围，而路面状况指数(PCI)、行驶质量指数(RQI)、抗滑系数(SFC或BPN)三项指标等级在下列情况时，应按下述要求分别采取措施进行处理。

行驶质量(RQI)评为良~中等范围时，一级公路应安排一般罩面层养护；当路面抗滑系数(SFC或BPN)评为中等时，一级公路应加铺抗滑磨耗层；二级及二级以下公路宜对陡坡、急弯、交叉路口等事故多发地段进行抗滑层处理。

沥青路面使用年限已达设计年限的一半以上时，可安排罩面层进行预防性养护以延长使用寿命。适宜选用的罩面类型主要是选用改性沥青或沥青玛蹄脂碎石混合料(SMA)做一级公路抗滑层，还可以选用OGFC作为高等级公路抗滑表层。

3)薄层、超薄层的施工

(1)SMA薄层罩面施工。

能否将SMA设计成果正确地应用到施工过程中，这是SMA路面成功的另一个关键因

素,SMA 施工工艺如下:

①施工准备工作。检查下承层,质量符合规范的要求后,方可开始施工。对进场材料进行抽检,以保证材料质量。保证设备处于良好状态。

②SMA 沥青混合料拌和。SMA 沥青混合料拌和与普通沥青混凝土相似,采用间歇式拌和机。SMA 拌和的关键是要控制好混合料级配、沥青用量及拌和时间、拌和温度。

③SMA 沥青混合料运输。由于 SMA 的沥青玛蹄脂的黏性较大,运料车的车厢底部和侧板上要涂刷较多的油水混合物作为隔离剂,但不得有余液积聚在车厢底部。同时,为了保证摊铺温度,混合料应采用大吨位自卸车运输,运料时必须采取加盖棉被、苫布等切实可行的保温措施。

④SMA 沥青混合料摊铺。改性沥青混合料黏度较高,摊铺温度高,摊铺阻力要比普通混合料大,所以对 SMA 沥青混合料要使用履带式摊铺机摊铺,摊铺宽度也不能像其他普通混合料那样伸长太多,进行作业的摊铺机必须具有自动或半自动调节厚度及找平的装置,必须具有振动熨平板或振动夯等初步压实装置。改性沥青 SMA 混合料的摊铺温度宜为 160 ~ 180℃,温度低于 140℃ 的混合料禁止使用。当路表温度低于 15℃ 时,不宜摊铺改性沥青 SMA 混合料。SMA 的压实系数要比普通沥青混凝土小得多,松铺系数应根据试铺段的数据来确定。

⑤SMA 沥青混合料碾压成型。改性沥青 SMA 路面的压实要求在高温下进行,温度越高越好,碾压要求紧跟在摊铺后进行,压路机应以 ≤5km/h 的速度进行均匀的碾压,碾压总方针是:紧跟、慢压、高频、低幅。

(2)Superpave 薄层罩面施工。

Superpave 沥青混合料施工与常规的混合料十分类似,施工的主要环节包括,材料选择、配合比设计、混合料生产、运输、摊铺、压实及质量控制。

(3)OGFC 施工。

OGFC 沥青混合料的由于空隙率大,存在与下承层结合面积小、结合性能差及易老化、松散、剥落等缺点。因此,需要使用改性沥青及添加外加剂以改善其性能、延缓老化、降低温度敏感性,从而保证该种结构的使用耐久性。

用改性沥青铺筑的 OGFC,其施工可参照一般沥青路面进行,但由于 OGFC 混合料高温时沥青容易产生不均匀流淌和温度降低后又难以施工,因此,为确保其功能不受影响,应在充分探讨和确定施工标准的基础上进行施工。

四、大修工程

对公路及其沿线设施的较大损坏进行周期性的综合修理,以全面恢复到原技术标准的工程。或在原技术等级范围内进行局部改善和个别增建,以逐步提高公路通行能力的工程项目。它通常是由基层公路管理机构或在其上级机构的帮助下,根据批准的年度计划和工程预算来组织实施的工作。

在强度不能满足要求,或当路面不适应现有交通或荷载的需要时,应采取大修补强措施以提高其承载能力。

路面工程的大修工程主要包括以下内容:

(1)翻修或补强铺装、简易铺装路面。

(2)补强、重铺或加宽铺装。

1. 路面加铺技术

路面加铺技术是沥青路面维修养护的一种主要措施,既可实现对沥青路面功能性损坏的修复,又能对沥青路面结构性损坏进行补强,可显著提高路面的使用性能,延长路面结构的使用寿命。原路面加铺前,应按照我国相关规范的病害处理要求和方法对下卧层进行处治。

1)罩面

罩面是在对原沥青路面病害处治后,直接进行磨耗层的铺装。中修罩面的铺装厚度一般为4~6cm,通常采用密级配AC、沥青玛蹄脂SMA、开级配排水式沥青磨耗层OGFC、碎石封层+薄层罩面等。中修罩面施工及结构示意图见图6-4、图6-5。

图6-4 罩面

图6-5 罩面结构示意图

罩面的质量控制要点:

(1)原路面病害处治。罩面前,需按照规范要求对原沥青路面出现的裂缝、坑槽、轻微车辙、局部松散、局部啃边等病害进行处治。

(2)黏层。在原路面与罩面结构层之间需喷洒黏层油,黏层油可采用快裂或中裂乳化沥青、改性乳化沥青,也可采用快、中凝液体石油沥青,其规格和质量应符合规范的技术要求,用量一般为$0.3 \sim 0.6 L/m^2$,当铺筑大空隙排水薄层罩面磨耗层时,黏层油的用量宜增加到$0.6 \sim 1.0 L/m^2$。

图6-6 原路面铣刨

(3)罩面工程质量。罩面施工过程中严格控制工程质量,对路面外观、接缝、施工温度、厚度、平整度、压实度、纵断面高程、横坡度、渗水系数等项目和指标进行检查。

2)铣刨加铺

铣刨加铺是指将原路面下面层保留,铣刨上部一层或两层后进行的路面加铺。加铺结构层的类型和厚度与中修罩面基本相同。铣刨加铺过程见图6-6~图6-8。

铣刨原路面面层时应保证下面层强度,避免

扰动完好的下面层。加铺罩面前，应在铣刨后的路面上喷洒黏层油，黏层油的用量通常为0.6～1.0 L/m^2。

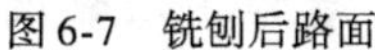

图6-7　铣刨后路面

图6-8　原路面铣刨后加铺

3）功能性大修加铺

功能性大修加铺是指在原路面上直接加铺厚度大于6cm，或者铣刨加铺后厚度较原路面增加6cm以上的铺装。功能性大修加铺通常采用AC＋AC、SMA＋AC、AC＋ATB、OGFC＋AC等路面结构组合形式。

功能性大修加铺采用排水式面层加铺结构时应，特别注意完善路面排水系统，充分实现排水性路面的功能。功能性大修施工现场见图6-9。

图6-9　功能性大修加铺施工

2. 路面翻修技术

路面翻修是指路面的损坏已经波及路面的大部分面积，从而需要对一定厚度的结构层进行翻修重铺。根据路面翻修性质，可以分为翻修面层的功能性大修和基层、面层全部翻修重建的结构性大修。

1）功能性大修

功能性大修是指将原沥青路面的面层全部翻修，并对旧路基层进行局部的功能性修复。功能性大修结构示意图见图6-10。

翻修重铺面层
封层
透层
处治后基层

图6-10　沥青路面功能性翻修示意图

功能性大修的质量控制要点：

(1)面层翻修通常采用两种方式:铣刨或挖除。原路面面层翻修前应结合地域环境、工程造价、施工工期,以及旧沥青路面面层材料循环利用方式等因素进行综合考虑。

(2)按预定翻修厚度将原路面面层铣刨或挖除,应避免损坏完好的基层。面层旧料应避免混入基层材料、泥土或其他杂质,且面层材料应统一回收,运送至沥青拌和厂。

(3)原路面面层挖除后,需对基层出现的裂缝、坑洞、松散等病害进行修补或挖除,见图6-11。

(4)面层重铺时,一般采用与原沥青路面结构层相同或按设计要求的材料和厚度进行铺筑,与不翻修路段接界的原路侧壁应涂刷0.3kg/m^{2}黏层沥青。

2)结构性大修

结构性大修是指将路面面层翻修的同时,将路面基层也进行翻修。当路面、基层、底基层,甚至路基也需进行维修时,称为重建。若保留原路面底基层时的结构性大修,病害处治后可充当结构性大修路面结构的底基层或垫层。结构性大修施工及路面结构示意图见图6-12、图6-13。

图6-11　铣刨面层后铺格栅处理基层裂缝

图6-12　路面结构性大修

结构性大修的质量控制要点:

图6-13　路面结构性大修结构示意图

(1)沥青面层的翻修范围应超出基层翻修范围的边缘线30cm左右,以使基层、面层接缝错开。

(2)将沥青面层旧料收集运送后,才可清除基层材料,避免两种材料混杂,影响回收旧料的再生利用效果。

(3)整平路基表面并经碾压后,采用与原路段相同或符合设计要求的基层材料进行铺筑,当基层稳定并达到要求强度后,喷洒0.7～1.1kg/m^{2}透层沥青,采用与原路段相同或符合设计要求的材料铺筑面层。

(4)完善路基排水和路面排水系统。

3. 沥青路面加宽

沥青路面加宽包括路基加宽、基层加宽和面层加宽,常用于局部路段的加宽或弯道线形的改善。

路基加宽沿原路基边坡挖成向内倾斜的台阶,台阶宽度应不小于1m,以增加加宽部分路基的稳定性。对于压路机无法操作的路段，应采用小型机具分层夯实，并达到规定的压实度。路基加宽施工见图6-14。

图6-14　路基加宽施工

基层加宽搭接部位应首先采用小型机具夯实至设计规定的压实度，然后再对整个加宽基层采用机械全面压实，压实质量应符合设计要求压实成型的新基层，应与原路面基层平齐。基层搭接一般采用相错搭接或平头搭接的方式。

单层式面层接茬时，混合料摊铺时应与原路面平齐对接，压实后的高度与原路面面层平齐。双层式或多层式面层接茬时，上下层不宜接在同一垂直面上，应错开30cm以上，做成台阶式，加宽后新下面层的压实高度与原路面上面层平齐。面层加宽部分压实应达到设计规定的压实度。

4.路面再生技术

1）再生技术分类

沥青路面再生分为面层再生和基层再生两大类。按工艺分为厂拌热再生、就地热再生、厂拌冷再生和就地冷再生四种。

沥青路面面层再生是将路面翻挖或铣刨，回收旧沥青路面材料，经过破碎、筛分后，再添加一部分新集料、新沥青（必要时添加再生剂），进行再生工艺的处理，重新拌制后铺筑于沥青路面面层结构层。

沥青路面基层再生是采用冷再生机对旧路稳定类基层材料、沥青面层和稳定类基层材料进行拌和，同时掺配一定级配的碎石和水泥（白灰），重新摊铺碾压成型再生基层。

沥青路面再生技术类型、优缺点及适用范围见表6-13。

沥青路面再生技术类型、优缺点及适用范围　　表6-13

再生类型	热再生	冷再生
厂拌	优点：工艺易控制，再生后的混合料性能好； 不足：旧料回收利用需要运输，对拌和设备要求高，旧料掺量较少，一般为20%～30%； 适用范围：面层再生	优点：工艺易控制，再生后的混合料性能较好，能耗低、污染小，减排效果显著； 不足：冷再生混合料强度的形成需要一定的时间，需加铺一定厚度的磨耗层； 适用范围：面层再生或基层再生
就地	优点：节省材料转运费用，回收旧沥青路面材料利用率高； 不足：再生深度仅为20～50mm，施工易产生不均匀性，质量控制难度大； 适用范围：面层再生	优点：节省材料转运费，回收旧料利用率高，施工过程能耗低、污染小； 不足：施工质量控制的难度大，需要加铺较厚的路面结构层； 适用范围：面层再生或基层再生

各种再生技术见图6-15～图6-18。

图6-15　厂拌热再生

图6-16　就地热再生

图6-17　厂拌冷再生

图6-18　就地冷再生

2）再生技术选用原则

沥青路面再生技术的选用，要根据公路等级、路面状况、养护工程性质、交通量情况、施工环境、生产能力等因素，综合考虑和选择。

沥青路面再生技术的选用，宜遵循以下原则：

（1）沥青面层材料与基层材料，应分别回收并再生利用。

（2）路面大中修工程沥青面层材料，应优先考虑厂拌再生技术。

（3）用于路面中、下面层的再生沥青混合料，可优先选择厂拌冷再生技术。

（4）用于表面层的再生沥青混合料，要选择厂拌热再生技术。

（5）路面表面功能的恢复工程，可选择就地热再生技术。

（6）基层材料再生利用，主要选择就地或厂拌冷再生技术。

3）再生技术质量控制要点

（1）厂拌热再生一般用于面层再生。

①有条件的宜配备再生设备，改造的同时应注意保证再生料的生产效率。

②再生利用时拌和楼中混合料的加热温度不宜过高，避免旧沥青路面材料中的沥青进一步老化，要协调好旧沥青路面材料掺量与再生混合料使用性能。

③厂拌热再生混合料的摊铺温度比传统的热拌沥青混合料略低，需衔接各工序，保证路

面压实度，必要时可采用温拌技术；合理地利用再生剂。

(2)就地热再生一般用于面层再生。充分考虑区域性，结合路用状况选择再生剂。

(3)厂拌冷再生一般用于面层再生或基层再生。

①厂拌冷再生一般采用水泥、乳化沥青、泡沫沥青进行再生。其中，乳化沥青冷再生可用于面层再生或基层再生，用于面层再生时，关键在于选择性能优越的乳化沥青，做好再生混合料配合比设计，水泥和泡沫沥青再生多用于基层再生，泡沫再生重点要保证泡沫沥青的发泡效果。

②无论面层再生还是基层再生，由于采用冷拌冷铺工艺，往往需要较大的压实功，以保证再生结构层的压实度满足要求。

(4)就地冷再生一般用于面层再生或基层再生。由于原路面的翻拌、再生、摊铺、碾压等工序均在现场完成，要严格现场施工工艺质量控制，减少不均匀性。

沥青路面再生技术能够节约大量的沥青、砂石等资源，同时有利于处理废料、保护环境。

五、改建工程

改建工程是指，对公路及其沿线设施因不适应现有交通量增长和荷载需要而进行全线或逐段提高技术等级指标，显著提高其通行能力的较大工程项目。它通常是由省级公路管理机构或地(市)级公路管理机构根据批准的计划和设计预算来组织实施或招标完成的工作。

第七章
桥梁检查评定与养护

为了保证桥梁的安全畅通，必须加强对桥梁的检查，以便全面掌握桥梁的技术状况，及时发现缺损和相关环境的变化以及可能导致桥梁损坏的原因，从而有针对性地对桥梁进行保养、维修和加固。

第一节 日常巡查

一、日常巡查目的

日常巡查是每天对桥梁设施的外观状况进行一般性巡视检查，及时掌握桥梁缺损和运行状况。

二、日常巡查频率

江门大道桥梁养护等级均为Ⅰ、Ⅱ级，桥梁巡查频率应为每天进行1次。恶劣天气条件下应增加检查频率。

三、日常巡查内容

日常巡查内容主要包括桥面及以上部分的桥梁构件及桥梁结构异常变位情况的目测检查。日常巡查应包括下列内容：

(1)桥路连接处是否有异常。

(2)桥面铺装、伸缩缝是否有明显破损。

(3)栏杆或护栏等有无明显缺损。

(4)标志标牌是否完好。

(5)桥梁线形是否存在明显异常。

四、日常巡查方法

日常巡查可以乘车目测为主，并应做好记录，发现明显缺损应及时上报。

应结合桥面保洁工作每天检查泄水孔及伸缩缝的完好性。泄水孔应始终保持畅通，发现堵塞及时疏通；伸缩缝应根据路段实际情况定时清理，消除缝内积落物。

对日常巡查发现的一般性病害，属于小修保养工程范围内，由管理公司安排相关单位及时修复，于十日内完成。

第二节　经常检查

一、经常检查目的

经常检查主要是对桥面设施、上部结构、下部结构和附属构造物的技术状况进行日常巡视检查。

二、经常检查频率

(1)养护检查等级为Ⅰ级的桥梁,经常检查每月不应少于一次。

(2)养护检查等级为Ⅱ级的桥梁,经常检查每两个月不应少于一次。

(3)在洪水、台风等自然灾害频发期应提高经常检查频率。

(4)养护检查等级为Ⅱ级的桥梁,如在定期检查中发现存在四类构件,加固处治前应提高经常检查频率。

三、经常检查内容

桥梁经常检查应包括以下内容:

(1)外观是否整洁,有无杂物堆积,杂草蔓生。构件表面的涂装层是否完好,有无破坏、老化变色、开裂、起皮、剥落、锈迹。

(2)桥面铺装是否平整,有无裂缝、局部坑槽、积水、沉陷、波浪、碎边,混凝土桥面是否有剥离、渗漏,钢筋是否漏筋、锈蚀,缝料是否老化、损坏,桥头有无跳车现象发生。

(3)排水设施是否良好,桥面泄水管是否堵塞和破坏。

(4)伸缩缝是否堵塞卡死,连接部件有无松动、脱落、局部破损。

(5)人行道、缘石、栏杆、扶手、防撞护栏和引道护栏(柱)有无撞坏、断裂、松动、错位、缺件、剥落、锈蚀等。

(6)观察桥面结构有无异常变形,异常的竖向振动、横向摆动等情况,然后检查各部件的技术状况,查找异常原因。

(7)支座是否有明显缺陷,活动支座是否灵活,位移量是否正常。支座的经常检查一般可以每季度一次。

(8)桥位区段河床冲淤变化情况。

(9)基础是否受到冲刷损坏、外露、悬空、下沉,墩台及基础是否受到生物腐蚀。

(10)墩台是否受到船只或漂浮物撞击而受损。

(11)翼墙(侧墙、耳墙)有无开裂、倾斜、滑移、沉降、风化剥落和异常变形。

(12)锥坡、护坡、调制构造物有无塌陷、铺砌面有无缺损、勾缝脱落、灌木杂草丛生。

(13)交通信号、标志、标线、照明设施以及桥梁其他附属设施是否完好。

(14)其他显而易见的损坏或病害。

经常检查针对目测所及的所有桥梁构件。对桥梁各个构件进行目测检查并对损伤作出定性判断。检查应有序而严密,防止漏项。

检查主梁裂缝是否有发展，主要针对经常检查中可到达的部位，重点检查重要部位的裂缝是否有发展及发展情况。

四、经常检查方法

经常检查主要采用目测方法，并辅以简单设备（如望远镜、照相机、摄像机，以及扳手、铲子、锉刀等常用工具）来进行检查和记录。对不易到达的部位可借助辅助工具进行查看。

五、提交成果

当场填写“桥梁经常检查记录表”，现场要登记所检查项目的缺损类型，估计缺损范围及养护工作量，提出相应的小修保养措施，为编制辖区内的桥梁养护（小修保养）计划提供依据。经常检查不必进行桥梁技术状况评定。

现场填写表格是及时、准确收集信息的重要保证，要求填写准确无误，防止漏填，不允许事后回忆补填。

第三节　初始检查

一、初始检查目的

初始检查的目的是采集桥梁的基础状态数据，建立桥梁技术档案，作为日后经常检查、定期检查、专项检查及桥梁评定的基准；通过初始检查，可确定桥梁各构件的基础技术状况，便于对后期发现的桥梁缺陷和病害做对比分析，确定病害或缺陷成因及发展程度，为桥梁进一步养护工作提供依据。

二、初始检查频率

新建、改建或加固后桥梁应进行初始检查。初始检查宜与交工验收同时进行，最迟不得超过交付使用后一年。

初始检查宜尽早进行，以确保如实反映桥梁的初始技术状况。宜与交工验收同时进行，是为了避免一些参数重复检查或漏检。交工验收是以抽检的形式按《公路工程质量检验评定标准　第一册　土建工程》（JTG F80/1—2017）对桥梁工程质量进行检测评定；初始检查是以全面检查的形式按规范的具体内容和《公路桥梁技术状况评定标准》（JTG/T H21—2011）进行检查评定；交工验收检测不能替代初始检查，初始检查可以沿用交工验收检测报告里已经包含的参数数据，避免重复检测，节约养护费用。

三、初始检查内容

（1）定期检查需测定的项目，并设置永久观测点。

（2）测量桥梁长度、桥宽、净空、跨径等；测量主要承重构件尺寸，包括构件的长度与截面尺寸等；测定桥面铺装层厚度及拱上填料厚度等。

（3）测定桥梁材质强度、混凝土结构的钢筋保护层厚度。

(4)检查等级为Ⅰ级的桥梁,通过静载试验测试桥梁结构控制截面的应力、应变、挠度等静力参数,计算结构校验系数;通过动载试验测定桥梁结构的基频、振型、冲击系数、阻尼比等动力参数。

(5)有水中基础,养护检查等级为Ⅰ、Ⅱ级的桥梁,应进行水下检测。

(6)量测缆索结构的拉索索力及吊杆索力等。

(7)当交、竣工验收资料中已经包含上述检查项目或参数的实测数据时,可直接引用。

初始检查内容中包含有桥梁总体尺寸、主要承重构件尺寸、材质强度、钢筋保护层厚度等检测内容,在桥梁没有明显腐蚀、锈蚀、损伤或经历改造的情况下,上述参数不会发生能影响结构评定的变化,因此在后期的定期检查和专项检查中可直接沿用上述参数在初始检查时得到的数据,避免检查工作的重复,节约养护资源。

四、初始检查方法

初始检查以目测观察结合仪器观测进行,必须接近各部件,仔细检查其缺损情况。

五、提交成果

初始检查后应提交技术状况评定报告,并包含下列内容:

(1)桥梁基本状况卡片、桥梁初始(定期)检查记录表、桥梁技术状况评定表。

(2)典型缺损和病害的照片、文字说明及缺损分布图,缺损状况的描述应采用专业标准术语,说明缺损的部位、类型、性质、范围、数量和程度等。

(3)三张总体照片。一张桥面正面照片,两张桥梁两侧立面照片。桥梁改建后应重新拍照,并标注清楚。

(4)本书第七章第三节第二部分规定的检查内容的成果。

(5)提出养护建议。

现场填写桥梁基本信息及检查记录表。通过初始检查,建立桥梁初始技术档案,确定桥梁技术状况,标示桥梁已存在缺陷和损伤,提出养护建议。

第四节　定期检查

一、定期检查目的

定期检查是指按照规定周期,对桥梁主体结构及其附属构造物的技术状况进行定期跟踪的全面检查,评定桥梁技术状况等级,确保为桥梁的养护维修提供翔实的技术资料。

二、定期检查频率

养护检查等级为Ⅰ级的桥梁,定期检查周期不得超过1年;养护检查等级为Ⅱ、Ⅲ级的桥梁,定期检查周期不得超过3年。

定期检查周期根据技术状况确定,最长不得超过3年,新建桥梁交付使用1年后,进行第一次全面检查,临时桥梁每年检查不少于一次。

在经常检查中发现重要部(构)件的缺损明显达到三、四、五类技术状况时,应立即安排一次定期检查。

三、定期检查内容

1. 桥梁定期检查内容

1)桥面系

(1)桥面铺装层纵、横坡是否顺适,有无严重的龟裂、纵横裂缝,有无坑槽、拥包、拱起、剥落、错台、磨光、泛油、变形、脱皮、露骨、接缝料损坏、桥头跳车等现象。

(2)伸缩缝是否有异常变形、破损、脱落、漏水、失效,锚固区有无缺陷,是否存在明显的跳车现象。

(3)人行道有无缺失、破损等。

(4)栏杆、护栏有无撞坏、缺失、破损等。

(5)防排水系统是否顺畅,泄水管、引水槽有无明显缺陷,桥头排水沟功能是否完好。

(6)桥上交通信号、标志、标线、照明设施是否损坏、老化、失效。

2)梁桥上部结构

主要采用肉眼观察,辅助以数码拍照、裂缝测宽仪,主要检查内容如下:

(1)混凝土构件有无开裂及裂缝是否超限,有无渗水、蜂窝、麻面、剥落、掉角、空洞、孔洞、露筋及钢筋锈蚀。

(2)主梁跨中、支点及变截面处,悬臂端牛腿或中间铰部位,刚构的固结处和桁架的节点部位,混凝土是否开裂、缺损和出现钢筋锈蚀。

(3)预应力钢束锚固区段混凝土有无开裂,沿预应力筋的混凝土表面有无纵向裂缝。

(4)桥面线形及结构变位情况。

(5)混凝土炭化深度、钢筋锈蚀检测。

(6)主梁有无积水、渗水,箱梁通风是否良好。

(7)组合梁的桥面板与梁的结合部位及预制桥面板之间的接头处混凝土有无开裂、渗水。横向连接构件是否开裂,连接钢板的焊缝有无锈蚀、断裂。

3)支座

(1)支座是否缺失。组件是否完整、清洁,有无断裂、错位、脱空。

(2)活动支座是否灵活,实际位移量、转角量是否正常,固定支座的锚销是否完好。

(3)橡胶支座是否老化、开裂,有无位置串动、脱空,有无过大的剪切变形或压缩变形,各夹层钢板之间的橡胶层外凸是否均匀。

(4)四氟滑板支座是否脏污、老化,聚四氟乙烯板是否磨损、是否与支座脱离。

(5)盆式橡胶支座的固定螺栓是否剪断,螺母是否松动,钢盆外露部分是否锈蚀,防尘罩是否完好,抗震装置是否完好。

(6)支承垫石是否开裂、破损。

4)下部结构

(1)墩台及基础有无滑动、倾斜、下沉。

(2)台背填土有无沉降或挤压隆起。

(3)混凝土墩台及帽梁有无风化、开裂、剥落、露筋等。

(4)墩台顶面是否清洁,伸缩缝处是否漏水。

2.桥梁永久观测点设置及检测项目

(1)单孔跨径60m及以上的桥梁,应设立永久观测点,定期进行控制检测。检测项目与永久观测点布置要求见表7-1。单孔跨径小于60m的桥梁,检测中若发现结构存在异常变形,应进行相应的控制检测。特殊结构桥梁,宜根据养护、管理的需要,增加相应的控制检测项目。

桥梁检测项目与永久观测点　　表7-1

检测项目		永久观测点
1	桥面高程	每孔不宜少于10个点,沿行车道两边(靠缘石处)布设,跨中、L/4、支点等控制截面必须布设
2	墩、台身、锚碇的变位	布置于墩、台身底部(距地面或常水位0.5~2m)、桥台侧墙尾部顶面和锚碇的上、下游两侧1~2点
3	墩、台身、索塔倾斜度	墩、台身底部(距地面或常水位0.5~2m内)的上、下游两侧各1~2点

(2)桥梁永久观测点的设置应牢固可靠,当测点与国家大地测量网联络有困难时,应建立相对独立的基准测量系统。若永久观测点有变动,应及时检测、校准及换算,保持数据的有效和连续。

(3)桥梁主体结构维修、加固改造前后,应进行控制检测,以保持观测资料的连续性。

(4)应设置而没有设置永久观测点的桥梁,应在定期检查时按规定补设。测点的布设和首次检测的时间及检测数据等,应按要求归档。

(5)特大桥、大桥、中桥的墩台旁,必要时可设置水尺或标志,以观测水位和冲刷情况。

四、定期检查方法

定期检查以目测观察结合仪器观测进行,必须接近各部件仔细检查其缺损情况。定期检查前要认真查阅有关技术资料、初始检查报告及历次定期检查报告,做好人力、设备等各种准备,落实安全保障措施。

五、提交成果

定期检查应接近各部件仔细检查其缺损情况,应符合下列规定,并提交相应成果:

(1)桥梁基本状况卡片、桥梁定期检查记录表、桥梁技术状况评定表。

(2)典型缺损和病害的照片、文字说明及缺损分布图,缺损状况的描述应采用专业标准术语,说明缺损的部位、类型、性质、范围、数量和程度等。

(3)三张总体照片。一张桥面正面照片,两张桥梁两侧立面照片。桥梁改建后应重新拍照,并标注清楚。

(4)与历次检查报告对比分析,说明病害成因、发展情况。

(5)桥梁的技术状况评定等级。

(6)提出养护工作建议。

与历次检测报告对比分析工作，主要目的是为病害原因的分析、病害发展趋势的预测以及维修加固建议的提出提供可信、充足、准确的依据。缺损原因、维修范围的判断，加固改建和限制交通的建议工作要慎重进行。对于难以判断的，应提出进一步检测的要求。

第五节 专项检查

一、专项检查目的

专项检查是在特定情况下对桥梁特定构件采取的专门检查评定工作，其目的是进一步掌握桥梁病害的成因和实际的工作状况，为加固维修提供技术支撑。

下列情况应做专项检查：

(1)定期检查中难以判明构件损伤原因及程度的桥梁。

(2)拟通过加固手段提高荷载等级的桥梁。

(3)水中基础可能存在破损、掏空、冲刷、变位、腐蚀等病害的桥梁。

(4)遭受洪水、滑坡、地震、风灾、火灾、撞击，因超重车辆通过或其他异常情况影响造成损伤的桥梁。

下列情况宜进行水下检测：

(1)在经常检查、定期检查中发现桥梁基础有异状，但由于水深不能详细检查时，应及时组织进行水下基础专项检查。

(2)旧桥在进行改造方案设计前，应调查了解水下基础状况，必要时，应进行水下基础专项检查。

(3)桥梁墩台受到洪水、泥石流冲击或船只、大的漂浮物撞击而损伤后，应立即组织水下基础专项检查，查明水下基础的损伤情况，并对水下基础的受损程度进行鉴定。

(4)水中基础处于腐蚀环境、位于山区季节性河流中的桥梁。

(5)经分析现有病害可能由于基础受损引起时应进行水下检测。

水下检测工作的频率：

(1)宜根据水文环境、地质环境和基础形式决定检测项目、频率及内容。

(2)检测周期宜3~5年一次，若桥梁所处环境存在加快基础技术状况恶化的情况，如水流湍急、河床下切快、基础埋深浅、水质腐蚀强、所处河段采砂等，可提高检测频率。

二、专项检查内容

专项检查应包括下列一项或多项内容：

(1)材料物理、化学性能及其退化程度的测试鉴定；结构或构件开裂状态的检测及评定。

(2)结构强度、稳定性和刚度的检算、试验和鉴定。桥梁承载能力评定按现行《公路桥梁承载能力检测评定规程》(JTG/T J21)执行。

(3)桥梁抵抗洪水、风、地震及其他灾害能力的检测鉴定。

(4)桥梁遭受洪水、滑坡、地震、风灾、火灾、撞击，因超重车辆通过或其他异常情况影响造成损伤的检测鉴定。

(5)水中墩台身、基础的缺损情况的检测评定。

(6)定期检查中发现的较严重的开裂、变形等病害,应进行跟踪观测,预测其发展趋势。

桥梁结构构件缺损状况方法鉴定,可根据鉴定要求和缺损的类型、位置,选择表面测量、无损检测和局部取样等有效可靠的方法。试样在有代表性构件的次要部位获取。

三、专项检查方法

特殊检查应根据桥梁的破损状况和性质,采用仪器设备进行现场测试、荷载试验及其他辅助试验,针对桥梁现状进行检算分析,形成鉴定结论。

实施专项检查前,应充分收集桥梁设计资料(设计文件、计算所用的程序、方法及计算结果,附条文说明)、竣工资料、材料试验报告、施工资料、历次检测报告及维修资料等,并现场复核。

专项检查前应进行的资料准备。原始资料如有不全或存疑时,可根据实际情况现场测绘构造尺寸,测试构件材料组成及性能,勘查水文地质情况等。

桥梁结构构件缺损状况方法鉴定,可根据鉴定要求和缺损的类型、位置,选择表面测量、无损检测和局部取样等有效可靠的方法。试样在有代表性构件的次要部位获取。

梁结构构件缺损状况方法鉴定,可根据鉴定要求和缺损的类型、位置,选择表面测量、无损检测和局部取样等有效可靠的方法。试样在有代表性构件的次要部位获取。

桥梁承载能力评定,可基于已有构件缺损和材料实测值的桥梁检算及桥梁荷载试验。

桥梁抗灾能力评定,一般采取现场检测与验算的方法,特别重要的桥梁可进行模拟试验。

四、提交成果

专项检查后应提交检查报告,包含下列内容:

(1)更新后的桥梁基本状况信息。

(2)专项检查的总体情况概述,包括桥梁的基本情况、检测的组织、时间、背景、目的和工作过程等。

(3)现场调查、检测与试验项目及方法的说明。

(4)详细描述检测部位的损坏程度并分析原因。

(5)桥梁结构专项检查评定结果。

(6)提出结构部件和总体的维修、加固或改建的建议。

第六节　桥梁评定

一、技术状况评定

桥梁技术状况评定应依据桥梁初始检查、定期检查资料,通过对桥梁各部件技术状况的综合评定,确定桥梁的技术状况等级,提出养护措施。评定应按现行《公路桥梁技术状况评定标准》(JTG/T H21)执行。

公路桥梁技术状况评定包括桥梁构件、部件、桥面系、上部结构、下部结构和全桥评定。公路桥梁技术状况评定应采用分层综合评定与5类桥梁单项控制指标相结合的方法，先对桥梁各构件进行评定，然后对桥梁各部件进行评定，再对桥面系、上部结构和下部结构分别进行评定，最后进行桥梁总体技术状况的评定。

评定指标见图7-1。

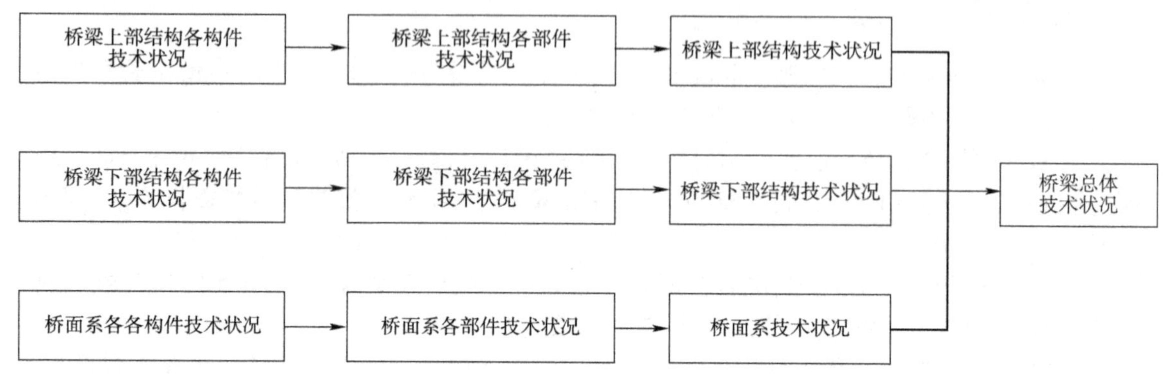

图7-1　桥梁技术状况评定指标

根据桥梁技术状况评定结果：1类桥梁应进行正常保养；2类桥梁应进行小修，及时修复轻微病害；3类桥梁应进行中修，必要时可进行交通管制，及时修复或更换较大损坏构件；4类桥梁应进行加固、大修或改建，及时进行交通管制或封闭交通；5类桥梁应及时封闭交通，进行改建或重建。

桥梁总体技术状况评定等级分为1类、2类、3类、4类、5类，见表7-2。

桥梁总体技术状况评定等级　　表7-2

技术状况评定等级	桥梁技术状况描述
1类	全新状态，功能完好
2类	有轻微缺损，对桥梁使用功能无影响
3类	有中等缺损，尚能维持正常使用功能
4类	主要构件有大的缺损，严重影响桥梁使用功能；或影响承载能力，不能保证正常使用
5类	主要构件存在严重缺损，不能正常使用，危及桥梁安全，桥梁处于危险状态

二、适应性评定

适应性评定可根据需要进行。评定工作可与定期检查、专项检查结合进行。可采取下列方法：

（1）承载能力评定，可采用分析检算或荷载试验方法。

（2）通行能力评定，可将设计通行能力与实际交通量进行比较，也可以和使用期预测交通量进行比较，评价桥梁能否满足现行或预期交通量的要求。

（3）抗灾害能力评定，可采用现场测试与分析检算方法，重要桥梁可进行模拟试验。

（4）承载能力评定是将桥梁的实际承载能力与现行设计荷载标准的荷载效应进行比较，反映结构能否达到承载要求。通行能力评定是将设计通行能力与现行交通量进行比较，也可以和使用期预测交通量进行比较，反映桥梁能否满足现行（或使用期）交通量的要求。抗灾害能力评定是桥梁某项具体能力的评定。适应性评定通常可与定期检查、专项检查结合进行。对已经建立了桥梁健康监测系统的桥梁,可按系统的设置进行损伤识别。当进行荷载试验时,应充分利用监测系统的既有条件和已取得的资料。

适应性评定可按整条线路统一安排,通过评定可以得到桥梁适应程度的百分比。按座数求适应性合格率的百分比(合格桥梁座数/整条线路桥梁总座数)或按总桥长求适应性合格率的百分比(合格桥梁总长度/整条线路桥梁总长度),均可一定程度地为公路改建决策提供基础资料。

对适应性不满足要求的桥梁,应采取提高承载力、加宽、加长、基础防护等改造措施,情况严重时需要对桥梁进行改建或重建。当整个路段有多个桥梁的适应性不能满足要求时,应结合路线改造方案比较和决策。

第七节　养护工程

一、日常养护

1. 桥面铺装

(1)桥面铺装应具有适应运营需要的厚度、强度、平整度及耐久性能。

(2)桥面应经常清扫,排除积水,清除泥土、杂物,保持桥面平整、清洁。严禁在桥面上堆积杂物或做晒场等。

2. 排水系统

(1)桥面系应保持排水系统的畅通。

(2)桥面的泄水管、排水槽等如有堵塞,应及时疏通,并保持通畅。桥面泄水管长度不足时,应予以接长。

(3)桥梁上设置的封闭式排水系统,应保持各排水管道的畅通,排水系统设施如水泵等应工作正常,若有堵塞应及时疏通,若有损坏应及时更换。

(4)梁内如有积水,宜在不对结构造成破损的前提下,增补有效排水措施。

3. 人行道、栏杆、护栏

(1)人行道块件应牢固、完整,桥面路缘石应经常保持完好状态。若出现松动、缺损应及时进行修整或更换。

(2)桥梁栏杆应经常保持完好状态。栏杆柱应竖立正直,扶手应无损坏、断裂,伸缩缝处的水平杆件能自由伸缩。栏杆柱、扶手如有缺损,应及时补齐。高速公路或一级公路桥梁护栏损坏应立即修复,其他等级公路桥梁护栏损坏宜尽快修复,采用临时防护措施时间不宜超过一个月。

(3)钢护栏与钢筋混凝土护栏上的外露钢构件如采用涂漆防锈,一般应每年涂刷一次。

(4)栏杆、防护墙应牢固、可靠,若有损坏应及时修理或更换。钢护栏与钢筋混凝土护栏上的外露钢构件应定期涂漆防锈,一般每年一次。

(5)桥梁两端的栏杆柱或防撞墙端面,涂有立面标记或警示标志的,应定期涂刷,一般一年一次,使油漆颜色保持鲜明。

(6)伸缩装置处的栏杆或护栏维修后应满足桥梁随温度变化的位移,不得将套筒焊接。

4. 桥梁照明

桥上灯柱应保持完好状态,如有缺损和歪斜,应及时修理、扶正。灯具或供电系统损坏应及时更换或维修。

5. 伸缩装置

(1)伸缩装置应平整、直顺、伸缩自如,处于良好的工作状态。

(2)应经常清除缝内积土、垃圾等杂物,使其发挥正常作用,若有损坏或功能失效应及时修理或更换。

6. 标志、标线和交通安全设施

(1)桥上的交通标志应齐全、醒目、牢固,标志板应保持整洁、无裂纹和残缺。若有损坏应及时维修。

(2)交通标线应经常保持完好、清晰,定期进行标线重涂。

7. 混凝土梁桥

混凝土梁桥的日常养护主要包括下述内容:

(1)清除梁(板)表面污垢。

(2)修补混凝土空洞、破损、剥落及表面风化。

(3)清除暴露钢筋的锈渍,恢复混凝土保护层。

(4)修复梁(板)表面的防腐涂层。

(5)清除箱内积水,对渗漏水部位进行修补。

(6)增设或修补箱梁翼缘板下缘截水板或滴水槽。

梁(板)表面污垢宜清洗干净,但不得使用有腐蚀性的化学清洗剂。

梁体若存在露筋、钢筋锈蚀或保护层剥落病害,应及时进行修补,并符合下列规定:

(1)修补前应先将松动的保护层凿去,并清除钢筋锈迹,然后修复保护层。

(2)若损坏面积不大,可用聚合物砂浆或改性环氧砂浆修补;若损坏面积过大可用聚合物小石子混凝土或改性环氧小石子混凝土进行修补,石料粒径不宜超过损坏位置最小尺寸的1/2。

(3)在进行梁(板)蜂窝、麻面、空洞、剥落、露筋等缺陷修补时,应满足以下规定。

①在昼夜平均气温低于5℃维修桥梁时,对维修的混凝土构件应采取保温措施,保证混凝土的凝固硬化。

②用于修补加固的混凝土、钢材,其强度和其他质量指标应不低于原桥材料。修补用的混凝土强度等级应比原强度等级提高一级,在pH值小于5.6的地区,所用水泥应根据环境特点采用耐酸性的硅酸盐水泥、抗铝硅酸盐水泥等。

③受拉区修补宜采用聚合物混凝土或改性环氧混凝土,受压区修补宜采用UEA水泥砂浆、UEA水泥混凝土或其他低收缩、微膨胀水泥混凝土。

④新补的混凝土必须实行养护。用水泥混凝土或砂浆修补的构件应加强养护,有条件时宜用蒸汽养护或封闭养护。

梁(板)存在渗水、混凝土析白、钙化,应查找渗水原因及位置,排出箱(腔)内存在的积水,对渗水位置进行修补。

混凝土梁桥箱内通气孔缺失、不足及通风不畅，应对通气孔予以增补。通气孔宜采用圆孔，设置在箱梁腹板、底板中部，孔口周边应涂覆聚合物砂浆、改性环氧砂浆或防腐涂层，避免孔口位置的钢筋暴露在外并发生锈蚀。

梁（板）表面的防腐涂装存在开裂、起皮及剥落，应将病害部位的涂装清除后按原设计涂装体系进行修补。

若箱梁翼板底面未设置截水板、滴水槽或截水板失效，应增补截水板、滴水槽或对失效的截水板进行修复。

若桥下存在易燃易爆危险品，必须及时进行清理。

8. 墩台

（1）墩台表面应保持整洁，及时清除墩台表面的青苔、杂草、灌木和污物。

（2）墩台身混凝土表面存在空洞、侵蚀、剥落等缺陷时，应及时进行修补。

9. 支座

桥梁支座应定期检查和保养，并应符合下列规定：

（1）支座各部分应保持完整、清洁、有效，应每半年清扫保养一次，清除支座周围的垃圾，防止积水，保证支座正常工作。

（2）每两年应检查支座的锚栓牢固程度，不得有剪断损坏，及时涂抹防锈油脂，拧紧锚固螺栓；支承垫板应平整紧密。

（3）板式橡胶支座在最高及最低温度条件下的最大恒载剪切变形正切值不应大于0.5；支座竖向不得产生超过设计要求的压缩变形；支座橡胶保护层不应开裂、变硬、老化、脱胶，支座各层加劲钢板之间的橡胶鼓凸应均匀和正常；支座加劲钢板不得外露；板式橡胶支座与桥梁底面及支承垫石顶面之间出现的缝隙不得大于支座相应边长的25%，即支座不得局部脱空。

（4）支承垫石顶面不应开裂、积水。

（5）盆式橡胶支座转动间隙应足够，不得出现卡死现象；支座内部密封应可靠，橡胶不得有挤出；支座盆环和导向挡块不得开裂破坏。

（6）进行清洁和修补工作时，应防止橡胶支座与油脂接触，焊接时应对支座进行保护。

（7）检查支座的防尘罩，应维护完好。

（8）其他特殊型号或特殊设计的支座日常维护必须明确，并满足相关标准及规定要求。

10. 桥梁附属设施

（1）锥坡翼墙日常养护中应保持其平顺、整洁。

（2）在雨季前，调治构造物应检查维修一次，不得有大于0.3m^2的空洞缺损、大于20mm的开裂或大于0.2m^2的塌陷和松散。

11. 调治构造物

（1）导流堤、丁坝、顺坝、格坝和透水坝等调治构造物，应保持良好的技术状况，引导水流均匀、顺畅地通过桥孔，防止和减少桥位附近河床和河岸的变迁，保证桥梁、桥头引道和河岸的安全与稳定。

（2）洪水前后应巡察，及时清除调治构造物上的漂流物。

（3）导流堤、梨形堤、丁坝或顺坝的边坡受到洪水冲刷和波浪冲击，坡脚发生局部破坏时,应及时抛填块石和铁丝石笼等进行防护。

12. 桥梁声屏障

(1)应保持声屏障的良好隔音性能,经常清理声屏障周围的垃圾泥土,保持排水顺畅,经常清洗声屏障。

(2)经常检查声屏障的锚固位置,及时修复锚固区缺陷。防止由于锚固区破损导致交通事故或危及行人安全。

二、维修加固

1. 桥面铺装

(1)桥面铺装应具有适应运营需要的厚度、强度、平整度及耐久性能。

(2)桥面铺装养护维修及改造,不得随意增加铺装厚度。桥面的纵坡及横坡必须满足防排水要求。

(3)沥青混凝土桥面铺装层的维修:

①沥青混凝土桥面出现泛油、拥包、裂缝、波浪、坑槽、车辙等病害时,应及时处治。当损坏面积较小时,可局部修补;损坏面积较大时,可将整跨铺装层凿除,重新铺设铺装层。

②桥面铺装长期含水浸泡造成的脱落、拥包,应在有效改善排水设施后,再进行面层修补。

③沥青混凝土桥面维修,桥面铺装厚度应根据设计需要和桥梁结构承载能力共同确定,不得在原桥面上直接加铺新的桥面铺装。

④沥青混凝土微表处或罩面养护时,不应覆盖伸缩装置。

⑤对沥青混凝土桥面的养护、病害处理和修补的其他要求应满足《公路沥青路面养护技术规范》的相关技术要求。

(4)桥面防水层的修补:

①防水层损坏,应及时进行修补。

②修补后的防水层,其防水性能、整体强度、与下层黏结强度和耐久性等指标,应满足设计要求。

③沥青混凝土铺装层的防水层应与原防水层设置一致。

④当桥面纵向或横向坡度大于4%时,不宜采用卷材防水层。

⑤当桥梁的平曲线半径小于或者等于60m时,桥面防水宜采用防水涂料。

2. 排水系统

(1)桥面系应保持排水系统的畅通。

(2)桥面的泄水管、排水槽等如有堵塞,应及时疏通,并保持通畅。桥面泄水管长度不足时,应予以接长。

(3)桥面横坡不宜小于1.5%,以利于桥面排水。

(4)桥梁上设置的封闭式排水系统,应保持各排水管道的畅通,排水系统设施如水泵等应工作正常,若有堵塞应及时疏通,若有损坏应及时更换。

(5)主梁内如有积水,宜在不对结构造成破损的前提下,增补有效排水措施。

3. 人行道、栏杆、护栏

(1)钢筋混凝土栏杆开裂严重或混凝土剥落,应凿除损坏部分后修补完整,或对损坏部分予以更换。

(2)桥梁护栏有效高度应满足相关规范要求，如不满足必须立即修复或重建。

4. 桥梁照明

桥上灯柱应保持完好状态，如有缺损和歪斜，应及时修理、扶正。灯具或供电系统损坏应及时更换或维修。

5. 伸缩装置

(1)伸缩装置出现下列病害时，应及时进行更换：

①橡胶条伸缩装置的橡胶条老化、脱落，固定角钢变形、松动。

②伸缩装置的弹性元件或其他连接构件疲劳或失效，影响伸缩装置的正常使用时。

③更换的伸缩装置应选型合理，伸缩量应满足桥跨结构变形需要，安装应牢固、平整、不漏水。

(2)伸缩缝选型应满足以下要求：

①原设置不合理的伸缩缝，可换型更换。

②新型伸缩装置的伸缩量和承载能力应满足原设计要求，并应满足防水要求。伸缩装置的安装高度应小于桥面板至桥面层表面间的高度差。

③当无伸缩装置设计资料时，应对伸缩量值进行重新计算。计算方法应考虑旧桥受力特点。

(3)实施维修或更换伸缩装置时，应注意以下问题：

①板式橡胶伸缩装置的更换时间，宜选择在春秋两季进行。伸缩装置的安装宽度，应根据施工时的气温计算确定，安装放线时间，应选择在一天中温差变化最小的时间段内。

②安装伸缩装置所使用的水泥混凝土保护带，其设计强度应符合设计要求，但不得小于 C40。

(4)维修或更换伸缩装置时，应采取措施维持交通。混凝土达到设计强度，且伸缩装置全部安装完好后，方可恢复交通。

(5)伸缩装置保护带应完好，不得有开裂、松散，坑洞的面积不得大于 0.1m^2，深度不得大于 20mm。已松散和有坑洞的保护带，应及时修复。

(6)在每年气温最高最低时，应及时测量伸缩装置的间隙，且不得小于设计最小间距和大于设计最大间距。每季度宜对伸缩装置的水平错位、竖向高差进行观测。

6. 桥头搭板

桥台搭板脱空、断裂或枕梁下沉引起桥路连接不顺适，出现桥头跳车时，应进行维修处理。

7. 标志、标线和交通安全设施

(1)桥上的防眩板应保持齐全、牢固，若有损坏应及时维修。

(2)桥上的防护隔离设施应完整、牢固，若有损坏应及时修理。

(3)桥上设置的航空灯、桥梁助航标志及供电线路、通信线路必须保持完好状态，如有损坏应立即修复。

8. 桥面系新增管线等设施

(1)利用桥梁架设管线、广告牌等设施，应通过相应的技术论证，并取得桥梁管理部门的认可。

(2)严禁天然气输送管道、输油管道及其他输送易燃易爆危险品的管道利用公路桥梁跨越河流沟壑。

(3)桥梁架设管线等设施,除应满足架设设施自身的技术要求外,还应满足下列要求:

①在桥梁上架设的电缆、管线等,其自身与附件的荷载效应,应在桥梁设计允许承载范围内。

②桥梁上架设的管线和附件的安装,不得影响结构受力及稳定性。

③桥梁上架设的管线和附件,不宜低于主梁底面高程,立交桥梁不得影响桥下公路建筑界限。

④桥梁上架设的管线和附件,不得有损桥梁外观。

⑤桥梁上架设的管线在桥梁伸缩装置处,应根据管线类型进行相应的技术处理。

9. 钢筋混凝土梁

(1)钢筋混凝土梁桥维修包括以下内容:

①梁(板)出现结构性裂缝或非结构性裂缝,应对裂缝进行修补,以恢复结构的整体性,保持结构的强度、刚度、耐久性、抗渗性及外形的美观。

②装配式组合梁(板)桥,纵、横向联系出现开裂、开焊、破损病害时,应及时予以修复,以恢复结构的整体性。如横隔板、现浇湿接缝及铰缝的修复。

③混凝土梁发生纵、横向异常变位,在支座位置发生异常角变位或过大沉降,应对其变位予以恢复或抑制。

④混凝土梁受到车辆或船舶等剐蹭、撞击后,应视具体情况对损伤部位主梁进行加固维修。

⑤空气、雨水、河流水中含有对混凝土和钢筋有侵蚀的化学成分,或经检测发现混凝土内部钢筋存在锈蚀或潜在锈蚀可能性较大时,应对桥梁进行防腐处理。

⑥经检测评定梁(板)承载能力或刚度不足时,应对其进行加固改造。

(2)当梁(板)出现下述病害时,必须对梁(板)病害进行定期、定时检查与量测,并采取相应的加固改造措施。

①梁(板)存在结构裂缝,裂缝宽度接近或超过规范的限值,裂缝在运营荷载作用下存在明显开合。

②梁(板)存在异常的纵、横向变位,梁(板)在支座位置存在异常的角变位。

③梁(板)在运营过程中持续下挠且挠曲变形过大,接近或超过理论计算值。

(3)钢筋混凝土梁桥的裂缝处理应满足下述规定:

①对温度裂缝或收缩裂缝等非结构裂缝,可进行封闭处理。

②一般结构裂缝宽度在规范限值允许范围内,可进行封闭处理。

③当裂缝宽度大于规范限值规定时,应由设计或检测单位提出裂缝封闭或混凝土补强方案,进行处理。

④裂缝处理的施工工艺及方法应按《公路桥梁加固设计规范》(JTG/T J22—2008)和《公路桥梁加固施工技术规范》(JTG/T J23—2008)相关规定执行。

⑤受压区出现结构性裂缝,应立即封闭交通,进行特殊检测判明原因,进行结构可靠性

评估,及时处理。

(4)对装配式预制板桥,若存在铰缝破损、渗水、开裂等病害,可采用铰缝注浆、拆除重做及增加桥面整体化层等方法进行加固维修,恢复结构横向整体性,避免出现单板受力导致主梁产生次生病害。修补用砂浆、混凝土应采用低收缩、微膨胀水泥配置。

(5)对装配式组合箱梁桥、T梁桥,若存在横隔板开裂、破损、断裂等病害,可采用增大截面、粘贴钢板及拆除重做等方法进行加固维修,恢复结构横向整体性,避免出现单梁受力过大导致主梁产生次生病害。

(6)当混凝土梁发生异常变位时,可采用顶推、配重方式进行变位恢复,变位恢复后应采取有效的限位措施。顶推方案设计时应注意着力点位置的选择,配重方案设计时应注意配重位置的选择及配重对原结构受力的影响。

(7)当混凝土梁受车辆或船舶撞击、剐蹭而发生损伤后,若仅混凝土保护层受到影响,可通过修补对保护层予以恢复;若主梁断裂或内部受力钢筋产生松弛、断裂,应通过更换主梁、粘贴钢板和施加体外预应力等方法进行加固改造。

(8)视钢筋锈蚀程度和桥址区环境因素的不同可采用增加防腐涂装、喷涂硅烷浸渍剂及掺加或涂刷钢筋阻锈剂等方法进行防腐处理,以增强结构的耐久性。

(9)混凝土梁桥承载能力或刚度不足时,可视桥梁实际情况择优选用施加体外预应力、改变结构体系、增大截面、粘贴钢板或粘贴纤维复合材料、更换主梁、增强横向整体性等方法进行加固。

10. *预应力混凝土梁*

(1)预应力混凝土梁维修包括以下内容:

①对预应力混凝土锚固区的破损、开裂、剥落、封锚不严、锚具暴露及沿预应力束纵向混凝土开裂进行修补或加固。

②预应力混凝土梁桥持续下挠或下挠超过理论值,应进行加固,恢复或抑制主梁的下挠变形。

③预制节段拼装的预应力混凝土梁桥,若拼接缝部位出现接触不严、拼接材料老化或风化等病害时,应及时进行加固维修。

④设有体外预应力钢束的预应力混凝土梁桥,钢束、夹片破损、失效或钢束表面防护破损严重,应及时进行加固维修。

⑤全预应力及部分预应力A类构件在正常使用条件下出现裂缝,尤其是在顶、底板受拉区出现横向裂缝或腹板出现斜裂缝,应及时进行加固维修。

⑥变截面预应力混凝土连续梁桥,支点横梁出现裂缝或跨中底板出现混凝土上、下分层,应及时进行加固处理。

(2)预应力钢束锚固区承压面劈裂、齿板周边混凝土开裂,当裂缝宽度超过限值时,可采用增大齿板截面的方法进行加固处理;当裂缝宽度未超过规范限值时,对裂缝进行灌缝修补。

(3)预应力混凝土梁桥主梁持续下挠或挠度超过规定允许值,必须进行结构评估,采取加固措施。一般可采用施加体外预应力或改变结构受力体系的方法进行加固处理。加固过程中,应加强对原结构应力水平的理论计算、分析评估及实时监测。

(4)预制节段拼装的预应力混凝土梁桥出现接缝接触不严、材料风化或老化等病害时，一般可采用注浆、粘贴钢板和增大截面的方法进行加固维修。

(5)全预应力或部分预应力混凝土构件出现结构性裂缝，应判明原因，及时进行处理。一般可采用粘贴钢板、粘贴纤维复合材料和施加体外预应力的方法进行加固。

(6)预应力混凝土连续箱梁支点横梁出现结构性裂缝，缝宽超过限值，在判明原因后可采用增大截面、施加体外预应力、粘贴钢板和粘贴纤维复合材料等方法进行加固处理。

(7)变截面预应力混凝土箱梁底板钢束密集区出现混凝土上、下分层，可采用增加横梁、置换分层区域混凝土和施加体外预应力的方法进行加固处理。混凝土的置换必须分批、分段、分区进行。

11.基础

1)墩台基础的允许沉降

(1)相邻墩台间不均匀沉降值(不包括施工中的沉降)，不应大于设计规定的容许上限值。若超过容许限值时，必须进行维修。

(2)当墩台变位所产生的附加内力影响到桥梁的正常使用和安全时，或桥梁墩台基础自身结构出现大的缺损使承载力不足时，必须进行维修。

2)地基承载力不足造成基础沉降的维修方法

(1)重力式基础的维修。在实体基础周围浇注混凝土扩大基础。基础开挖施工中应特别注意墩台的变位，以免影响行车安全。

(2)桩基础的维修。在桩基础的周围增补钻孔灌注桩或打入钢筋混凝土预制桩，扩大原承台，以提高基础承载力，增加基础稳定性。

(3)提高地基承载力的维修方法。对墩台基础以下的地层，采用压注水泥浆、土的固结剂等方法加固地基土，以提高地基的承载力。

3)受水冲刷或侵蚀的钢筋混凝土桩的维修

钢筋混凝土灌注桩和打桩基础受水冲刷、侵蚀时，应采用以下方法进行维修：

(1)检查桩基损伤程度，用水泥砂浆修补到原来状态。也可采用外包混凝土套筒的方法进行维修。

(2)当桩身有空洞时，可灌注水泥混凝土进行修复。

(3)抛填大块石、石笼护底或钢筋混凝土砌块进行防护，以防继续冲刷。

4)桥台滑移、倾斜的维修

桥台发生滑移和倾斜时，可采用下列维修措施。

(1)对于因桥梁墩台的刚度不足，难以承受台背土压力，造成桥台向桥孔方向位移，可采取增大墩台截面尺寸的方法进行维修，也可采用挖除台后填土，增设新的桥孔，有效抑制桥台的位移。

(2)对于因桥台台背水平土压力太大而引起桥台向桥孔方向倾斜，可采用下列方法进行维修：

(3)在台背增设辅助挡土墙，将填土与台身分离，台身主要承受上部结构传来的竖向力和水平力，辅助挡土墙承担台背水平土压力。

(4)更换台背填土，采用透水性能好的轻质材料或土工合成材料回填。

(5)在台后埋设涵管或箱涵,减轻土重,从而改善桥台的稳定性。

(6)对于小跨径梁式桥,可在墩台间加设钢筋混凝土支撑梁或浆砌片石支撑板;对于较大跨径梁式桥,可采取在桥台前增设撑壁法进行维修,以平衡台后土压力。

12. 墩台

(1)墩台身出现裂缝,应根据裂缝宽度及时对裂缝进行修补,以恢复结构的整体性。

(2)当墩台身出现竖向贯通裂缝时,可采用钢筋混凝土围带、粘贴钢板箍或外包混凝土加大墩台截面的方法进行维修。

(3)对于桥台的侧墙发生外倾,可采用在横向钻孔加设钢拉杆的维修方法进行恢复。

(4)因基础竖向不均匀沉降或水平方向位移,使结构中产生附加应力,超出混凝土结构的抗拉能力,导致墩台被拉裂时,应先维修处理基础后,再采取有效措施对墩、台身病害进行维修。

(5)当墩台损坏严重,如出现大面积开裂、破损、风化、剥落时,可采用钢筋混凝土“箍套”进行维修。在严寒地区,“箍套”的下端应尽可能伸到基础顶面。

(6)对于结构基本完好,但承载能力不足的圆柱形墩柱可用包裹碳纤维片材、包裹钢套筒、增设环状预应力钢束的方法维修。

13. 支座

(1)板式橡胶支座局部脱空时,在保证支座底面处于一个水平面后,可在支座上部采用填塞楔形钢板或高强膨胀材料进行维修。

(2)支座的更换:

公路桥梁支座如产生故障不能正常发挥作用或有如下缺陷时,应综合分析病害产生的原因和影响,并予以更换。

(3)支座座板翘起、变形、断裂时应予以更换。

①板式橡胶支座出现严重不均匀压缩变形,或发生过大的剪切变形、加劲钢板外露或脱胶、橡胶开裂、老化变质时应及时更换。

②盆式支座组件损坏,影响正常使用时,应予以更换。

③支座滑动面磨损严重(滑板外露高度小于0.2mm)时,或造成其他构件出现病害,应予以更换。

④支座有锚栓被剪断,或造成其他构件出现病害,应予以更换。

⑤支座其他影响桥梁正常运营或结构受力安全的病害应予以更换。

⑥支座更换时宜将同一墩台上的同一排支座全部更换。顶升梁体时应将整联同步顶升,各支点顶升高度应精确控制,偏差不得大于2mm;落顶时亦应同时让各支座均匀受力,避免个别支座受力超限而破坏。支座更换技术要求,应按《公路桥梁加固设计规范》(JTG/T J22—2008)和《公路桥梁加固施工技术规范》(JTG/T J23—2008)相关规定执行。

14. 锥坡、翼墙

(1)锥坡应保持完好。锥坡开裂、沉陷,受洪水冲空时,应及时采取措施进行维修加固。

(2)翼墙出现下沉、断裂或其他损坏时,应及时维修加固。

(3)锥坡无人行检查通道的宜增设人行踏步。

15. 调治构造物

(1)调治构造物的维修与加固。

①将竹木、铁丝石笼等临时性的调治构造物有计划地改为浆砌块、片石或混凝土的永久性结构。

②调治构造物由于洪水冲刷及漂浮物撞击,发生基础冲空,砌体开裂时,应及时维修。

③若调治构造物不足以抗御洪水冲击,则应进行加固。可采用植草皮、干砌或浆砌片石、铁丝石笼、抛石等,亦可用梢捆、柴排、混凝土或钢筋混凝土板、土工织物等进行加固。加固时,应综合考虑水深、流速及波浪冲击等因素。加固的高度:淹没式的应加固至坝顶,非淹没式的应高于设计洪水位以上至少50cm。

(2)河床冲刷严重,危及墩台基础时,可分别进行下列处治:

①水深较浅的,结合规范有关规定,在枯水季节修整墩台基础冲空部分,中、小桥可对桥下河床做单层或双层片石铺砌,必要时可铺设挑坎防护。

②水深较深、施工困难的,可采用沉柴排、沉石笼、抛石护基等方法。

③对于流速过大或河床纵坡过大、冲刷严重的不通航小河,可在下游适当地点修筑拦砂坝。拦砂坝的高度、间距应根据河床的高程和纵坡确定,下游坝顶高程一般应与上游桥址处河床的高程相等。

④通过观察,发现调治构造物的位置不当,数量、长度不合理,不能发挥正常作用时,应在洪水退后进行改善。

⑤因河道变迁、流向不稳定,或因桥梁上下游河道弯曲形成斜流、涡流危及桥梁墩台、基础、桥头引道时,应因地制宜地增设调治构造物。

第八章
涵洞检查评定与养护

第一节 涵洞经常检查

一、经常检查频率

经常检查每季度不少于1次,在汛期前后应加大检查频率。

二、经常检查内容

经常检查内容包括:

(1)进出水口铺砌、翼墙、护坡、挡水墙、沉砂井、跌水、急流槽等是否完整。

(2)进出水口是否堵塞,沉砂井有无淤积,洞内有无淤塞及排水不畅。

(3)洞口周围是否有杂物堆积,涵洞是否清洁、渗漏水。

(4)高填土涵洞的路基填土是否稳定、是否沉降。

(5)涵洞结构各构件是否有损坏。

(6)交通标志及涵洞其他附属构造是否完好。

(7)其他明显的损坏或病害。

经常检查中发现有排水不畅或有构件明显损坏需要进行维修的,应做好记录并及时报告。

三、经常检查方法

经常检查采用目测方法,也可配以简单工具进行测量,现场填写涵洞经常检查记录表,记录所检查项目的缺损类型,估计缺损范围及养护工作量,提出相应的小修保养措施,为编制辖区内涵洞养护工作计划提供依据。

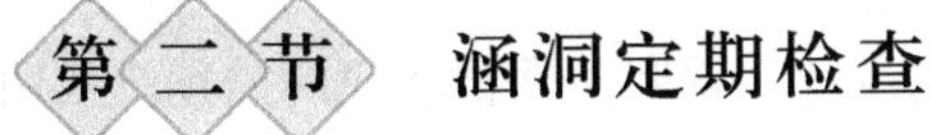

第二节 涵洞定期检查

一、定期检查频率

涵洞的定期检查周期不得超过3年,特殊结构及特别重要的涵洞每年检查不少于1次。新建、改建涵洞交付使用两年内,应进行第一次全面检查。经常检查发现存在较大损坏后,应立即安排定期检查。

二、定期检查内容

定期检查以目测观察结合仪器观测进行，应接近各部件仔细检查其缺损情况。定期检查的主要工作有：

(1)现场校核涵洞基本数据，填写、补充完善涵洞基本信息。

(2)现场填写涵洞定期检查记录表，记录各部件缺损状况。

(3)判断病害原因，确定维修范围及方式。

(4)进行涵洞技术状况评定，提出下次检查时间建议。

(5)对损坏严重、危及安全运营的涵洞，提出限制交通、维修加固或改建的建议。

定期检查应包括下列内容：

(1)检查涵洞的过水能力，包括涵洞的位置是否适当、孔径是否足够、涵底纵坡是否合适。

(2)进、出水口铺砌，翼墙，护坡，挡水墙，沉砂井，跌水，急流槽等是否完整；洞口连接是否平整顺适；排水是否顺畅。

(3)涵体侧墙或台身是否渗漏水、开裂、变形或倾斜，墙身砌缝砂浆是否脱落、砌块是否松动，基础是否冲刷掏空。

(4)涵身顶部的盖板、顶板或拱顶是否开裂、漏水、变形下挠，砌缝砂浆是否脱落，砌块是否松动脱落。

(5)涵底是否淤塞阻水，涵底铺砌是否开裂、沉降、隆起或缺损。

(6)洞口附近填土是否有渗水、冲刷、空洞，填土是否稳定。

(7)涵洞顶路面是否开裂、沉陷，是否存在跳车现象。

(8)交通标志及涵洞其他附属设施是否损坏、失效。

三、定期检查方法

定期检查以目测观察结合仪器观测进行，必须接近各部件仔细检查其缺损情况。定期检查前要认真查阅有关技术资料、初始检查报告及历次定期检查报告，做好人力、设备等各种准备，落实安全保障措施。

四、提交成果

涵洞定期检查后应提交下列文件：

(1)本次检查涵洞清单。

(2)典型缺损和病害的照片及说明。缺损状况的描述应采用专业标准术语，说明缺损的部位、类型、性质、范围、数量和程度等。

(3)两张总体照片。一张上游侧立面照片，一张下游侧立面照片。

(4)涵洞基本信息。定期检查完成后，应将本次检查结果登记在涵洞基本信息中。

第三节　涵洞评定

涵洞定期检查技术状况评定标准见表8-1，并结合检查人员经验，对涵洞的技术状况综合作出好、较好、较差、差、危险等五个级别的评定，提出日常养护、维修、加固、改建等建议。

涵洞技术状况评定标准　　表8-1

技术状况评定等级	涵洞技术状况描述
好	各构件及附属结构完好，使用正常
较好	主要构件有轻微缺损，对使用功能无影响
较差	主要构件有中等缺损，病害发展缓慢，尚能维持正常使用功能
差	主要构件有大的缺损，严重影响涵洞使用功能；或影响承载能力，不能保证正常使用
危险	主要构件存在严重缺损，不能正常使用，危及涵洞结构安全

涵洞定期检查除目测外，一般对裂缝宽度、变形等方面的检查需要仪器辅助。

考虑到部分涵洞（通道）具有人行、车辆通行的功能，涵洞要设置限高标志和照明设施，来保证人、车安全通行。

检查中如果发现有过水能力明显不足，经常造成内涝及路基损毁的涵洞，可考虑改建。

第四节　养护工程

涵洞的养护应符合下列规定：

（1）功能正常、排水顺畅和排放适当。

（2）各构件及附属结构完好。

（3）涵洞表面清洁、不漏水。

一、日常养护

涵洞的日常养护工作大体可分为保洁、清淤、堵漏、结构损伤的维修等四部分。应保持洞口清洁无杂物，洞内排水畅通，发现淤塞应及时疏通和清除。

涵洞底部铺砌冲刷损坏、进出水口被冲刷淘空，侧墙、基础或管涵基础被冲刷淘空，这些是日常养护的主要工作，应予以重视。

涵底铺砌、洞口上下游路基护坡、引水沟、汇水槽、沉砂井等发生变形或出现破损，应及时修理或封塞填平。

进出水口如有裂缝，及时填塞；若冲刷淘空并引起结构变形开裂，可重新填实或压注水泥浆或化学浆液；也可依据材料类型及损伤情况，参照相同材料的桥梁结构进行维修。

沉降缝或连续缝止水带应保持完好，有破损时应及时更换。

洞内排水明沟每周应清扫一次，排水暗沟每季度应疏通一次。

采用机械排水的涵洞，应保持排水泵、阀、排水管道及其他设备功能完好、运转正常，并做定期检修。

部分涵洞路面低于两侧路面，需敷设下埋式排水管，将路面积水排除或采用机械抽排水。采用机械设备排水的,应做好设备维修工作。

设有照明设施的涵洞,应保持照明设备处于完好状态,照明灯具和输电线路若有损坏应及时更换、维修。

通行车辆的涵洞应设置明显的限高标志并保持完好。涵洞端面应涂设立面标记,并保持颜色鲜明,定期涂刷。

为防止车辆剐蹭涵顶,通行车辆的涵洞应设置明显的限高标志。当净空小于公路技术等级要求,不符合交通需要时,标出限高值的同时设置绕行通过的指路标志。

二、维修加固

(1)涵洞圬工砌体表面出现局部风化、开裂、灰缝剥落,局部砌块松动、脱落,或砌体渗漏水,应予维修。

(2)涵洞圬工砌体表面出现局部风化、开裂、灰缝剥落,局部砌块松动、脱落,或砌体渗漏水,一般采用下列方法维修:

①用水泥砂浆重新勾缝,或局部拆除后重建;

②表面抹浆或喷浆,病害有发展趋势且病害面积较大时,可采用挂网抹面。

③在砌体背后压注水泥砂浆或化学浆液;

④加设涵内衬砌。

混凝土或钢筋混凝土结构的涵洞,裂缝、漏筋、混凝土剥落等常见病害的维修与桥梁一致,应按现行《公路桥梁加固设计规范》(JTG/T J22)以及《公路桥梁加固施工技术规范》(JTG/T J23)相关规定执行。

(3)混凝土管涵的接头或铰缝处发生填缝料脱落,引起渗水时应予维修。

混凝土管涵的接头或铰缝处渗水时,可用干燥麻絮浸透沥青后填实,或用其他黏弹性材料封堵,不宜用灰浆抹缝。

涵洞渗漏水严重时应予处治。涵洞渗漏水可采用注浆堵漏,或采用其他可靠的堵漏方法。

(4)涵洞进、出水口处冲刷严重时应予处治。涵洞进、出水口处冲刷严重时,常用的维修方法有:

①位于陡坡上的涵洞或直接受水流冲击的涵洞,其入口处采取适当的防护措施。

②用浆砌块石铺底,并加水泥砂浆勾缝。铺砌长度视土质和流速而定,铺砌的末端应设置混凝土或浆砌块石截水墙。

③流速特别大的涵洞,在出水口加设缓流设施,如消力槛、消力池等。消力槛的末端设置混凝土或浆砌块石截水墙,或设置三级挑槛。

涵洞经常发生泥沙淤积时,宜在进水口设沉沙井。

管涵的管节因基础沉陷而发生严重错裂时应予处治。

局部损坏或承载能力不足的涵洞应及时维修加固,保障通行安全。

涵洞地基加固包括严重冲刷的加固及地基沉降变形的处理。冲刷严重时应增设防冲、减冲结构,也可以与沟、渠的疏导整治结合进行。地基的加固方法多用换填夯实等费用较少的方法。如采用较昂贵的处理方法时,应与拆除重建进行技术经济比较。

局部损坏或承载能力不足的涵洞一般采用下列方法进行加固或改造：

a. 挖开填土，用混凝土或钢筋混凝土加大原涵洞断面。

b. 涵内用混凝土或钢筋混凝土衬砌进行加固。

c. 挖开填土，用新构件分段进行更换改建。

在涵内加大结构截面时，需注意减少过水断面造成的影响，不致引起过大壅水或造成其他病害。更换新结构或改设、增设涵洞，一般均采用分段施工的方法维持交通，应注意施工、行车安全，设置相应的标志、护栏等，必要时应有值守人员指挥交通，维护安全。

第九章 隧道检查评定与养护

江门大道隧道包括山岭隧道和下沉式隧道，均为短隧道和中隧道，隧道的养护均为二级。

第一节 日常巡查

一、日常巡查目的

土建结构日常巡查是对土建结构的外观状况进行的日常巡视检查，通过日常巡查，及时发现早期破损、显著病害或其他异常情况。对隧道洞口、衬砌、路面是否处在正常工作状态、是否妨碍交通安全等进行检查。

机电设施日常巡查是指在巡视车上或通过步行目测以及其他信息化手段对机电设施外观和运行状态进行的一般巡视检查。

其他工程设施日常巡查是对其他工程设施使用情况进行的日常巡视检查。

二、日常巡查频率

日常巡查频率：土建结构、其他工程设施宜不少于每天 1 次，雨季、极端天气，应增加日常巡查的频率；机电设施每 1 ~3 天不少于 1 次，极端天气和交通量增加较大时，应提高日常巡查频率。

三、日常巡查内容

1. 土建结构主要巡查内容

(1)隧道洞口边仰坡是否存在边坡开裂滑动、落石等现象。

(2)隧道洞门结构是否存在大范围开裂、砌体断裂、脱落等现象。

(3)隧道衬砌是否存在大范围开裂、明显变形、衬砌掉块等现象。

(4)是否存在地下水大规模涌流、喷射，路面出现涌泥沙或大面积严重积水等威胁交通安全的现象。

(5)隧道路面是否存在散落物、严重隆起、错台、断裂等现象。

(6)隧道洞顶预埋件和悬吊件是否存在断裂、变形或脱落等现象。

2. 机电设施主要巡查内容

(1)供配电设施：应观察变压器、高低压配电柜及变配电室内相关设备的外观及运行状态，判断是否有外观破损、声响、发热、气味、放电等异常现象。

(2)照明设施:应观察照明设备的外观及运行状态,判断有无异常。

(3)通风设施:应观察通风设备的外观及运转状态,判断是否存在隐患。

(4)消防设施:应观察各类消防设备的外观,并判断有无异常。

(5)监控与通信设施:应巡检隧道内各种监控设备、信息采集和发布设备、监控室各类监视设备的外观和主要功能,并判断有无异常。

(6)下沉式隧道泵站:应观察泵站的外观及运转状态,判断有无异常。

3. 其他工程设施主要巡查内容

(1)巡查其他工程设施有无明显结构变形破坏、电缆沟、设备洞室是否存在明显涌水,洞外联络通道路面有无落物,洞口绿化区有无树木倾倒在行车限界范围内,污染处理设施有无明显淤积。

(2)应对洞外联络通道隔离设施进行日常巡查,保证通道隔离设施完好,通道在正常状态下应处于封闭状态。

四、日常巡查方法

土建结构、其他工程设施日常巡查可采用人工与信息化手段相结合的方式。日常巡查中,发现路面有妨碍通行的障碍物或其他异常情况时,应视情况予以清除或报告,并做好记录。记录方式可以文字记录为主,并配合照相或摄像手段辅助。

机电设施日常巡查应准确记录各种设备的检查情况,并填写日常巡查记录表、机电故障记录表(附表 D-6)。

第二节　经常检查

一、经常检查目的

经常检查是对土建结构及其他工程设施的外观状况进行一般性检查。及时发现早期缺损、显著病害或其他异常情况,确定对策措施。

机电设施经常检修是对机电设施仪表读数、运转状态或损伤情况进行的检查,并对破损零部件及时进行维修更换。

二、经常检查频率

经常检查频率按照公路隧道养护等级确定。江门大道隧道养护等级均为二级,经常检查频率不低于 1 次/2 月,且在雨季或极端天气情况下,或发现严重异常情况时,应提高经常检查频率。其他工程设施经常检查与土建结构检查同步进行。

机电设施经常检修频率按照 1 次/(1 ~3 月)执行,具体检查指标频率按《公路隧道养护技术规范》(JTG H12—2015)的规定执行。

三、经常检查内容

1. 隧道土建结构经常检查内容

(1)洞口:边(仰)坡有无危石、积水;边沟有无淤塞;构造物有无开裂、倾斜、沉陷。

(2)洞门:结构开裂、倾斜、沉陷、错台、起层、剥落,渗漏水。

(3)衬砌:结构裂缝、错台、起层,剥落,渗漏水。

(4)路面:落物、油污;滞水;路面拱起、坑槽、开裂、错台等。

(5)检修道:结构破损;盖板破损;栏杆变形、损坏。

(6)排水设施:缺损、堵塞、积水。

(7)吊顶及各种预埋件:变形、缺损、漏水。

(8)内装饰:脏污、变形、缺损。

(9)标志、标线、轮廓标是否完好。

2. 隧道机电设施经常检修内容

机电设施经常检修内容按《公路隧道养护技术规范》(JTG H12—2015)的规定执行。其中,供配电设施经常检修内容见表5.4.1,照明设施经常检修内容见表5.5.1,通风设施经常检修内容见表5.6.1,消防设施经常检修内容见表5.7.1,监控与通信设施内容见表5.8.1。

下沉式隧道泵站经常检修内容如下:

(1)每周启动发电机一次运行20min。

(2)每半月对机泵轮换运行,确保每台机泵正常运转。

(3)启动水泵试运转,观察设备及仪表有无异常。

(4)检查液位显示数据显示是否正常,压力传感器探头是否堵塞。

(5)检查热保护原件是否在允许值范围内。

(6)检查保护接零线接触是否可靠。

3. 其他工程设施经常检查内容

(1)电缆沟是否完好,有无涌水。

(2)设备洞室是否完好,有无渗漏,标志是否齐全。

(3)洞外联络通道隔离设施是否完好,标志是否齐全,路面有无落物。

(4)洞口限高门架门架有无变形,结构是否完好,标志是否齐全。

(5)洞口绿化树木是否妨碍行车,有无树木枯死。

(6)消音设施是否完好。

(7)减光设施结构是否完好。

(8)污水处理设施是否渗漏,有无淤积。

(9)洞口雕塑、隧道铭牌是否存在毁损。

(10)房屋设施承重构件有无变形,非承重墙体有无渗漏,屋面有无渗漏,楼地面、门窗是否完好。

四、经常检查方法

土建结构经常检查采用人工与信息化手段相结合的方式,配以简单的检查工具进行。当场填写公路隧道经常检查记录表,翔实记述检查项目的缺损类型,估计缺损范围和程度以及养护工作量,对异常情况作出缺损状况判定分类,并提出相应的养护措施。

机电设施经常检修通过步行或使用简单工具进行,并填写《经常性(定期)检修记录表》《机电故障记录表》(附表D-6)。

第三节　定期检查

一、定期检查目的

定期检查是按规定周期对土建结构的基本技术状况进行全面检查。通过定期检查系统掌握结构基本技术状况和功能状况,开展土建结构技术状况评定,为制订养护计划提供依据。

机电设施定期检修是通过检测仪器对仪表进行的标定,以及对连接及装配状态等机电设施运转情况和性能进行的较全面的检查和维修。

二、定期检查频率

土建结构定期检查的周期应根据隧道技术状况确定,技术状况等级为每年1次,最长不得超过3年1次。当经常检查中发现重要结构分项技术状况评定状况值为3或4时,应立即开展一次定期检查。定期检查宜安排在春季或秋季进行。新建隧道应在交付使用1年后进行首次定期检查。其他工程设施定期检查与土建结构同步进行。

机电设施定期检修频率不少于1年1次。

三、定期检查内容

1. 土建结构定期检查主要内容

(1)洞口:山体滑坡、岩石崩塌的征兆及其发展趋势;边坡、碎落台、护坡道的缺口、冲沟、潜流涌水、沉陷、塌落等及其发展趋势;护坡、挡土墙的裂缝、断缝、倾斜、鼓肚、滑动、下沉的位置、范围及其程度,有无表面风化、泄水孔堵塞、墙后积水、地基错台、空隙等现象及其程度。

(2)洞门:墙身裂缝的位置、宽度、长度、范围或程度;结构倾斜、沉陷、断裂范围、变位量、发展趋势;洞门与洞身连接处环向裂缝开展情况、外倾趋势;混凝土起层、剥落的范围和深度,钢筋有无外露、受到锈蚀;墙背填料流失范围和程度。

(3)衬砌:衬砌裂缝的位置、宽度、长度、范围或程度,墙身施工缝开裂宽度、错位量;衬砌表层起层、剥落的范围和深度;衬砌渗漏水的位置、水量、浑浊情况。

(4)路面:路面拱起、沉陷、错台、开裂、溜滑的范围和程度;路面积水范围和程度。

(5)检修道:检修道毁坏、盖板缺损的位置和状况;栏杆变形、锈蚀、缺损等的位置和状况。

(6)排水系统:结构缺损程度,中央窨井盖、边沟盖板等完好程度,沟管开裂漏水状况;排水沟(管)、积水井等淤积堵塞、沉沙、滞水等状况。

(7)吊顶及各种预埋件:吊顶板变形、缺损的位置和程度;吊杆等预埋件是否完好、有无锈蚀、脱落等危及安全的现象及其程度;漏水范围及程度。

(8)内装饰:表面脏污、缺损的范围和程度;装饰板变形、缺损的范围和程度等。

(9)标志、标线、轮廓标:外观缺损、表面脏污状况,连接件牢固状况、光度是否满足要求等。

2. 机电设施定期检修主要内容

机电设施经常检修内容按《公路隧道养护技术规范》(JTG H12—2015)的规定执行。其中,供配电设施定期检修内容见表5.4.1,照明设施定期检修内容见表5.5.1,通风设施定期检修内容见表5.6.1,消防设施定期检修内容见表5.7.1,监控与通信设施定期检修内容见表5.8.1。

下沉式隧道泵站定期检修内容如下:

(1)在每年汛期前,组织力量对泵站进出水管、井、积水池进行清掏、疏通。

(2)定期对发电机、蓄电池电量、水箱、油箱、机油等进行检测。

(3)定期对水泵的绝缘进行检测,绝缘电阻不低于5MΩ。

(4)定期对电器控制柜、发电机的紧固螺栓检查是否松动。

(5)做好空气开关、低压隔离开关等低压控制设备的检查维护和高低压开关柜、变压器、高压断路器等设备的检查。

(6)保持机电设备完好,保证能随时投入运行,经常检查电机绝缘,并定期试泵。

3. 其他工程设施定期检查主要内容

(1)电缆沟是否完好,有无杂物、积尘、积水。

(2)设备洞室是否完好,有无渗漏水、杂物、积尘,标志是否齐全、清晰。

(3)洞外联络通道隔离设施是否完好,标志是否齐全、清晰,路面是否整洁、有无隆起积水。

(4)洞口限高门架结构是否完好,标志是否齐全、清晰,门架有无变形,净空误差能否满足限高要求。

(5)洞口绿化树木是否妨碍行车,有无树木枯死、草皮失养,整体绿化效果是否美观。

(6)消音设施是否完好,是否具备消音功能。

(7)减光设施结构是否完好,标志是否齐全清晰,减光效果是否正常。

(8)污水处理设施是否渗漏,有无杂物、泥沙沉积。

(9)洞口雕塑、隧道铭牌表面是否脏污,是否存在损毁。

(10)房屋设施承重构件有无变形、裂缝、松动;非承重墙体有无渗漏、破损;屋面排水是否通畅、有无渗漏;楼地面、门窗是否完好;顶棚有无变形;水卫、电照、暖气等设备是否完好,能否正常使用。在每年雷雨季前后都需进行检查。

四、定期检查方法

土建结构及其他工程设施定期检查需要配备必要的检查工具或设备,进行目测或量测检查。检查时,应尽量靠近结构,依次检查各个结构部位,注意发展异常情况和原有异常情况的发展变化;对有异常情况的结构,应在其适当位置作出标记;此外,检查结果记录宜量化。

土建结构检查结果应当场填入定期检查记录表,将检查数据及病害绘入隧道展示图(附表D-1),发现评定状况值为2以上的情况,应做影像记录,并详细、准确地记录缺损或病害状况,分析成因,对结构物的技术状况进行评定。

机电设施定期检修供配电设施检修人员应持有特殊工种上岗证书,并配备专门的电工检修工具;照明设施检修应配备电工工具、高空作业车、清洁卫生用具、照度仪、亮度仪;通风设施检修配备专用电工工具,必要时尚应配备风压机、风速计、声级计等相关设备,并填写经常性(定期)检修记录表、机电故障记录表(附表 D-6)。

五、提交成果

土建结构定期检查完成后,应编制土建结构定期检查报告,内容应包括:

(1)检查记录表、隧道展示图及相关调查资料等。

(2)对土建结构的技术状况评定。

(3)对土建结构的养护维修状况的评价及建议。

(4)需要实施专项检查的建议。

(5)需要采取处治措施的建议。

第四节 应急检查

一、应急检查目的

应急检查是在隧道遭遇自然灾害、发生交通事故或出现其他异常事件后,对遭受影响的结构立即进行的详细检查。

机电设施应急检修是公路隧道内或相关机电设施发生异常时间、重大事故或自然灾害后对机电设施进行的检查和维修。

二、应急检查内容

应通过应急检查,及时掌握结构受损情况,为采取对策措施提供依据,检查内容和方法原则上应与定期检查相同,但应针对发生异常情况或者受异常事件影响的结构或结构部位做重点检查,以掌握其受损情况。

检查的评定标准,与定期检查相同。当难以判明缺损的原因、程度等情况时,做专项检查。

三、应急检查方法

应根据受异常事件影响的结构,决定采取的检查方法、工具和设备。

四、提交成果

检查结果的记录,应与定期检查相同。检查完成后,应编制应急检查报告,总结检查内容和结果,评估异常事件的影响,确定合理的对策措施。

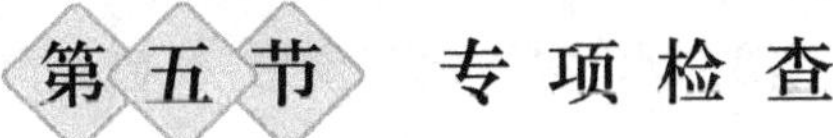

第五节 专项检查

一、专项检查目的

专项检查是根据定期检查和特别检查的结果,或者通过其他途径,判断需要进一步查明某些破损或病害的详细情况而进行的更深入的专门检测。应通过专项检查,完整掌握缺损或病害的详细资料,为其是否实施处治以及采取何种处治措施等提供技术依据。

二、专项检查内容

专项检查的项目、内容及其要求,应根据经常检查、定期检查或应急检查的结果有针对性地确定,可按表9-1选择执行。

专项检查项目表　　表9-1

检查项目		检查内容
结构变形检查	公路线形、高程检查	公路中线位置、路面高度、缘石高度以及纵、横坡度等测量
	隧道横断面检查	隧道横断面测量,周壁位移测量(与相邻或完好断面比较)
	净空变化检查	隧道内壁间距测量(自身变化比较)
裂缝检查	裂缝调查	裂缝的位置、宽度、长度、开展范围或程度等
	裂缝检测	裂缝的发展变化趋势及其速度;裂缝的方向及深度等
漏水检查	漏水调查	漏水的位置、水量、浑浊及原有防排水系统的状态等
	漏水检测	水文,pH值检查、电导度检测、水质化学分析
	防排水系统	拥堵、破坏情况
材质检查	衬砌强度检查	强度简易测定,钻孔取芯,各种强度试验等
	衬砌表面病害	起层、剥落、蜂窝、麻面、孔洞、露筋等
	混凝土碳化深度检测	采用酚酞液检查混凝土的碳化深度
	钢筋锈蚀检测	剔凿检测法、电化学测定法、综合分析判定法
衬砌及围岩状况检查	无损检查	无损检测衬砌厚度、空洞、裂缝和渗漏水等,以及钢筋、钢拱架、衬砌配筋位置及保护层厚度、围岩状况、仰拱充填层密实程度及其下岩溶发育情况
	钻孔检查	钻孔测定衬砌厚度等,内窥镜观测衬砌及围岩内部状况
荷载状况检查	衬砌应力及拱背压力检查	衬砌不同部位的应力及其变化、拱背压力的分布及其变化
	水压力检查	地下水丰富的隧道检查衬砌背后水压力大小、分布及变化规律

检查人员对有关的技术资料、档案进行调查,并对隧道周围的地质及地表环境等展开实地调查。对严重不良地质地段、重大结构病害或隐患处,宜开展运营期长期监测,对其结构变形、受力和地下水状态等进行长期观测。监测频率宜取经常检查的频率,当发现监测参数在快速发展变化时,提高观测频率。

其他工程设施中设备洞室渗漏水、房屋地基变形、基础沉降等异常情况根据需要进行专项检查。

三、专项检查方法

专项检查所涉及内容的检查方法如下:

1. 结构变形检查

结构变形检查主要选用激光限界检测仪(隧道断面仪),对隧道断面尺寸进行测量。对实际内轮廓断面与设计内轮廓断面进行对比分析,以判断内轮廓断面是否侵限、变形,为隧道结构补强加固及病害整治设计提供依据。

2. 裂缝检查

在外观检查的基础上,对隧道洞身、洞门、衬砌、护坡、挡土墙等的破损进行检测,观测记录有意义的裂缝位置、密度、形态,测量裂缝长度、宽度。使用钢尺、读数显微镜、裂缝观测仪、超声波测定仪、记号笔等对裂缝进行检查。

3. 漏水检查

在外观检查的基础上,确定漏水的位置、水量、浑浊及原有防排水系统的状态等,当漏水可能具有劣化作用的时候,应对其水质进行检测。通过对漏水和流入隧道中的地表水的水温、pH 值、导电度等的测定,可查明混凝土劣化的原因,断定漏水的流径。

4. 材质检查

隧道衬砌强度进行检测,采用回弹—超声综合法检测,仪器使用混凝土回弹仪和超声波检测仪进行。

隧道衬砌混凝土碳化深度检查,采用1%的酚酞酒精溶液和碳化深度测定仪测定混凝土碳化深度。

隧道衬砌钢筋锈蚀检测采用钢筋锈蚀测定仪进行检测。

5. 衬砌及围岩状况检查

衬砌及围岩状况检查,主要采用探地雷达对围岩内部状况进行检测,重点检测隧道衬砌的厚度、脱空、空洞状况,并了解隧道衬砌中钢格栅或钢支撑的分布状况。

采用地质雷达进行检测,探测部位为隧道全断面,沿隧道纵向拱顶、左右拱腰、外边墙各布置一条剖面,共布置测线 5 条,检测深度为衬砌内 3.0m 范围。

四、提交成果

检查完成后,应编制专项检查报告,报告内容应包括:

(1)检查的主要经过,包括检查的组织措施、事件和主要工作过程等。

(2)所检查结构的技术状况,包括检查方法、试验与检测项目及内容、检测数据与结果分析以及缺损状态评价等。

(3)对缺损或病害的成因、范围、程度等情况的分析,及其维修处治对策、技术以及所需工程量和费用建议。

第六节 隧道评定

一、土建结构经常检查评定

经常检查以定性判断为主,检查内容和判定标准按表 9-2 执行。经常检查破损状况判定分为三种情况:情况正常、一般异常、严重异常。

经常检查判定标准 表9-2

项目名称	检查内容	判定描述	
		一般异常	严重异常
洞口	边(仰)坡有无危石、积水;边沟有无淤塞;构造物有无开裂、倾斜、沉陷	存在落石、积水隐患;构造物局部开裂、倾斜、沉陷,有妨碍交通的可能	坡顶落石、积水漫流或积水崩塌;构造物因开裂、倾斜或沉陷而致剥落或失稳;边沟淤塞,已妨碍交通
洞门	结构开裂、倾斜、沉陷、错台、起层、剥落;渗漏水	侧墙出现起层、剥落;存在渗漏水,尚未妨碍交通	拱部及其附近部位出现剥落;存在喷水等,已妨碍交通
衬砌	结构裂缝、错台、起层,剥落	衬砌起层,且侧壁出现剥落状况,尚未妨碍交通,将来可能构成危险	衬砌起层,且拱部出现剥落状况,已妨碍交通
	渗漏水	存在渗漏水,尚未妨碍交通	大面积渗漏水,已妨碍交通
路面	落物、油污;滞水;路面拱起、坑槽、开裂、错台等	存在落物、滞水、裂缝等,尚未妨碍交通	拱部落物,存在大面积路面滞水或裂缝,已妨碍交通
检修道	结构破损;盖板破损;栏杆变形、损坏	栏杆变形、损坏;盖板缺损;结构破损,尚未妨碍交通	栏杆局部毁坏或侵入建筑限界;道路结构破损,已妨碍交通
排水设施	缺损、堵塞、积水	存在缺损、积水,尚未妨碍交通	沟管堵塞,积水漫流,设施缺损严重,已妨碍交通
吊顶及各种预埋件	变形、缺损、漏水	存在缺损、漏水,尚未妨碍交通	缺损严重,或从吊顶板漏水严重,已妨碍交通
内装饰	脏污、变形、缺损	存在缺损,尚未妨碍交通	缺损严重,已妨碍交通
标志、标线、轮廓标	是否完好	存在脏污、部分缺失,可能会影响交通安全	基本缺失或严重缺失,影响行车安全

当经常检查中发现隧道存在一般异常情况时,应进行监视、观测或做进一步检查;当经常检查中发现隧道存在严重异常情况时,应采取措施进行处治;当对其产生原因及详细情况不明时,尚应做定期检查或专项检查。

二、土建结构定期检查评定

(1)土建结构技术状况评定,应根据定期检查资料,综合考虑洞门、结构、路面和附属设施等各方面的影响,确定隧道的技术状况等级。专项检查也遵循此规定对所检项目进行技术状况评定。

(2)土建结构技术状况评定,应先逐洞、逐段对隧道土建结构各分项技术状况进行状况值评定,在此基础上确定各分项技术状况,再进行土建结构技术状况评定。评定结果应填入土建结构技术状况评定表。

(3)隧道洞口、洞门、衬砌结构、衬砌渗漏水、路面、检修道、排水设施、吊顶、内装饰、交通标志标线等各分项技术状况评定标准应按规范执行。

(4)评定流程如下:

依据《公路隧道养护技术规范》(JTG H12—2015)规定的技术状况评定方法进行评定。

①结构技术状况评分计算式。

$$JGCI = 100 \times \left[1 - \frac{1}{4}\sum_{i=1}^{n}\left(JGCI_{i} \times \frac{\omega_i}{\sum_{i=1}^{n}\omega_i}\right)\right] \tag{9-1}$$

式中:ω_i ——检查分项权重;

$JGCI_i$——分项标度值,值域 0 ~4。

②分项标度值计算式。

$$JGCI_{i} = \max(JGCI_{ij}) \tag{9-2}$$

式中:$JGCI_{ij}$——各分项检查段落标度值;

j——检查段落号,按实际分段数量取值。

③隧道结构各分项目权重宜按表 9-3 取值,也可根据本隧道的环境条件和养护要求,采用专家评估法修订各分项权重值。

隧道结构各分项权重表　　表 9-3

分　项		分项权重 ω_i	分　项	分项权重 ω_i
洞口		15	检修道	2
洞门		5	排水设施	6
衬砌	结构破损	40	吊顶及预埋件	10
	渗漏水		内装饰	2
路面		15	交通标志、标线	5

④隧道土建结构技术状况评定分类界限宜按表 9-4 规定执行。

隧道土建结构技术状况等级界限值　　表 9-4

技术状况评分	隧道结构技术状况评定分类				
	1 类	2 类	3 类	4 类	5 类
JGCI	≥85	≥70,<85	≥55,<70	≥40,<55	<40

当定期检查中出现状况值为 3 或 4 的项目,且其产生原因及详细情况不明时,应做专项检查。

(5)在进行技术状况评定中,有下列情况之一时,隧道土建技术状况评定应评定为 5 类隧道:

①隧道洞口边仰坡不稳定,出现严重的边坡滑动、落石等现象。

②隧道洞门结构大范围开裂、砌体断裂、脱落现象严重,可能危及行车道内通行安全。

③隧道拱部衬砌出现大范围开裂、结构性裂缝深度贯穿衬砌混凝土。

④隧道衬砌结构发生明显的永久变形,且有危及结构安全和行车安全的趋势。

⑤地下水大规模涌流、喷射,路面出现涌泥沙或大面积严重积水等威胁交通安全的现象。

⑥隧道路面发生严重隆起,路面板严重错台、断裂,严重影响行车安全。

⑦隧道洞顶各种预埋件和悬吊件严重锈蚀或断裂,各种桥架和挂件出现严重变形和脱落。

(6)对评定划定的各类隧道土建结构,应分别采取不同的养护措施:

①1类隧道应进行正常养护。

②2类隧道或存在评定状况值为1的分项时,应按需进行保养维修。

③3类隧道或存在评定状况值为2的分项时,应对局部实施病害处治。

④4类隧道应进行交通管制,尽快实施病害处治。

⑤5类隧道应及时关闭,然后实施病害处治。

⑥重要分项以外的其他分项评定状况值为3或4时,应尽快实施病害处治。

三、机电设施评定

公路隧道机电设施技术状况评定不少于1次/年,技术状况评定表按附录D-7填写。

机电设施技术状况评定每季度根据日常巡查、经常检修和定期检修资料结合设备完好率统计确定机电的技术状况等级。

(1)设备完好率计算

$$\text{设备完好率} = \left(1 - \frac{\text{设备故障台数} \times \text{故障天数}}{\text{设备总台数} \times \text{日历天数}}\right) \times 100\% \tag{9-3}$$

(2)完好率计算中的设备台数按表9-5中考核单位进行计算。

机电设施设备完好率考核单位 表9-5

分项	设备名称	单位
供配电设施	高压断路器、高压互感器与避雷器柜、高压计量柜、高压隔离开关和负荷开关柜、电力变压器、箱式变电站、电力电容器柜、低压开关柜、配电箱、插座箱、控制箱、综合微机保护装置、直流电源、UPS电源、EPS电源、自备发电设备	台
	防雷装置、接地装置、变电所铁构件	个/处
	电力线缆、电缆桥架	条
照明设施	隧道灯具、洞外路灯	盏
	照明线路	条
通风设施	轴流风机及离心风机、射流风机	台
消防设施	双/三波长火焰探测器、视频型火灾报警装置、火灾报警控制器、电动机、气体灭火设施、消防车、消防摩托车	台
	线型感温光纤火灾探测系统、水喷雾灭火设施、给水管	个/处
	点型感烟感温探测器、光纤光栅感温火灾探测系统、液位监测仪、消火栓及灭火器、阀门、手动报警按钮、水泵接合器、水泵、消防水池、电光标志	条
监控与通信设施	亮度检测仪、能见度检测仪、CO检测仪、风速风向监测仪、车辆检测仪、摄像机、编解码器、视频矩阵、监视器、硬盘录像机、视频交通事件监测器、本地控制器、横通道控制箱、光端机、路由器、交换机	台
	大屏幕投影系统、地图板、有线广播、紧急电话、横通道门、可变信息标志、可变限速标志、车道指示器、交通信号灯、监控室设备	个/处
	光缆、电缆	条

(3)机电设施各分项技术状况的评定方法应符合下列规定。

①各分项技术状况评定值分为0、1、2、3,见表9-6。

机电设施分项技术状况评定表　　表 9-6

分　项	状况值			
	0	1	2	3
供配电设施	设备完好率≥98%	93%≤设备完好率<98%	85%≤设备完好率≥93%	设备完好率<85%
照明设施	设备完好率≥95%	86%≤设备完好率<95%	74%≤设备完好率≥86%	设备完好率<74%
通风设施	设备完好率≥98%	91%≤设备完好率<98%	82%≤设备完好率<91%	设备完好率<82%
消防设施	设备完好率 100%	95%≤设备完好率<100%	89%≤设备完好率≥95%	设备完好率<89%
监控与通信设施	设备完好率≥98%	91%≤设备完好率<98%	81%≤设备完好率≥91%	设备完好率<81%

②当机电设施各分项中任一关键设备的设备完好率为该分项各类设备完好率最低时，该分项技术状况按该关键设备的设备完好率评定。

(4)机电设施技术状况评定方法应符合下列规定

①机电设施技术状况评分应按式(9-4)计算。

$$\mathrm{JDCI}=100\times\left(\frac{\sum_{i=1}^{n}E_i\omega_i}{\sum_{i=1}^{n}\omega_i^2}\right) \tag{9-4}$$

式中：E_i——设备完好率；

ω_i——各分项权重；

$\sum\omega_i$——各分项权重和；

JDCI——机电设施技术状况评分。

②机电设施各分项权重按表 9-7 取值。

机电设施各分项权重表　　表 9-7

分　项	分项权重 ω_i	分　项	分项权重 ω_i
供配电设施	23	消防设施	21
照明设施	18	监控与通信设施	19
通风设施	19		

③机电设施技术状况评定分类界限按表 9-8 执行。

机电设施技术状况评定分类界限表　　表 9-8

技术状况评分	隧道机电设施技术状况评定分类			
	1 类	2 类	3 类	4 类
JDCI	≥97	≥92,<97	≥84,<92	<84

(5)养护措施

对评定划分的各类机电设施,宜分别采取不同的养护措施。

①1 类机电设施应进行正常养护。

②2 类机电设施或评定状况值为 1 的分项,应进行正常养护,并对损坏设备及时修复。

③3 类机电设施或评定状况值为 2 的分项,宜实施专项工程,并应加强日常巡查。

④4 类机电设施或评定状况值为 3 的分项,应实施专项工程,并应加强日常巡查,并采取交通管制措施。

⑤各类机电设施的关键设备出现故障时,均应进行及时修复。

四、其他工程设施评定

(1)根据各分项设施完好程度、损坏发展趋势、设施使用正常程度等检查结果,确定各分项设施状况值。技术状况评定标准按《公路隧道养护技术规范》(JTG H12—2015)执行。

(2)根据各分项设施状况值,按照表 9-9 的分项权重和下式计算技术状况分值,确定其他工程设施技术状况。多处同类分项设施应逐处评定,以分项状况值 $QTCI_i$ 最高的一处纳入技术状况评分计算公式。

其他工程设施各分项权重 表 9-9

分项设施	权重 ω_i	分项设施	权重 ω_i
电缆沟	10	消音设施	3
设备洞室	10	减光设施	10
洞外联络通道	9	污水处理设施	4
洞口限高门架	14	洞口雕塑、隧道铭牌	2
洞口绿化	3	房屋设施	35

注:表列其他工程设施出现增项时,可根据设施的重要性,参照表列分项设施权重和分项技术状况评定标准,确定增项设施的权重和状况值,纳入公式进行计算。

$$QTCI = 100 \times \left[1 - \frac{1}{2}\sum_{i=1}^{n}\left(QTCI_i \times \frac{\omega_i}{\sum_{i=1}^{n}\omega_i}\right)\right] \tag{9-5}$$

式中:QTCI——其他工程师设施技术状况得分;

$QTCI_i$——各分项设施状况值,值域为 0 ~ 2,详细评定标度见《公路隧道养护技术规范》(JTG H12—2015)附录表 D.0.1 ~ 表 D.0.10;

ω_i——各分项设施权重。

(3)其他工程设施技术状况可分 3 类评定,分类判断标准及界限值宜按表 9-10 规定执行。

其他工程设施分类判定标准及界限值 表 9-10

设施技术状况分类	技术状态	$QTCI_i$ 界限值
1 类	设施完好无异常,或有异常、破损情况但较轻微,能正常使用	≥70
2 类	设施存在破损,部分功能受损,维护后能使用,应准备采取对策措施	40 ~ 70
3 类	设施存在严重破损,使用功能大部分或完全丧失,必须停用并采取紧急对策措施	<40

(4)对评定划分的各类设施,应分别采取不同的养护对策:

①设施技术状态为1类及状况值评定为0的分项设施,正常使用,正常养护。

②设施技术状态为2类及状况值评定为1的分项设施,观察使用,保养维修。

③设施技术状态为3类及状况值评定为2的分项设施,停止使用,尽快进行维修加固。

五、技术状况评定

公路隧道技术状况评定应包括隧道土建结构、机电设施、其他工程设施技术状况评定和总体技术状况评定,先对隧道各检测项目进行评定,然后对隧道土建结构、机电设施和其他工程设施分别进行评定。隧道总体技术状况评定等级应采用土建结构和机电设施两者中最差的技术状况类别作为总体技术状况的类别。

第七节　养护工程

江门大道管理与养护隧道的养护工作划分为两类:一是日常养护,主要包括日常保洁和保养维修,其中日常保洁主要是对隧道各部位定期清洁,保养维修是对结构进行经常性或预防性的保养和轻微破损部分的维修等内容,恢复和保持结构的正常使用状况。二是维修,主要包含中、大修以及一些新增加的项目。

一、日常养护

1.日常保洁

江门大道管理与养护隧道清洁频率不低于表9-11中的要求。

江门大道隧道清洁频率　　表9-11

清洁项目	养护等级	频率	清洁项目	养护等级	频率
路面	二级	2次/周	供配电设施	二级	1次/季度
内装饰、检修道、横通道、标志、标线、轮廓标	二级	1次/月	照明设施	二级	1次/半年
排水设施	二级	1次/半年	通风设施	二级	1次/4年
顶板	二级	1次/年	消防设施	二级	1次/年
斜井	二级	1次/半年	监控与通信设施	二级	1次/年
侧墙、洞门	二级	1次/季度			

(1)隧道内路面清洁应满足下列要求:

①应保持干净、整洁,两侧边沟不应有残留垃圾等物品。

②一级路宜以机械清扫为主,清扫时应防止产生扬尘。

③路面被油类物质或其他化学品污染时,应采取措施清除。

(2)隧道的顶板、内装饰、侧墙和洞门清洁应满足下列要求:

①应保持干净、整洁,无污垢、污染、油污和痕迹。

②顶板、内装饰和侧墙的清洁宜以机械作业为主,以人工作业为辅。

③清洗用的清洁剂,可根据实际效果选择确定,宜选用中性清洁剂。清洁剂应冲洗

干净。

④采用干法清洁时，应避免损伤顶板、内装饰和侧墙，以及隧道内机电设施。清洁时应采取必要的降尘措施。对不能去除的污垢，可用清洁剂进行局部特别处理。

⑤隧道内没有顶板和内装饰时，应根据需要对洞壁混凝土进行清洁。

⑥洞门的清洁应按照侧墙要求执行。

(3)隧道排水设施应按下列规定进行清理和疏通：

①应保持无淤积、排水通畅。

②在汛前、汛中和汛后以及极端降水天气后，应对排水设施进行检查和清理疏通。

③对于纵坡较小的隧道或隧道的洞口区段，应增加清理和疏通的频率；对于窨井和沉沙池，应将其底部沉积物清除干净。

(4)隧道的标志、标线和轮廓标清洁应满足下列要求：

①应保持完整、清晰、醒目。

②当标志、标线和轮廓标表面有污秽，影响其辨认性能时，应及时进行清晰。清洗标志、标线和轮廓标时，应避免损伤其表面覆膜或涂层等。

(5)隧道横通道应定期清除杂物和积水。

(6)斜井、检修道及风道等辅助通道应定期清除可能损伤通风设施或影响通风效果的异物。

(7)机电设施清洁维护应保持设备外观干净、整洁、无污垢，采用湿法清洁时，应注意保护人员安全和机电设施内部电气化元件的安全，防止污染水渗入设施内，腐蚀设备。采用干法清洁时，应采取必要的降尘措施。对于清洁不能去除的污垢，经判别可以湿法清洁时可用清洁剂进行局部特别处理。

①供配电设施清洁应包括配变电所内电力设备、箱式变电站、外场配电箱、插座箱、控制箱。

②照明设施清洁应包括隧道灯具、洞外路灯。

③通风设施清洁应包括轴流、射流风机。

④消防设施清洁应包括消火栓及水泵接合器、灭火器、火灾报警设施、水喷雾控制阀及喷头、气体灭火设施、光电标志等。

⑤监控与通信设施清洁应包括各类检测仪器、闭路电视、有线广播、紧急电话、横通道门、交通控制和诱导设施、控制器(箱)、光端机、交换机等。

⑥定期对泵站发电机、配电箱柜设备除尘、保洁。对水泵底阀的缠绕物进行清除、漂浮物进行不定期打捞。

(8)其他工程设施清洁维护如下：

①其他工程设施的清洁维护频率不应低于表9-12的规定值。

其他工程设施清洁维护频率 表9-12

分项设施	清洁维护频率
电缆沟、设备洞室	1次/季度
洞外联络通道	1次/月

续上表

分 项 设 施	清洁维护频率
洞口限高门架	1 次/1 年
洞口绿化	1 次/1 年
消音设施	1 次/季度
减光设施	1 次/1 年
污水处理设施	1 次/1 年
洞口雕塑、隧道铭牌	1 次/3 年
房屋设施	楼地面、墙台面 1 次/周，吊顶、门窗 1 次/月，地基基础、屋面 1 次/年。风机房、变电所、监控房按机电设施的相关规定确定清洁维护频率

②应定期清除电缆沟、设备洞室内的杂物积尘，清理排水设施，保持电缆沟内整洁、设备洞室内无积水。

③应定期清扫洞外联络通道内路面、清除隔离设施脏污、清理排水设施，确保紧急情况下车辆、人员正常通行。

④应定期清除洞口限高门架脏污，保持限高标志清晰醒目，清除、修复门架撞击痕迹，矫正门架变形，保证满足限高要求。

⑤洞口绿化与植被应与周围环境协调，清洁维护工作应满足下列要求：

a. 应定期修剪隧道进出口两侧 30 ~ 50m 范围内的乔木，避免侵入行车限界或影响行车视距。

b. 适时修剪抚育树木，保持树木透光适度、通风良好，减少病虫害的发生。

c. 适时修剪草皮，保持美观。

⑥洞口雕塑、隧道铭牌宜定期清洗，保持整洁、美观。

⑦应定期清洗消声设施污秽，修复或更换损坏部位、部件。

⑧应定期扫除遮光棚顶垃圾、清除脏污，保持减光设施正常减光效果及外观的干净、整洁。

⑨应定期清除污水处理池和净化池沉积的泥沙、杂物，污水处理池和净化池容积不应受挤占。

⑩应定期进行附属房屋设施清洁维护，保持房屋及周围环境的整洁、美观，周围场地应排水畅通，并应符合下列规定：

a. 应清楚地基基础周围堆物、杂草，疏通排水系统，保证勒脚完好无损，防止地基浸水等。

b. 应清除楼地面脏污、积尘，保持楼地面清洁。风机房、变电所、监控房等主要生产房屋地面应无积尘和油污；应疏通用水房间排水管道，楼地面应有效防水，避免室内受潮。

c. 应清除墙台面及吊顶脏污、积尘，清洁墙台面及吊顶。

d. 应清除门窗脏污、积尘，修复或更换破损部位（件），门窗应处于正常使用状态。

e. 应清除屋面积尘，屋面应不渗漏。

2. 保养维修

土建结构的保养维修主要包括对结构进行经常性或预防性的保养和轻微破损部分的维修等内容，以恢复和保持结构的正常使用状况。当经常检查和定期检查发现的一般性异常和技术状况值为 2 以下，应进行保养维修，其内容如下：

(1) 及时清除洞口边仰坡上的危石、浮土，保持洞口边沟和边仰坡上截(排)水沟的完好、畅通，修复存在轻微破损的洞口挡土墙、洞门墙、护坡、排水设施和减光设施等结构物的开裂、变形，维护洞口花草树木。

(2) 当明洞上边坡出现危石或有崩塌可能时，应及时清除，也可采取保护性开挖等措施。明洞顶的填土厚度和地表线，应保持原设计状态。当遇边坡塌方形成局部堆积，或遇暴雨、洪水原填土大量流失时，应及时采取措施调整到原有状态，避免产生严重偏压导致明洞结构变形、损坏。明洞的防水层失效或损坏时，应及时修复。

(3) 应及时清除半山洞内的杂物以及洞顶坠落的石块，并保持边沟畅通。应及时修复、填补缺损的护栏、护墙。

(4) 无衬砌隧道出现的碎裂、松动岩石和危石，应按照“少清除，多稳固”的原则进行处理；对围岩的渗漏水，应开设泄水孔接引水管，将水导入边沟排出。

(5) 对有衬砌隧道出现的衬砌起层、剥离，应及时清除；应及时修补衬砌裂缝，并设立观测标记进行跟踪观测；对衬砌的渗漏水应接引水管，将水导入边沟。

(6) 及时清除隧道内外路面上的塌(散)落物和堆积物，及时修复、更换损坏的窨井盖或其他设施盖板；当路面出现渗漏水时，应及时处理，将水引入边沟排出，防止路面积水。

(7) 横通道内严禁存放任何非救援用物品，及时清除散落杂物，修复轻微破损结构，定期保养横通道门，保证横通道清洁、畅通。

(8) 及时清除斜(竖)井内任何可能损伤通风设施或影响通风效果的异物；保持井内排水设施的完好、水沟(管)畅通；对井内的检查通道或设施进行保养，防止其锈蚀或损伤。

(9) 清理送(排)风口的网罩，清除堵塞网眼的杂物；定期保养风道板吊杆，防止其锈蚀或损坏；及时修复风口或风道的破损，更换损坏的风道板。

(10) 保持隧道内外排水设施的完好，发现破损或缺失及时修复；排水管堵塞时，可用高压水或压缩空气疏通，恢复其通畅。及时清理排水边沟、中心排水沟、沉沙池等排水设施中的堆积物，不定期检查排水沟盖板和沟墙，及时修复破损、翘曲的盖板。排水的金属管道应定期做好防腐处理。

(11) 吊顶和内装应保持完好和整洁美观，当有破损、缺失时，应及时修补恢复，不能修复的应及时更换。各种预埋件和桥架应保持完好、坚固、无锈蚀，当有缺损时，应及时更换或加固。

(12) 保持人行道或检修道平整、完好和畅通，人行道或检修道不得积水，当道板有破损、翘曲或缺失时，应及时修复和补充；应定期保养人行道或检修道护栏，护栏应保持完好、清洁、坚固、无锈蚀，立柱正直无摇动现象，横杆连接牢固，当有缺损时，应及时恢复。

(13) 隧道的交通标志应保持外观完整、信息清晰准确，保持位置、高度和角度适当，保证交通信息传递无误，并应符合下列规定：

①应及时修补变形、破损的标牌，修复弯曲、倾斜的支柱，紧固松动的连接构件。

②对锈蚀损坏、老化失效的标志,应及时更换,缺失的应及时补充。

③对损坏的限高及限速设施应及时维修。

(14)隧道的交通标线应保持完整、清洁和醒目,并应符合下列规定:

①对破损严重和脱落的标线应及时补化。

②应及时紧固松动的路标,发现损坏或丢失的,应及时修复或补换。

(15)隧道轮廓标应保持完整、清洁和醒目,当有损坏时,应及时修复或更换。

(16)洞内设有消音设施的隧道,应经常对其设施进行保养维修,发现破损应及时修复或更换。原来未设消音设施的隧道,随着交通量的增加导致噪声增大,影响隧道运营服务水平时,可根据实际情况增设消音设施。

(17)电缆沟、设备洞室应进行保养,对破损的沟壁、洞室壁应维修恢复,设备洞室的渗漏水应查明原因并进行处治,保持电缆沟、设备洞室的完好和正常使用。电缆沟、设备洞室的结构破损及渗漏水的保养维修与土建结构的保养维修或病害整治同时进行。

(18)洞口限高门架与减光设施的结构应进行保养,门架结构破损或变形应进行维修恢复,保证门架满足限高功能要求;减光设施的结构破损,遮光顶棚缺失应进行维修恢复,保持减光效果正常。

(19)对损坏的洞口雕塑、隧道铭牌应进行维修或拆换;污水处理池和净化池的渗漏应查明原因并处治,保持池壁、池水无渗漏。

(20)洞外联络通道路面保养维修应按相关规范要求办理。

(21)附属房屋设施的保养维修应符合下列规定:

①房屋屋面及墙体渗漏应进行保养维修。

a. 屋面渗漏维修工程应根据房屋防水等级、使用要求、渗漏现象及部位,查明渗漏原因,找准漏点,制订相应的维修方案。

b. 选用材料应与原防水层相容,与基层应结合牢靠。

c. 屋面防水层维修完成后应平整,不得积水、渗漏。

d. 墙体渗漏维修前,应对渗漏墙体的墙面、外部粉刷分格缝、门窗框周围、窗台、穿墙管根部、阳台和雨棚与墙体的连接处、变形缝等渗漏部位进行现场查勘,确定渗漏部位,查明渗漏原因,制订相应的维修方案。

e. 墙体维修后不得出现渗漏水现象,应在完工 3 天后进行检验,墙面冲水或雨淋 2h 后无渗流水。

②房屋墙体粉刷后,起壳、剥落、疏松等损坏部位应凿除并清理干净后重新粉刷。

③房屋的木门窗可两年油漆一次,损坏的门窗应进行修理或更换。

④房屋的钢构件应定期进行保养维修,清除锈蚀,并按规定涂刷防锈漆和油漆。

⑤防雷接地装置的损坏、锈蚀应予以保养维修。

a. 修换防雷接地装置前,应对接地体进行接地电阻测试,接地线和接地体焊接开焊、断裂的应修理或更换,完好的应除锈刷防锈漆。

b. 接地体锈蚀严重无法修复时,按设计要求换装新接地体。

c. 修换防雷装置前,应对发生开焊、变形的避雷网、避雷带、引下线等进行修复,若防锈漆脱落,应除锈刷漆。

d. 修换接地装置及固件时均宜采用镀锌制品，各部连接点应牢固可靠。

二、维修加固

维修可包含中、大修以及一些新增加的项目。主要是对隧道结构集中性(一般性)缺陷、局部损坏或普遍性病害进行有针对性的专门处理加固，以基本恢复原状或使用效果，并在一定程度上提高隧道的抗病害能力；对较大缺陷、较大损坏进行周期性的或针对性的综合修理，以全面恢复到原设计标准，在原技术等级范围内进行局部改善和提高，恢复和提高隧道运营能力的过程项目。

1. 衬砌加固

衬砌加固方法一般有喷射混凝土法、嵌入钢拱架法、粘贴纤维复合材料法、粘贴钢板(带)法四种加固措施。不同的加固措施适应于不同的情况，主要如下所示：

1)喷射混凝土法

对于裂缝较多，但是裂缝深度较浅，裂缝发展缓慢的局部破损，可以采用喷射混凝土的方法进行加固。当裂损严重时喷射混凝土可与钢筋网、锚杆(锚索)结合使用。

2)嵌入钢拱架法

当混凝土衬砌裂缝密集、裂缝的深度和宽度影响混凝土的整体性，有掉块发生或二衬发生较大变形、裂损，且隧道内轮廓与建筑限界富余小时，可采用嵌入钢拱架进行加固。

3)粘贴纤维复合材料法

当衬砌因材料劣化，在比较小的范围内衬砌有掉块的可能，但没有漏水，且净空富余较小的场合，可采用粘贴纤维复合材料的方法进行加固，以防止衬砌掉块、剥落、剥离以及衬砌材料的继续劣化。本方法仅适用于钢筋混凝土衬砌加固。

4)粘贴钢板(带)法

当衬砌因材料劣化，在比较小的范围内衬砌有掉块的可能，但没有漏水，且净空富余较小的场合，可采用粘贴钢板的方法进行加固，以防止衬砌掉块、剥落、剥离以及衬砌材料的继续劣化。而当衬砌厚度略有不足、衬砌混凝土裂缝较为密集时，可采用 W 钢带结合锚杆的方法进行加固。

2. 套拱加固

隧道结构承载力不足或衬砌渗漏水严重时，可采用套拱加固。在实际应用中常用的套拱形式有：

(1)混凝土套拱，包括现浇素混凝土、喷射混凝土、钢筋网喷射混凝土和纤维喷射混凝土。

(2)钢拱架套拱，包括格栅拱架、工字钢拱架、H 型钢拱架和 U 型钢拱架等。

(3)现浇钢筋混凝土套拱。

3. 注浆加固

注浆加固适用于因衬砌背后空洞、围岩松弛、偏压、滑坡等引起的衬砌开裂、变形、衬砌渗漏水等隧道病害或预防隧道病害的加固。注浆加固措施主要有围岩注浆、衬砌背后空洞注浆、灌浆锚固。隧道注浆加固宜结合其他补强方式联合使用，衬砌使用功能失效时，宜采用围岩注浆加固，再配合其他支护措施进行拆除、更换重建。

4. 换拱加固

换拱加固适用于开裂、接缝、错动、剥落等衬砌材料劣化程度显著，而且深及内部，用表面加固、套拱加固、注浆加固等不充分或达不到安全要求时。在进行换拱加固方案时先确定隧道衬砌受损原因，可从以下三方面来考虑：

(1)从隧道围岩变形机制和地质情况来分析，如围岩压力、地下水等。

(2)从既有隧道设计、施工工艺过程中材料因素及人为因素等方面着手分析。

(3)从既有隧道运营期间发生的有关事件来分析。

换拱加固前根据地质情况对隧道围岩加固，可采用径向锚杆(导管)、管棚、超前导管注浆、地表注浆加固、锚索等。结合隧道的技术条件和运营现状，综合分析现有设备利用条件、换拱难易程度、施工对运营的干扰等因素，合理拟定换拱后隧道的标准。加固施工对相邻正常运营公路、铁路等有影响时，做好施工期间交通组织设计，维持运营不受中断；选择施工方案时以保证运营和施工安全为前提，尽量减少对运营的干扰，同时考虑隧道机电工程及其附属设施。行车横通道，Ⅳ、Ⅴ级围岩行人横通道道，通风联络通道等与主洞交叉段等断面较小的洞室，若原设计洞室破坏严重，由于其规模较小，可进行回填重新调整位置再施作。拆除劣化部分衬砌时，爆破拆除应参考隧道设计、施工记录和现场情况全部实行光面爆破，最大限度地减少爆破对结构和围岩的破坏和扰动，减少超欠挖。围岩稳定性较差地段，应采用风镐、液压镐、切割进行边墙部位的开挖。换拱加固前必须掌握原隧道衬砌下沉量，掌握了原隧道衬砌下沉和边墙内移动态，从而正确判断原隧道衬砌的稳定情况，并加强监控量测，应及时进行初期支护。

5. 裂缝处治

混凝土裂缝根据成因，可分为非结构性裂缝和结构性裂缝。对裂缝进行处理前，应分析其成因、判定其活动状态。结构性裂缝应采取加固补强措施后，方可采取修补措施；活动裂缝应在分析并控制开展使其稳定后，方可进行修补处理。

另外，裂缝处存在渗漏水时先将渗漏水处治完成，之后再进行裂缝修补；裂缝区出现钢筋锈蚀时，先对钢筋进行除锈，再进行裂缝处理。

常用的裂缝修补方法主要有三种：表面处理法、凿槽充填法和压力注浆法。其中：

(1)表面处理法，适用于修补静止裂缝，且裂缝宽度较细(宽度小于0.2mm)、较浅。

(2)凿槽充填法，适用于修补中等宽度的裂缝，裂缝宽度大于0.2mm。

(3)压力注浆法，适用于较深、较宽的裂缝处理，可分为水泥注浆法和化学注浆法。压力注浆根据裂缝形式可以采用骑缝注浆或斜缝注浆两种注浆孔布置方式。

6. 抗腐蚀处治

衬砌结构的腐蚀性破坏往往伴随着渗漏水、结构变形等，应及时进行治理。进行隧道衬砌腐蚀破坏处理前，要调研隧道衬砌腐蚀破坏的原因，隧道衬砌腐蚀性破坏主要有物理性腐蚀和化学性腐蚀两种。应对此进行分类并制定针对性措施，对于衬砌结构腐蚀主要有以下处治措施：

(1)提高衬砌的密实度和整体性。

(2)加强衬砌外排水措施。阻止氯化物等进一步侵入，减慢锈蚀速度。具体设计可采取排水工法(降低水位施工)、防水工法(喷射法、涂层法、防水板、防水薄膜)、堵漏工法等。

(3)外掺加料法。

(4)选用耐侵蚀水泥。

(5)向衬砌背后压注防蚀浆液。

(6)采取相关措施对混凝土裂缝进行修补,阻止腐蚀物进入混凝土。

(7)使用防腐蚀混凝土。

7. 隧底加固

当隧道基底出现裂缝、路面渗水、翻浆冒泥、底鼓和不均匀沉降等情况时,应采取隧底加固,在进行隧底加固前应先掌握隧底工程地质及水文地质条件、隧道结构形式、结构现状等情况。主要内容有:对土砂流失产生空洞引起的隧底承载力不足,应掌握地下空间的规模、深度、分布;对岩石风化或承载力不均匀引起的隧底承载力不足,应探明隧底围岩情况;对于地下空洞造成的隧道沉降,应采用砂浆充填法等;因围岩风化造成的隧道沉降,为增加边墙底脚处承载力,应设置仰拱和底撑,或打入基础桩、低层压注、增大边墙扩大支撑面等。

在选择隧底加固方案时,根据加固的目的,结合隧底地质和隧道结构的现状,并考虑隧底地质和隧道结构的共同作用,采用加固地基、基础换填、增设仰拱和加固基础与结构加强相结合的方案;选定的各种加固方案,应分别从预期效果、施工难易程度、材料来源和运输条件、施工安全性、施工机具条件、施工工期和造价等方面进行技术经济分析和比较,选定最佳的加固方法。常用的加固方法如下:

(1)隧道路面渗水、翻浆冒泥时,可采用加深洞内排水沟,铺设横向盲沟、盲管,将水引入排水沟中。采用基底换填或注浆方法进行回填加固,采用强度高、耐久性好的浆液效果更好。

(2)采用梅花形布孔,深度应深入初支底部,采用跳孔间隔注浆,以压力控制为主,并在实施过程中应严密监测基底结构位移变化情况。

8. 洞口工程加固

公路隧道洞口工程加固一般包括洞门结构加固、洞口边仰坡加固以及洞口安全影响区加固三部分。洞口工程加固应根据安全、经济、和谐、美观的原则确定相应的加固方案。对正在运营的隧道的洞口工程进行加固时,应以不危害行车、行人和相邻建筑物的安全为原则,必要时应进行临时的交通管制或断道封闭施工,也可增设临时的挡防设施,确保安全。洞口工程加固后,不应在洞口形成新的病害和不安全因素;加固后的洞口景观不得对行车造成不安全的视觉效果。

9. 渗漏水处治

隧道工程渗漏水治理前应掌握工程原防水、排水系统的设计、施工、验收资料。隧道工程渗漏水治理应遵循“堵排结合、因地制宜、综合治理”的原则。治理施工时应按先(顶)拱后墙而后底板的顺序进行,应尽量少破坏原有完好的防水层。

隧道治水的具体措施就是以排为主,排、堵、截相结合。综合治理,使之既能自成体系,又能互相配合,形成一个完整的隧道防水体系。

1)隧道排水

(1)在衬砌外面设置排水设施。在衬砌外面设置排水设施,施工难度较大,常用的做法有以下几种。

①岩石暗槽。适用于围岩坚实稳定、水流清澈、不含泥沙的地段,一般沿主要含水裂隙

的走向开凿。

②盲沟。按设置方向与隧道轴线的关系分为竖向盲沟、纵向盲沟和环向盲沟。主要适用于：

a. 浅埋隧道地表潮湿、有积水，无法以地表排水疏干时。

b. 衬砌背后有集中的地下水出露。

c. 有水地段但无明显的集中出水位置，应间隔 2 ~ 5m 设置竖向盲沟，并与纵向盲沟相连。

d. 在衬砌的伸缩缝、沉降缝、断面变化处设置竖向盲沟。

③围岩排水钻孔。在衬砌背后的岩体内布置一排或多排钻孔，使之形成一个或多个集渗幕，用以疏干围岩。不必拆除旧衬砌，可利用辅助坑道或将避车洞延伸而将集渗幕设在岩体内，一般用于Ⅲ类以上围岩较好。

④纵向排水沟。一般设在隧道两侧或地下水来源侧，也可设在隧道中心。

⑤横向排水沟。当隧道纵向排水沟只设在一侧或位于中心时，需用横向排水沟做导引排水，即将盲沟汇集的水引入纵向排水沟排出。

(2)在衬砌内面设置排水设施。在衬砌内面设置排水设施，其主要优点是可以不开凿衬砌，工程量小，施工简单；缺点是不易对准地下水露头位置，疏干围岩范围小。在衬砌内面设置排水设施主要形式有：

①引水管。主要用于衬砌湿痕或背后积水较高位置的引水，一般采用铁管、胶管、硬塑管和竹管，将其固定在拱墙内表面。

②泄水孔。主要作用是排出衬砌背后积水，将水引入洞内排水沟。泄水孔位一般不高于水沟盖板或人行道，否则应做引水管或引水暗槽。

③引水暗槽。衬砌凿出小槽，表面用砂浆封闭，将多个泄水孔的水引入一个槽中排入水沟内。暗槽以竖槽为主，不得采用纵向水平的暗槽。

(3)衬砌自防水。

衬砌自防水是以衬砌结构本身的混凝土密实性实现防水功能的一种防水方法，造价低，工序简单，施工方便。

混凝土是一种微孔结构材料，其中的部分开放式毛细孔、各种缝隙及混凝土自身收缩形成的开裂是造成渗漏水的主要原因。防水混凝土是通过加入少量外加剂或高分子聚合物材料并通过调整水泥、砂、石及水的配合比，抑制混凝土孔隙率，改善孔结构，增加原材料界面的密实性，达到防水的目的。防水混凝土除用于防水外，更主要的是防渗。

(4)外贴防水层。

对运营隧道更换衬砌和在其他一些适合的条件下，施作外贴防水层，并结合洞内排水设施，使之相辅相成、结合良好，是能够防治水害的。外贴防水层主要做法如下：

①贴涂法。直接在衬砌外围粘、喷涂防水层，以保护衬砌，使衬砌圬工不充水、不漏水。

②防水涂料。防水涂料主要有改性沥青类和合成高分子类。

(5)内贴防水层。

内贴防水层不用凿开衬砌，比外贴防水层施工简便、成本低，可随时检修，因此在运营隧道养护维修中，是整治水害最常用的方法之一。

①喷浆防水层。在一定压力作用下用机械把水泥砂浆直接喷射到衬砌内表面成型，既可作为结构层缺陷修补，又可以防水，特别是在外贴防水卷材或使用防水混凝土等措施效果不太理想时，作为一种补救措施，应用比较多。防水层总厚度为12～40mm，最大不宜超过50mm，砂浆配合比一般为1:1～1:3（重量比），水灰比为0.5～0.6，并适当掺入防水剂和速凝剂，以提高抗渗性和固结强度。

②喷射混凝土防水层。由于喷射混凝土的水泥用量大，水灰比小，并采用较小尺寸的粗集料，这样有利于在粗集料周边形成足够数量和良好质量的砂浆包裹层；使粗集料彼此隔离，有助于阻隔沿粗集料互相连通的渗水孔网，还可以减小混凝土中多余水分蒸发后形成的毛细孔渗水通路，因而有较好的抗渗性，其抗渗指标一般在0.7MPa以上。

③砂浆抹面防水层。目前主要是采用特种水泥（双快、早强水泥），将渗、漏水处的基层凿毛清洗干净，处理好堵漏点与引导出水点，然后进行水泥浆抹面，其厚度为2～3mm，水灰比为0.38～0.4，初凝时间控制在10～20min。接近初凝时，在其面上撒些中细砂，达到了一定强度后抹砂浆层，其配合比为1:1.5～1:2，水灰比为0.4～0.45，厚度为6～10mm。接近硬化时用拍刷拉出细条，终凝后在其面上刷上一层水泥砂浆，厚度为0.5～1.0mm，然后再抹上5～6mm厚砂浆层，其配合比1:1.5～1:2，水灰比为0.4～0.45。在初凝前必须在其面上多次抹磨，挤出砂浆中的泥浆，反复2～3次，使其表面光滑。硬化后加强养护，一般不小于3天。

④喷涂乳化沥青乳胶防水层。采用该材料施工时，应用专用工具及压力设备进行喷射，其施工顺序：由上而下，先喷涂拱顶，后喷涂墙脚，喷涂进行方向应逆风而行。喷嘴与喷射面的距离，一般在50～120cm，喷射压力为0.2～0.3MPa。

（6）压注法。

压注法就是用压力把某些能固化的浆液注入隧道围岩及衬砌混凝土的裂缝或孔隙，以改善其物理力学性质，达到防渗、堵漏和加固的目的。目前隧道采用的注浆材料较多，主要有水泥砂浆材、水玻璃类和化学浆材。

2）衬砌漏水的封堵

对某些隧道衬砌的渗漏水，除采取排水措施外，还可以用堵漏材料进行封堵。所谓堵漏材料就是一种能在几十秒或数分钟即开始初凝的材料。堵漏材料品种繁多，常用的有：

（1）硅酸钠防水剂，是以水玻璃为主料，与明矾和水共同配制而成的一种快速堵漏材料。

（2）无机高效防水粉，是一种硬性无机胶凝材料，主要有堵漏王、堵漏灵等，其终凝时间为2.5～6h，其特点是无毒、无味、无污染、耐高温、抗低寒，可在潮湿结构层上施工，并有较好的粘贴性。

（3）水泥类堵漏材料，主要有双快水泥、石膏—水泥材料和水泥—防水浆等堵。

3）截水措施

截水就是截断流向隧道的水源，或尽可能使其流量减小，从而使隧道围岩的水得不到及时补充，达到疏干围岩、根治水害的目的。

（1）地表截水。

地表截水就是在地表截流流向隧道围岩的水，主要有：

①对洞顶的积水洼地，宜开沟疏导引流。

②对洞顶以上的水工隧道、水库、稻田、输水渠等，造成隧道漏水的，要做加强防渗处理。

③对施工及地质勘测留下的钻孔、坑道、洞穴，要做好排水处理或封填。

④对断层破坏带、陷穴、漏斗等，如有较大的径流进入，宜作截水沟或回填，若无明径流，但影响隧道漏水的，应采取封闭措施（换填、注浆等）。

（2）地下截水。

当隧道衬砌周围地下水有明显集中的来水通路，导致地下水流量很大，可采取地下水截水设施截断水源。

①泄水洞，一般设在来水侧且最高水位低于正洞水沟底，纵坡不小于3‰，设置泄水洞的围岩渗透系数不小于10m/天。

②钻孔截水，对有平导的长大隧道，利用平导和横洞，根据围岩的地下水分布和地质条件，打截水钻孔，其位置伸入到正洞墙脚之上的围岩中，以减少向正洞衬砌周围汇集的水量，钻孔的集水利用平导排出。

③拦截暗河，对靠近隧道的暗河或充水的溶洞，可经过堵塞改变其流向。

④防渗帷幕截水，当隧道与岩层平行或斜交，通过流砂河易浸析失稳地层，或围岩裂隙发达，且透水性强时，可在隧道周围岩体内钻孔压浆形成防渗帷幕，使衬砌与地下水隔离。当为浅埋时，可在地表做防渗帷幕。

10. 特殊地层隧道加固

特殊地层主要包括膨胀岩、岩溶、有害气体、黄土等地层。当特殊地层的公路隧道出现病害或破坏特征时，应先查明病害成因和程度。经检测鉴定需要加固时，应根据鉴定结论和委托方提出的要求，由具备设计和施工资质的单位按相关规范进行加固设计和施工。加固设计和施工的内容和范围，可以是指定的区段或特定的部位。

11. 表观病害处治

1）剥落、露筋

（1）施工原因。

为了避免造成钢筋锈蚀膨胀与混凝土剥落的恶性循环，建议将剥落、露筋的地方与空气隔绝，建议采用环氧砂浆或者环氧树脂修补表面。补修时先去掉表层污垢，用铅锤凿开至30mm深度，然后将环氧砂浆涂至凿开处。

（2）车载作用。

一般可采用新鲜混凝土进行修补，用于修补的混凝土，要级配良好，并且特别注意保证具有良好的和易性，以减少捣实工作的困难。混凝土的修补可以采用直接浇筑、喷射和压浆几种方法。

（3）外力冲撞。

建议设置超高限制牌和超高限制架。同时采用新鲜混凝土进行修补，用于修补的混凝土，要级配良好，并且特别注意保证具有良好的和易性，以减少捣实工作的困难。混凝土的修补可以采用直接浇筑、喷射和压浆几种方法。

2）蜂窝麻面

（1）蜂窝。

一般可采用新鲜混凝土进行修补，用于修补的混凝土，要级配良好，并且特别注意保证具有良好的和易性，以减少捣实工作的困难。

(2)麻面。

一般可采用新鲜混凝土进行修补,用于修补的混凝土,要级配良好,并且特别注意保证具有良好的和易性,以减少捣实工作的困难。

3)混凝土腐蚀(氯化物的渗入、碱硅反应、硫酸盐、酸侵蚀)

(1)施工原因的腐蚀。

由于还未造成大面积的剥落,为了避免造成钢筋锈蚀膨胀与混凝土剥落的恶性循环,建议将腐蚀和剥落的地方与空气隔绝即可,建议采用环氧砂浆或者环氧树脂修补表面即可。补修时先去掉表层污垢,用铅锤凿开至30mm深度,然后将环氧砂浆涂至凿开处即可。

(2)排水不畅。

可先对桥面防水进行处理后,再用对受腐蚀构件进行人工涂抹环氧砂浆。

4)网状裂缝

可采用表面修补法,人工涂抹水泥砂浆。

5)自基础向上发展至侧墙的裂缝

轻微的裂缝用表面修补法进行防护;严重的需要进行地基处理,对裂缝进行灌浆、镶缝封堵进行处理。

6)顶板裂缝

(1)裂缝缝宽较细采用表面修补法。

它主要适用于稳定和对结构承载能力没有影响的表面裂缝以及深进裂缝的处理。通常的处理措施是在裂缝的表面涂抹水泥浆、环氧胶泥或在混凝土表面涂刷油漆、沥青等防腐材料,在防护的同时为了防止混凝土受各种作用的影响继续开裂,通常可以采用在裂缝的表面粘贴玻璃纤维布等措施。

(2)灌浆、嵌缝封堵法。

裂缝较宽,或有发展趋势等采用灌浆、嵌缝封堵法。灌浆法主要适用于对结构整体性有影响或有防渗要求的混凝土裂缝的修补,它是利用压力设备将胶结材料压入混凝土的裂缝中,胶结材料硬化后与混凝土形成一个整体,从而起到封堵加固的目的。常用的胶结材料有水泥浆、环氧树脂、甲基丙烯酸酯、聚氨酯等化学材料。嵌缝法是裂缝封堵中最常用的一种方法,它通常是沿裂缝凿槽,在槽中嵌填塑性或刚性止水材料,以达到封闭裂缝的目的。常用的塑性材料有聚氯乙烯胶泥、塑料油膏、丁基橡胶等等;常用的刚性止水材料为聚合物水泥砂浆。

(3)混凝土置换法。

对于裂缝非常严重、填缝已经不能解决问题的情况,可以采用混凝土置换法。

混凝土置换法是处理严重损坏混凝土的一种有效方法,此方法是先将损坏的混凝土剔除,然后再置换入新的混凝土或其他材料。常用的置换材料有:普通混凝土或水泥砂浆、聚合物或改性聚合物混凝土或砂浆。

第十章 交通工程及沿线设施检查评定与养护

交通工程及沿线设施包括:交通安全设施、公路机电系统(监控系统、通信系统、供配电系统)及养护房屋等。

交通工程及沿线设施应遵循“保障安全、提供服务、利于管理”的原则,保持完整、齐全和良好的工作状态。

各种设施应加强养护,及时维修和更换损坏部件。设施不全或设施设置不合理的,应根据公路性质、技术等级和使用要求,有计划、有步骤地补充和完善。

第一节 经常性检查

一、经常性检查目的

经常性检查是对沿线设施的外观状况进行一般性检查,及时发现缺损、其他异常情况,以便于及时维修和更换。

二、经常性检查频率

经常性检查的频率不少于1次/月。

三、经常性检查内容

(1)波形梁钢护栏、立柱、隔离栅(刺铁丝):焊接钢管的焊缝平整,无焊渣、凸起;立柱柱帽安装牢固,其顶部无明显塌边、变形、开裂现象。

(2)防阻块:防阻块无磨损、裂纹、变形等损坏;安装牢固、无松动、脱落现象。

(3)交通标线、轮廓标及道钉:有无明显的划伤、裂纹、损边、掉角等缺陷;是否安装牢固,线形顺畅。

(4)防眩设施:防眩板的防眩高度、板宽、板间距,遮光角设置是否正确,防眩板设施的外观是否完好,无破损。

(5)其余实测项目均按《公路工程质量检验评定标准 第一册 土建工程》(JTG F80/1)进行质量控制。

四、经常性检查方法

经常性检查主要采取步行目测的方法进行,检查人员按检查内容分组对交通安全设施进行检查,检查过程中认真做好记录和有关缺损情况的描述,并进行拍照,每天检查结束后及时填写《沿线设施检查记录表》(见附表 E-1)。

第二节 定期检查

一、定期检查目的

定期检查是按规定周期对沿线设施进行全面检查。通过定期检查全面掌握沿线设施基本技术状况和功能状况,进行沿线设施的技术状况评定,为制订养护计划提供依据。

二、定期检查频率

定期检查的频率不少于 1 次/年。

三、定期检查内容

(1)交通标志。

①立柱各部状况,歪、斜、锈蚀等。

②连接件松动、脱落、丢失、锈蚀等。

③基础稳固情况,因填土流失等。

(2)路面标线:外观检查、剥落程度检查、裂纹及磨损量等检查。

(3)护栏。

①护栏的损坏或变形状态。

②立柱与水平构件的紧固状态。

③污秽程度及防腐层脱落、锈蚀程度。

(4)隔离栅。

①隔离栅损坏、变形情况,各部件是否连接牢固。

②隔离栅污秽程度。

③隔离栅防腐层脱落、锈蚀程度。

(5)防眩设施是否存在歪斜、缺失、损坏、变形状况检查。

(6)照明设施外观检查。

①灯柱、机箱及灯具安装位置和方位正确、牢固、端正。

②各部件表面光泽一致、无划伤、无刻痕、无剥落、无锈蚀。

③基础混凝土表面应刮平,无损边、无掉角;机箱、立柱、法兰及地脚螺栓规格符合设计要求,防腐措施得当,裸露金属基体无锈蚀。

④高杆灯防雷接地焊接牢固,焊缝饱满并做防腐处理;防雷引下线及接地体用材料规格、防腐与连接措施、安装位置符合设计要求;金属机箱与安全保护地连接可靠,接地极引出线裸露金属基体无锈蚀。

⑤机箱的出线管与箱体连接密封良好,箱体内无积水、尘土、霉变。

⑥机箱内电力线、信号线、元器件等布线平直、整齐、固定可靠,标识正确、清楚,插头牢固。

⑦灯杆、灯具装配安装后,线形与道路线形在横向、纵向、高度协调一致,线形美观。

四、定期检查方法

沿线设施技术状况检验调查采用人工现场调查方式进行,按照《公路技术状况评定标准》(JTG H20—2007)相关分类、轻重级别、权重等标准进行调查、计算和评价。

第三节 其他检查

遭遇自然灾害、发生交通事故或出现其他异常情况时,应及时进行附加的特殊检查;设施更新改造之后,应进行全面的专项检查。

第四节 评 定

沿线设施技术状况评定应根据定期检查结构,按《公路技术状况评定标准》(JTG H20—2007)规定填写调查表并进行技术状况评定。

公路技术状况评定以1000m路段长度为基本评定单元。沿线设施技术状况用沿线设施技术状况指数(TCI)评价,按下式计算:

$$TCI = \sum_{i=1}^{5}\omega_i(100 - GD_{iTCI}) \tag{10-1}$$

式中:GD_{iTCI}——第 i 类设施损坏的总扣分,最高分值为100,按表10-1的规定计算;

ω_i——第 i 类设施损坏的权重,按表10-1的规定计算;

i——设施的损坏类型。

沿线设施损坏调查表 表10-1

路线名称:	调查方向:				调查时间: 调查人员:										
调查内容	程度	单位扣分	权重 ω_i	计量单位	起点桩号: 终点桩号: 路段长度: 路面宽度:										累计损坏
					1	2	3	4	5	6	7	8	9	10	
防护设施缺损	轻	10	0.25	处											
	重	30													
隔离栅损坏		20	0.10	处											
标志缺损		20	0.25	处											
标线缺损		0.1	0.20	m											
绿化管护不善		0.1	0.20	m											
评定结果:TCI =					计算方法: $TCI = \sum_{i=1}^{5}\omega_i(100 - GD_{iTCI})$										

第五节 保养维护

应结合设施特点,加强对交通安全设施的养护维修和更新改造。交通安全设施的养护应满足设施完整和外观质量、安装质量、技术性能等各项质量的要求。因交通事故、自然灾害或其他原因造成的设施损伤应及时进行修复。

1. 交通标志

公路交通标志的养护应符合下列要求:

(1)应保持交通标志设置合理、结构安全,板面内容整洁、清晰。

(2)标志板、支柱、连接件、基础等标志部件应完整、无缺损且功能正常。

(3)标志面应无明显歪斜、变形,钢构件无明显剥落、锈蚀。

(4)标志面应平整,无明显褪色、污损、起泡、起皱、裂纹、剥落等病害。

(5)标志的图案、字体、颜色等应符合相关标准要求。

(6)反光交通标志应保持良好的夜间视认性。

2. 路面标线

路面标线的养护应符合下列要求:

(1)具有良好的可视性,边缘整齐、线形流畅,无大面积脱落。

(2)颜色、线形等应符合相关标准要求。

(3)反光标线应保持良好的夜间视认性。

(4)重新画设的标线应与旧标线基本重合。

3. 凸起路标

凸起路标的养护应符合下列要求:

(1)凸起路标应无严重的缺损。

(2)破损的凸起路标应不对车辆、人员等造成伤害。

(3)凸起路标应无明显的褪色。

(4)凸起路标的光度性能应保持其在夜间良好的视认性。

4. 轮廓标

轮廓标的养护应符合下列要求:

(1)轮廓标应进行表面清洗。

(2)轮廓标应无缺损。

(3)轮廓标应无明显的褪色。

(4)轮廓标的光度性能应保持其在夜间良好的视认性。

5. 护栏

护栏的养护应符合下列要求:

1)波形梁钢护栏

(1)保持波形梁钢护栏的结构合理、安全可靠。

(2)护栏板、立柱、柱帽、防阻块(托架)、坚固件等部件应完整、无缺损。

(3)护栏质量符合相关标准要求。

(4)护栏的防腐层应无明显脱落,护栏无锈蚀。

(5)护栏板搭接方向正确,螺栓坚固。

(6)护栏安装线形顺畅,无明显变形、扭转、倾斜。

2)水泥混凝土护栏

(1)保持水泥混凝土护栏线形顺畅、结构合理。

(2)水泥混凝土护栏应无明显裂缝、掉角、破损等缺陷。

(3)水泥混凝土护栏使用的水泥、砂、石、水、外加剂、钢筋等材料质量应符合相关标准、规范及设计要求。

(4)水泥混凝土护栏的几何尺寸、地基强度、埋置深度,以及各块件之间、护栏与基础之间的连接应符合设计要求。

6. 隔离栅

隔离栅的养护应符合下列要求:

(1)应保持隔离栅的完整无缺,功能正常。

(2)隔离栅金属网片、立柱、斜撑、连接件、基础等部件无缺损。

(3)隔离栅质量应符合相关标准要求。

(4)隔离栅应无明显倾斜、变形,各部件稳固连接。

(5)隔离栅防腐涂层应无明显脱落、锈蚀现象。

7. 防眩设施

防眩设施的养护应符合下列要求:

(1)防眩板、防眩网等防眩设施应完整、清洁,具有良好的防眩效果。

(2)防眩设施应安装牢固,无缺损。

(3)防眩设施应无明显变形、褪色或锈蚀。

(4)防眩设施的质量应符合相关标准要求。

8. 其他交通安全设施

(1)应保持里程碑、百米桩、道口标柱、公路界碑、防落网、锥形交通路标、公路防撞桶、减速垫、安全岛、平曲线反光镜、声屏障、示警标柱等交通安全设施的清洁完整和功能正常。

(2)应选择恰当和可行的方法对里程碑、百米桩、道口标柱、公路界碑、防落网、锥形交通路标、公路防撞桶、减速垫、安全岛、平曲线反光镜、声屏障、示警标柱等交通安全设施进行养护。

9. 公路机电设施

(1)公路机电系统包括监控系统、通信系统、供配电系统等,其维护质量标准参照现行《公路工程质量检验评定标准　第二册　机电工程》(JTG F80/2)执行。

(2)定期对监控系统的地图屏、投影显示屏、计算机系统、区域控制器、匝道控制器、车辆检测器、可变信息标志、闭路电视、气象检测仪,交通调查数据采集设备,隧道照明、风机、消防喷淋等设备的控制系统的工作环境、状态和性能进行检查、检测和维护。

(3)应定期对公路专用的供配电系统(包括高压配电装置、电力变压器、低压配电装置、配电线路和照明设备等)进行检查、检测和维护。根据路灯设计标准及配置,使之经常保持完好状态,确保照明设施正常使用,具体规定如下:

①路灯照明设施的维修范围为原设计施工的所有范围,养护单位必须派专业养护人员巡视检查,编制巡视记录台账并定期上报,发现问题及时处置或汇报。

②定期更换寿终的灯泡、镇流器、触发器,更换老化的引上线、破损的瓷灯头、灯具,保证江门大道路段亮灯率在99%以上,发现损坏情况后应在1个工作日内及时修复;重要任务及重大活动时确保全部亮灯。

③校正路灯,保证正确的投光方向。

④接地电阻测试每年不少于一次。

⑤配电箱开关断合标志、指示灯指示正确,连接线规整、无烧坏痕迹,保险管完整,熔丝工作正常,内部无响声。

⑥灯杆、灯架无倾斜,无损坏,门板等无缺失,法兰无松动。

⑦配电箱和变压器箱体无生锈、漏雨进水的情况,并且有无防止小动物窜入的有效措施。

⑧配电箱和变压器门锁能正常使用,没有上锁或者门锁易被打开的必须更换加固,要求配电箱和变压器基座稳固,接地良好。

⑨变压器高压舱室和油位正常,对存在漏油的及时维修,对油位低的进行加油处理。

⑩保证路灯编号清晰可识别。

(4)应定期对公路专用的供配电系统(包括高压配电装置、电力变压器、低压配电装置、配电线路和照明设备等)进行检查、检测和维护。

(5)应认真做好公路机电系统的维护工作记录。

10. *养护房屋*

(1)养护房屋的设置应满足公路养护生产和管理需要。养护房屋内应配备通信设备等各种必要的生产、生活、消防设施。

(2)养护房屋及周围环境应布局合理,整洁美观,设施适用、方便,并保持排水畅通。

(3)养护房屋应定期检查、维护,及时修复损坏部分。

第十一章

绿化检查与养护

绿化是公路的组成部分，它是防止水土流失，稳固路基，保护路面，降低噪声，美化路容，保护环境，营造美观、舒适行车环境，诱导行车，防风、防砂、防水害的重要措施之一。近年来，国家在实施可持续发展战略中，把公路绿化及环境保护提到更加重要的地位，各地也在公路绿化方面进行了大量的投入，公路绿化的养护及环境保护也日益重要。

公路绿化对于提高交通安全性和舒适性，保护自然环境和改善生活环境，美化路容、改善景观，降低噪声干扰和防止环境污染等都具有重要意义。

1. 提高行车安全感

(1)在公路弯道外侧栽植能够诱导视线，使公路线形更加清晰明了。

(2)在路口附近进行标志栽植可以提示位置。

(3)在边坡种植植被，可固土护坡，提高路基稳定性。

(4)路侧栽植，可起到防风沙等作用。

2. 改善公路景观，提高行车舒适性

(1)通过遮蔽种植，可避免驾驶员、乘客看到令人不快的物体，如墓地、垃圾场等。

(2)绿化可使公路和周围景观更加协调。

(3)成块栽植或景观镶边可改变单调的公路景观，避免驾驶员视觉疲劳。

3. 恢复自然，保护环境

(1)绿化可迅速恢复公路建设中被破坏的沿线植被，有利于生态平衡。

(2)路基种植植被，不仅可固土护坡，有利于边坡稳定，而且还可防止水土流失。

(3)植物还可降低噪声污染，净化空气。

第一节 绿化检查

公路绿化应贯彻“因地制宜、因路制宜、适地适树”的方针，科学规划，合理选择绿化植物品种。江门大道绿化苗木共计11种，其中有灌木5种、乔木6种。对于江门大道，绿化成活率达90%为合格，95%(含)以上为优良；保存率达85%为合格，90%(含)以上为优良。

加强公路绿化巡查，根据各类绿化植物病虫害发生、发展和传播蔓延的规律，及时采取相应防治措施，保障绿化植物正常生长，各项检查与路面检查一起进行。

(1)日常巡查主要内容：绿化植物的抚育管理，记录新发现的缺株、死株、病虫害、妨碍视距、影响交通安全、遮挡标志牌等情况。

(2)定期检查主要检查内容：中央分隔带、护坡、边沟外、各互通区绿化苗木、草坪的存活情况、生长情况(施肥、洒水情况)、病虫害情况、修剪情况。

(3)特殊检查主要内容:在大风或大雨后,对中央分隔带及路基边沟内外植物倾斜、损毁情况进行检查。

第二节 养护工程

公路绿化日常管理与养护,包括两方面的内容:一是根据树木生长需要和交通的特殊要求,及时采取浇水、施肥、整形修剪、防治病虫害等技术措施,使绿化苗木保持良好的生长状态;二是对绿化植物进行看管、维护、清除杂物和对其他原因造成的损伤适时进行补缺。

一、乔木的养护

1. 灌溉和排水

树木养护不能单纯依靠天然降雨,还需要借助人工浇水。浇水的频率可按几个不同的生长阶段而定。在树木的成活期,树木定植后,应立即浇水一次,半个月要浇水2~3次,每次都要浇透;在树木的成长期,应每月浇水2~3次,这时期需持续3~5年。旱涝季节,应及时灌溉或排水。保证树木不会因泡水或缺水而枯黄、落叶,保证树立长势良好。

2. 施肥

秋季施基肥1次,生长季施追肥3次(视树木的生长需要而确定所施的肥料)。采用扩穴施肥的方式,每棵树在树冠滴水线近主干1/4处做长30cm、宽20cm、深30cm的施肥穴两个。根据不同长势确定施肥量,施肥要足量、均匀,并结合淋水覆土。不得出现烧根、毁苗等现象,乔木长势良好,无枯黄及营养不良引起落叶现象。施肥后要做好施肥记录。

3. 整形修剪

根据情况计划全年修剪1~2次,剪去过矮、过长、下垂、衰弱、枯枝及影响行车或行人安全的枝条。要求剪口平滑,不留"树钉",树体结构合理,无影响架空线路及交通安全的枝干,树冠大小基本一致。中央分隔带防眩树的修剪根据车灯位置及扩散角度控制树的高度在1.5m左右,侧枝与护栏之间要留有一定的距离,不能影响护栏板上反光标志发挥效能。整形修剪后一定要当天清理现场,垃圾要在指定地方堆放。

4. 防治病虫害

防治绿化植物病虫害应以预防为主,开展生物、化学防治与营林措施相结合进行综合防治、应贯彻"治早、治小、治了"的防治方针。严格苗木检疫制度,消灭虫卵、蛹,烧毁落叶虫婴、虫茧,及时消除衰弱、病害植株。掌握病虫害发生、发展的规律,采取有效的防治方法,控制或消灭病害的蔓延。病虫害防治以喷药为主,喷药次数视情况而定(一般全年不少于2次)。使用农药要合理,不同作用的农药交替使用,喷洒要均匀、周到、细致、足量。要求无毁灭性、爆发性病虫害,无因病虫害引起的枯萎、卷叶或药物不当造成的药害发生。做好用药记录,作业人员须戴防护口罩,药瓶、喷药器具不能随便丢放,余药不能随处乱倒,要集中处理。

5. 补植和护树

计划全年进行12次,及时扶立或清除因交通事故、自然灾害、人为损坏等造成的倒树断枝;对刚种植或树冠较大的乔木,要对其设置支撑架、护栏架等。要求做到无残留损坏物,无影响行车、行人安全的绿化物,刚种植或树冠较大的乔木无风摇歪倒现象。

6. 树干刷白

每年春季或秋季,宜在乔木树干上距地面 1 ~ 1.5m 高度范围内刷涂白剂,用生石灰、食盐、动物油、石硫合剂混合涂刷。要求高度一致,涂刷均匀,沾着持久美观。

二、花、灌木的养护

1. 灌溉和排水

树木养护不能单纯依靠天然降雨,还需要借助人工浇水。浇水的频率可按几个不同的生长阶段而定。即树木的成活期,树木定植后,应立即浇水一次,半个月要浇水 2 ~ 3 次,每次都要浇透;在树木的成长期,应每月浇水 2 ~ 3 次,这时期需持续 3 ~ 5 年。旱涝季节,应及时灌溉或排水。保证树木不会因泡水或缺水而枯黄、落叶,保证树立长势良好。

2. 施肥

花、灌木计划全年施基肥 1 次,施追肥 3 次,采取环状沟断根施肥,不伤主根。淋水覆土做水围,施基肥每平方米用肥量不少于 2.5kg,追肥每平方米用肥量不少于 0.125kg。要保证植株叶片嫩绿,长势良好,无因营养不良引起的枯黄、落叶死亡及肥害等现象。

3. 整形修剪

修剪计划全年进行 4 次,剪去残枝败枝及影响行车行人安全的枝条。保证平面水平,不留“秃顶”,侧面垂直,边围吊脚齐,不留“胡须”,转角弧度圆滑,线条流畅。作业当天一定要清理现场,在指定的地方堆放垃圾。

4. 防治病虫害

防治绿化植物病虫害应以预防为主,开展生物、化学防治与营林措施相结合进行综合防治、应贯彻“治早、治小、治了”的防治方针。严格苗木检疫制度,消灭虫卵、蛹,烧毁落叶虫婴、虫茧,及时消除衰弱、病害植株。喷药数视情况而定(一般全年不少于 2 次),使用农药合理,不同农药交替使用,喷洒要均匀、周到、细致、足量。要求无毁灭性、爆发性病虫害,无因病虫引起的枯萎、卷叶或药物不当造成的药害现象发生。要做好用药记录,作业人员必须戴防护口罩等,药瓶、喷药器具等不能随便丢放。

5. 补植和护树

计划全年进行 12 次,及时扶立或清除因交通事故、自然灾害、人为损坏等造成的倒树断枝;对刚种植或树冠较大的乔木,要对其设置支撑架、护栏架等。要求做到无残留损坏物,无影响行车、行人安全的绿化物,刚种植或树冠较大的乔木无风摇歪倒现象。

6. 树干刷白

每年春季或秋季,宜在乔木树干上距地面 1 ~ 1.5m 高度范围内刷涂白剂,用生石灰、食盐、动物油、石硫合剂混合涂刷。要求高度一致,涂刷均匀,沾着持久美观。

三、其他技术要求

1. 浇水量及浇水方法

浇水量受不同的树种、土质、气候条件、植株所处位置、定值年份、生长状况等因素的影响,而又所不同。每次浇水都要浇足,切忌浇表皮水和半截水,即表土或较浅土浇湿而底土仍然干燥。适量的浇水量以达到土壤田间持水量的 60% ~80% 为标准。田间持水量,为自然条件下土壤孔隙充满水分,在重力水排除后,土壤所能实际保持最大的含水率。

浇水前的土壤湿度可由表11-1确定。

土壤验墒表　　表11-1

土壤性质 土壤湿度	砂性土壤 (砂土、砂壤土、轻壤土)	壤性土壤 (中性土、重壤土)	黏性土壤 (轻黏土、中黏土)
干	无湿的感觉,干土块或单粒,含水率约3%	无潮湿的感觉,土壤较结实能捏得很碎,土壤含水率约为4%	无湿的感觉,土壤坚硬捏时很费劲,手痛,含水率5%~15%
稍干	稍有潮湿感觉,干土多湿土少,土块一碰就散,含水率为8%~10%	微有湿的感觉,捏时易散,含水率为10%~12%	微有湿的感觉,捏碎土块须稍用力,含水率为10%~15%
潮	捏土后手掌留有湿痕,可捏成较坚固的土团,含水率为15%~20%	有塑性,能捏成球,落地不易散含水率为20%~25%	能捏成条或球,土条上有裂纹,含水率为25%~30%

在计算出浇水量后,再结合树木品种、大小、密度和气温等因素进行调整、酌情增减,以便符合实际需要。

1)浇水的方法

在目前现有的条件下,可选择以下几种方式:

(1)人工浇水:方法是对单株分值树木,在树木周围做15~25cm高的堰,大小视树龄而定,一般直径为80cm,每株堰内水必须灌满;在绿篱两边做15~20cm的土埂,浇水应使水面与埂顶相齐。

(2)喷灌:是一种经济有效的浇水方式。工作效率高,灌溉及时、均匀、省水、省工,它不仅能浇湿土壤,而且能使近地层空气湿度增大,改善绿化区小气候条件,有利于树木生长。

(3)滴灌:是以水滴或小水流缓慢供应树木根系的灌水方式,是机械化和自动化相结合的先进浇灌技术。此种方式省水、方便,是目前比较先进的浇水方法。如果条件许可,在江门大道上均可使用此法浇水。

2)浇水应注意的问题

(1)浇水的时间应把握好,不能等旱象已十分严重才去浇水。因为江门大道公路路线长,沿路植物很多,如果采用水车浇水的方式,在很短的时间内难以完成任务,而使旱情加重。因此,要提早动手,要有预防为主的思想。

(2)一次浇水必须浇足,避免浇半截水和洒湿地皮等不负责任的做法。

(3)浇水要沿路线,根据需水程度的多少依次进行,避免漏浇。

(4)浇一次水后,尽可能进行一次松土。这样既可清除杂草,又能保持土壤水分和改善土壤通气状况,以促进植物根系发育。

2. 施肥量与施肥方法

1)施肥量

施肥量依不同树种、土壤肥力、肥料种类等不同而有所差异。施肥量过多过少,均对树木的生长发育有不良影响。树木的吸肥量在一定范围内随施肥量的增加而增加;超过一定的范围,随施肥量增加而吸肥量下降,甚至死亡。因此,施肥不但要适时,而且要适量。

2)施肥方法

施肥效果与施肥方法有着密切的关系,基肥施用要与树木的根系分布特点相适应。把肥料分在根系集中分布稍深、稍远的地方,以利于根系向纵深扩展,形成强大的根系,扩大吸收面积,提高吸收能力。

施用基肥的能力和范围与树种、树龄、土壤状况和肥料种类有关。可根据具体情况实施。

具体的施肥方法有环状施肥,放射沟施肥,条沟施肥,穴肥、撒施、水施等。常用的施肥方法有环状施肥和条沟施肥两种。

(1)环状施肥是在单株树下进行的,即在与树冠外围垂直的地面上挖一环状沟,沟深 10 ~ 15cm、宽 20 ~ 30cm,将肥料均匀地撒施在沟内,施肥后埋平踏实,并浇水。

(2)条沟施肥是在绿篱下进行的,即在绿篱带下沿篱冠边缘开宽 20 ~ 30cm、深 10 ~ 15cm 的沟,将肥料均匀施入并覆土埋平,然后浇水。

3)施肥应注意问题

(1)施肥量要适当,过多会产生毒害,造成树木死亡。

(2)施肥后要尽量浇水,使肥效得以充分发挥和防止产生肥害。

正确施肥,不但可以加速树木的生长,还可以增强树木的抗性,恢复旺盛的长势,不同土壤、不同习性、不同生长和发育阶段的树木,对肥料的种类和数量都有不同的要求,要根据树木长势的需求施以所需要的肥料,保证树木长势茂盛。

四、绿化采伐要求

严格遵守《中华人民共和国森林法》,任何单位和个人不得擅自砍伐、破坏公路绿化。公路绿化符合下列情况之一者,方可履行报批手续经批准后采伐或更新:

(1)公路路树过密且不宜移植,需进行抚育采伐的。

(2)经有关部门鉴定,树木确已进入衰老期或品种严重退化的。

(3)公路改建或加宽需采伐原有公路绿化的。

(4)公路树木发生大规模病虫害,经有关部门鉴定确需采伐或更新的。

(5)生长势弱,效果差,影响路容路貌的。

公路绿化采伐证须按有关规定程序办理。经批准采伐公路绿化,必须按采伐证规定的树种、数量、路线长度,在规定的时间内采伐,不得超量或超期采伐。公路改建需采伐的树木,如有移植价值,应尽可能移植利用。路树经采伐形成的空白路段应在其后的第一个绿化季节及时补植,并加强管护。

严禁无证采伐。但在非常时期,如遇战备、救灾、水毁抢修等特殊情况,为保障公路通行,可先行砍伐,后补办有关手续。

五、建立绿化档案

按有关要求建立公路绿化档案,详细记载绿化的全部过程,收集各方面的资料,并有专人负责此项工作。

第十二章

应急管理及制度

按照“安全第一、预防为主”的方针,坚持事故处置与预防工作相结合,落实预防江门大道突发事件的快速反应机制,做到常备不懈,快速反应,处置得当。

第一节 组织机构与职责任务

组织机构为指挥中心、指挥中心办公室以及各路段应急小组,包括鹤山应急小组、市区应急小组、新会应急小组,图 12-1 为应急组织结构图。

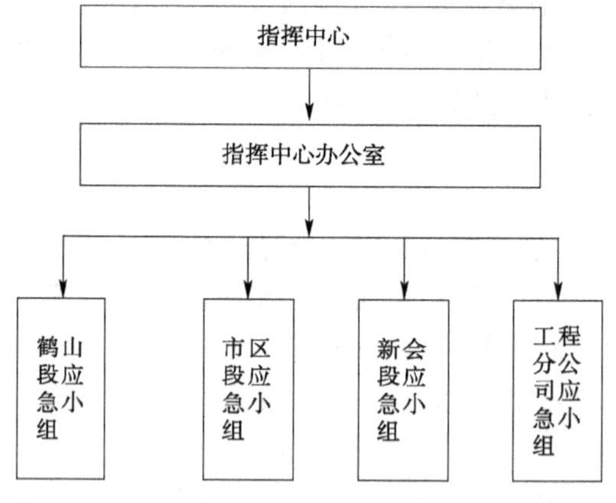

图 12-1 应急组织结构图

一、指挥中心

指挥中心是重大公路突发事件应急领导与指挥机构,由指挥中心主任任组长,副主任任副组长,成员由各养护工程部部长、综合部部长担任。公路重大突发事件的应急处置工作实行统一领导、统一部署、统一指挥、统一协调,在上级单位的指挥下负责特别重大公路突发事件的应急处置工作。

指挥中心职责是:

(1)统一指挥江门大道突发事件应急处置和救援行动。

(2)负责启动预案。

(3)对处置和救援行动作出决策,下达命令和进行监督。

(4)协调有关部门和单位参加救援,紧急指挥调度应急储备物资、交通工作及相关设施设备。

(5)向上级部门报告事故和救援进展情况,必要时请求上级有关部门给予支援。

(6)研究解决江门大道突发事件处置过程中的其他重大事项。

二、指挥中心办公室

成员由养护工程部和综合部员工组成,每天安排值班人员,主要职责:

(1)负责24h值班接警工作。

(2)负责接收、处理应急协作中心预测预警信息,跟踪了解相关的突发事件,及时向指挥中心提出启动预警和应急响应行动建议。

(3)负责收集、汇总突发事件信息及各应急小组开展应急处置工作的相关信息。

(4)根据指挥中心和各应急小组的要求,负责应急信息报送工作。

(5)承办领导交办的其他工作。

三、应急小组

应急小组按照路段划分为四个,分别为鹤山段应急小组、市区段应急小组、新会段应急小组、工程分公司应急小组,由各属地局养护人员和路政人员组成,应急小组职责为:

(1)根据指挥中心和指挥中心办公室的要求,统一向上级报送应急工作文件;承办指挥中心交办的其他工作,并及时向指挥中心报告现场有关情况。

(2)在保障人身安全的条件下进行事件前期处置,直到社会有关部门、单位到达指挥移交指挥权,并全程协助。

(3)负责应急后勤保障工作,应急响应结束后的巡查、清障等善后工作。

(4)承办指挥中心交办的其他工作。

四、应急物资和车辆

根据江门大道路段的特点配置应急物资和车辆,应急物资种类应包括:反光背心、铁锹、安全墩、标志牌、强光手电、灭火器、编织袋、发电机、夜间照明灯等。

1.应急物资

(1)防护用品:防护服(衣、帽、鞋、手套、眼镜),防毒面具,防火服,头盔,手套,面具,消防靴,潜水服(衣)、水下呼吸器,防爆服,安全帽(头盔),安全鞋,水靴,呼吸面具。

(2)生命救助:止血绷带,骨折固定托架(板),救生圈,救生衣,救生缆索,保护气垫,防护网,充气滑梯,云梯。

(3)生命支持:便携呼吸机,急救药品、防疫药品。

(4)临时食宿炊具,过滤净化机(器),压缩食品,罐头,真空包装食品,帐篷(普通、保温),棉衣,棉被,简易厕所(移动、固定),简易淋浴设备(车)。

(5)通信广播:移动电话,对讲机,有线广播器材,扩音器(喇叭)。

(6)污染清理喷雾器,垃圾焚烧炉,杀菌灯,消毒杀菌药品,凝油剂、吸油毡、隔油浮漂。

(7)动力燃料,防爆防水电缆、配电箱(开关),电线杆,工业氧气瓶,煤油,柴油,汽油,液化气,干电池、蓄电池(配充电设备)。

(8)器材工具:葫芦,绞盘,滚杠,千斤顶,手锤,钢钎,电钻,电锯,油锯,张紧器,液压剪,灭火器、灭火弹,风力灭火机,防水望远镜,工业内窥镜,潜水镜。

2. 应急车辆

(1)通风:通风机、强力风扇、鼓风机。

(2)牵引清障:牵引车、拖车铲运机、道路清扫车、扫水车、自卸车、装载机。

(3)危化救援类:高压泡沫车、高压喷水车、液体抽吸泵。

(4)消防器材类:消防登高云梯车、消防车、灭火器。

(5)交通运输类:自卸车,舟桥、吊桥、越野车、皮卡车。

第二节 预防与预警

一、预防及预警信息

加强对所辖公路日常养护维修、检查,加大巡查力度,制订江门大道突发事件有效预防、预警和处置措施,逐步形成完善的预警工作机制。对可能引发公路突发事件或事故的隐患和苗头,要进行全面评估和预测,做到早发现、早报告、早解决。加强对江门大道交通事故多发地段和交通违法行为的整治力度,努力消除道路交通安全隐患,从源头上防止事故的发生。

突发事件发生后,各有关部门接到预警信息后应迅速核实情况,并积极采取交通管制、设施维护等预防和应急措施,及时有效地采取处置措施,将事故消除在萌芽状态。

二、应急响应

1. 分级响应机制

江门大道突发事件应急响应按照条块结合、以块为主的原则,应急工作以属地为主、分级响应的原则。各有关部门根据突发事件的性质和严重程度,对照相关职责做好突发事件的应急救援和处置行动。

2. 指挥与协调

(1)特别重大(Ⅰ级)、重大(Ⅱ级)、较大(Ⅲ级)突发事件后,有关部门立即核实和确认突发事件性质和级别,将情况报告指挥中心,向其提出启动预案的建议,根据指令迅速启动相应预案。

(2)必要时,领导带领有关人员和专家赶赴现场,进行现场指挥和参与处置工作。

(3)根据事态发展和应急处置工作进展情况,指挥中心及时组织协调各成员,根据职责分工采取行动。

3. 现场处置

指挥中心及各路段应急小组接到突发事件特别重大、重大和较大的信息后,立即派出有关人员赶赴现场,按照各自的预案和处置规程,协同配合,共同实施应急处置行动。

4. 应急救援人员的安全防护

参加现场应急救援的人员,必须加强个人安全防护。现场救援应遵循各种现场安全防护制度措施,严格执行应急人员进出事故现场的管理秩序。

5. 恢复交通

现场人员、车辆施救完毕后，应及时清理现场，修复受损交通设施，恢复正常交通秩序。对隐患一时难以排除的，应及时采取借道通行或改道分流等措施恢复道路交通。

三、信息报送与处理

信息上报坚持分级报送的原则。特别重大（Ⅰ级）、重大（Ⅱ级）公路突发事件信息应按相关规定上报。

报送方式可先采取电话口头初报，随后采用计算机网络、传真等载体报送书面报告和现场音像资料。

1. 信息发布

（1）信息发布及新闻报道应坚持及时、准确、客观、全面的原则。

（2）要充分发挥媒体的舆论导向作用，积极与新闻宣传部门配合采用授权发布、组织报道、接受采访等形式发布信息。

2. 后期处置

1）应急解除

险情排除，道路恢复畅通后，由公路突发事件指挥中心负责提供应急结束的信息，向新闻媒体宣布应急反应结束，解除应急反应所采取的各项特别措施（如交通管制等）。

2）事故调查

（1）事故发生后，由指挥中心组织有关部门成立调查组进行事故调查，事故调查工作应在事故发生之日起10日内完成。

（2）事故调查组按照国家有关法律、法规、规章进行调查、处理，依据有关标准对事故损失作出评估，对责任人员提出处理意见。

（3）对公路突发事件中暴露出来的有关问题，调查组和有关部门应提出整改措施，尽快消除隐患，修改完善应急预案，防止事故重复发生。

四、应急保障

1. 通信保障

中心及指挥中心办公室、指挥中心有关部门联系电话必须保证畅通24h开机，采用手机、办公室、家庭电话、传真等多种通信联系方式保证信息畅通。

2. 人员保障

应按点、线、面并结合行业实际，成立一组或多组应急突击队、抢险队、服务队、救援队、加强培训和演练，使之成为可靠的人力保障。

3. 机械保障

所有车辆、机械均应在突发事件发生时能够调配，所有车辆、机械必须经常进行维修和保养，确保性能处于完好状态。

4. 物资保障

应根据各自的工作特点和事件，购买、储备一定数量的应急物资。加强对储备物资的管理，对一些失效、过期、不足的物资及时补换和充实，并与物资供应部门保持联系，保证应急物资随时随供。

5. 资金保障

根据实际确保突发事件应急资金到位，并积极向上级部门汇报，落实抢险和修复资金。

6. 协作保障

应急小组应服从指挥中心及其办公室的协调调动命令，跨越所辖路段进行应急协作援助。按照指挥中心有关部门统一部署，团结协作，并肩完成任务。

第三节 专项应急预案

1. 编制目的

为切实加强江门大道管理中心突发事件的应急管理工作，建立和完善应急管理体制，提高突发事件预防和应对能力，控制、减轻和消除江门大道突发事件引起的严重社会危害，保障江门大道畅通，并指导管理中心各部门建立应急预案体系和组织体系，增强应急保障能力，满足有效应对江门大道突发事件的需要，特制定专项应急预案。

2. 编制依据

(1)《中华人民共和国安全生产法》(2002 年 6 月 29 日第九届全国人民代表大会常务委员会第二十八次会议通过，根据 2009 年中华人民共和国第十一届全国人民代表大会常务委员会第十次会议《全国人民代表大会常务委员会关于修改部分法律的决定》进行修正)。

(2)《中华人民共和国突发事件应对法》(中华人民共和国主席令第 69 号)(2007 年 8 月 30 日第十届全国人民代表大会常务委员会第二十九次会议通过)。

(3)《中华人民共和国消防法》(中华人民共和国主席令第 6 号)(1998 年 4 月 29 日第九届全国人民代表大会常务委员会第二次会议通过，2008 年 10 月 28 日第十一届全国人民代表大会常务委员会第五次会议修订)。

(4)《中华人民共和国公路法》(中华人民共和国主席令第 19 号)(根据 2004 年 8 月 28 日第十届全国人民代表大会常务委员会第十一次会议《关于修改〈中华人民共和国公路法〉的决定》第二次修正)。

(5)《生产安全事故报告和调查处理条例》(中华人民共和国国务院令第 493 号)(2007 年 6 月 1 日)。

(6)《生产安全事故信息报告和处置办法》(国家安全生产监督管理总局令第 21 号)。

(7)《突发公共卫生事件应急条例》(中华人民共和国国务院令第 376 号)(2003 年 5 月 9 日)。

(8)《交通运输突发事件应急管理规定》(中华人民共和国交通运输部令 2011 年第 9 号公布)(2011 年 11 月 14 日)。

(9)《公路安全保护条例》(中华人民共和国国务院令第 593 号)(2011 年 7 月 1 日)。

(10)《生产经营单位生产安全事故应急预案编制导则》(GB/T 29639—2013)。

(11)《生产安全事故应急预案演练指南》(AQ/T 9007—2011)。

(12)《生产安全事故应急预案管理办法》(国家安全生产监督管理总局令第 17 号)。

(13)江门大道属地相关文件参考。

3. 适用范围

1)事件类型

专项应急预案所称突发事件,是指由下列特殊情况引发的造成或者可能造成江门大道交通设施毁损,交通中断、阻塞,重大人员伤亡、大量人员需要疏散、重大财产损失、生态环境破坏和严重社会危害,以及由于社会上发生突发事件需要提供应急保障的紧急事件及其他需要管理中心采取应急处置措施的紧急事件。

(1)自然灾害。主要包括江门大道发生雨、雾等气象灾害,滑坡、塌方、泥石流等地质灾害,以及地震灾害等引起的影响道路安全畅通的事件。

(2)事故灾难。主要包括江门大道发生的各类安全事故、交通事故、机械设备事故、油品事故、环境污染事件、车辆火灾事故等,对江门大道安全运行造成严重影响。

(3)公共卫生事件。主要包括江门大道发生食品安全和职业健康危害,以及其他严重影响公众健康和生命安全的事件。

(4)社会安全事件。主要包括影响江门大道正常通行的社会突发事件和群体性事件、票款安全事件、恐怖袭击事件等。

(5)其他突然发生、造成或者可能造成江门大道交通中断或较长时间阻塞,江门大道及附属设施遭到严重破坏丧失正常使用功能,出现重大人员伤亡、财产损失和危及江门大道运行安全的紧急事件。

(6)与管理中心相邻或相衔接的江门大道路段发生突发事件需要管理中心予以配合或处置的紧急事件。

(7)地方政府处置突发事件需要管理中心提供江门大道保畅通服务的命令。

2)地域范围

专项应急预案适用于管理中心所管辖的路段范围及其配套辅助设施范围。

4. 分类分级

各类江门大道突发事件按照其性质、严重程度、可控性和影响范围等因素,一般分为四级:特别重大事件、重大事件、较大事件和一般事件,事件情形描述见表 12-1。

5. 应急响应流程

应急响应流程见图 12-2。

江门大道突发事件预警级别　　表 12-1

预警级别	级别描述	颜色标示	事件情形
Ⅰ级	特别严重	红色	因地震、泥石流、山体滑坡等自然灾害或其他原因,造成路基塌陷、桥梁毁损,或形成路障,短时间难以恢复通行的; 运输剧毒化学品、放射性车辆发生严重泄漏,致使江门大道无法安全通行的; 发生特别重大交通事故致 30 人以上死亡造成江门大道无法通行的; 发生严重影响江门大道运营安全,并造成人员死亡、短时间难以恢复正常工作秩序的安全事故、群体性事件、公共卫生事件等情况的; 其他突发事件预计处置时间在 24h 以上的情况; 其他可能需要由交通运输部提供应急保障时

续上表

预警级别	级别描述	颜色标示	事件情形
Ⅱ级	严重	橙色	运输易燃、易爆、危险品车辆发生交通事故造成江门大道交通中断的； 发生特大交通事故致10人以上死亡或隧道发生事故，造成江门大道严重堵塞的； 发生严重影响江门大道运营安全、并造成人员严重伤害的安全事故、群体性事件、公共卫生事件等情形的； 其他突发事件预计处置时间在24h以内、12h以上的情况； 其他可能需要由省交通运输厅（或省高管局）提供应急保障时
Ⅲ级	较重	黄色	江门大道出现浓雾、沙尘暴等恶劣天气； 江门大道发生重大交通事故致3人以上死亡，造成交通拥堵的； 超限车辆滞留发生堵车； 发生影响江门大道运营安全的并造成人员受到伤害的安全事故、群体性事件、公共卫生事件等情形的； 其他突发事件预计处置时间在12h以内、8h以上的情况； 其他可能需要由江门大道运营管理单位提供应急保障时
Ⅳ级	一般	蓝色	当气象部门发出严重影响行车安全预警信息的； 江门大道大范围施工养护可能造成交通拥堵的； 在节假日或因附近沿线国（省）道阻塞、中断等其他情况，出现江门大道车流量增大的； 江门大道发生一般交通事故致1～2人死亡或伤残，造成交通拥堵的； 发生影响江门大道运营安全的安全事故、群体性事件、公共卫生事件等情形的； 其他突发事件预计处置时间在8h以内、6h以上的情况； 其他可能需要由路段基层管理机构提供应急保障时

6. 应急预案体系

江门大道管理中心突发事件应急预案体系包括：

（1）总体应急预案。江门大道突发事件总体应急预案是单位所辖江门大道突发事件应急预案体系的总纲，是应对江门大道突发事件的规范性文件，由中心制定并公布实施，报上级主管部门备案。

（2）专项应急预案。江门大道突发事件专项应急预案是管理中心为应对某一类型或某几种类型突发事件或重要防护设施、设备而制定的专项应急预案，由管理中心制定并公布实施。主要涉及恶劣天气事件、水火灾害与地质灾害、危化品运输、隧道安全事故、交通事故、特大桥专项预案等方面。

（3）基层单位应急处置实施方案。基层单位应急处置实施方案是由基层单位按照管理中心应急预案的要求，在主管部门的指导下，结合自身实际，为及时应对辖区内发生的突发事件而制定的应急处置实施方案。

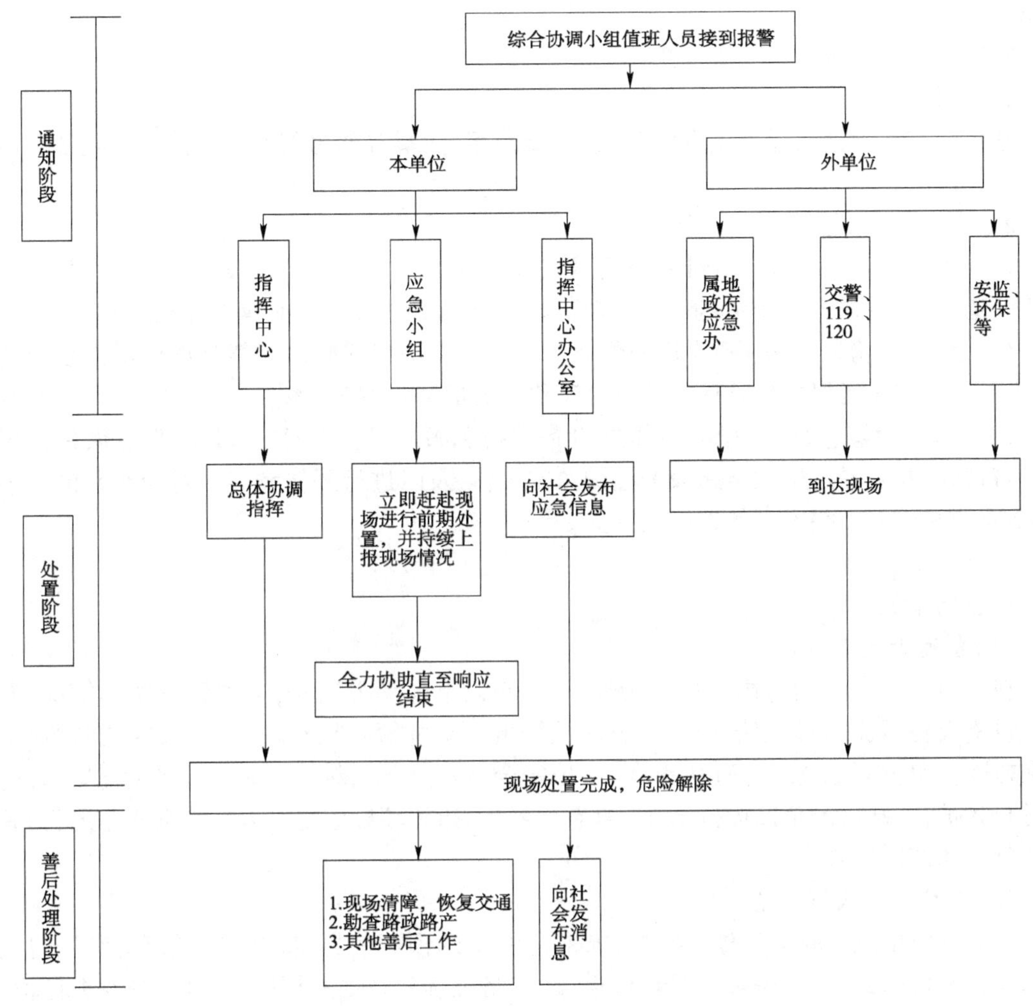

图 12-2　应急响应流程图

一、恶劣天气专项应急预案

1. 总则

1）编制目的

为切实做好江门大道恶劣天气下的交通组织与指挥疏导工作，确保江门大道安全、畅通，防止严重交通拥堵和重特大交通事故的发生，特制定恶劣天气专项预案。

2）编制依据

依据《中华人民共和国公路法》《中华人民共和国道路交通安全法》《中华人民共和国突发事件应对法》、《公路安全保护条例》《公路交通突发公共事件应急预案》等有关规定。

3）适用范围

恶劣天气专项预案适用于江门大道因恶劣天气造成或可能造成公路交通堵塞、交通事故时的应急处置和救援工作,主要包括大风、大(暴)雨、大雾等恶劣天气严重影响公路畅通的情况。

2. 事故风险分析

1)事件类型

恶劣天气专项预案适用于突发台风、大(暴)雨、大雾等恶劣气候天气的应急处置和应急救援工作。

2)事件类型和危害程度分析

(1)台风、大雾、大(暴)雨对公路运营安全有明显影响。大雾易导致车辆追尾、相撞等重大交通事故,造成人员滞留、拥挤,甚至可能影响到工作人员的正常交接班。

(2)台风、大雾、大(暴)雨对户外作业的安全生产构成威胁。因能见度低或设备设施倒塌、人员从高空坠落可能危险而影响正常工作,增加事故发生几率。

(3)台风、大雾、大(暴)雨时段做好设备监视和事故预防工作,尤其应重点做好横风路段、风口路段及容易产生大雾路段的监测监控工作,及时进行预警和启动对应级别的应急响应,防止或减轻此类突发事件造成的损失。

3. 监测预警

1)预防措施

(1)恶劣天气防范。

在台风、大雾、大(暴)雨等恶劣天气下,巡查人员应加强巡查,掌握路段整体情况,发现受损设施设备,及时向领导报告或发出求救警报。单位领导赶赴现场,设置安全防范,组织人员抢险。单位其他员工应听从指挥,保护安全,疏导车辆,维护秩序;如有人员受伤,应立即进行救护,特殊情况直接拨打120。事态平静后,指挥领导应组织人员恢复正常通行,并向有关领导和部门报告。

(2)道路恶劣天气防范。

加强气象信息的收集工作,及时发布对应级别的预警信息;根据气象信息,对江门大道排水设施及特殊路段(如桥梁、弯道、坡道、路堑路段、高填深挖路段等)的完好性进行检查,及时排除隐患,疏通排水系统;做好救灾所需物资、设备的储备和人员准备工作。

2)预警信息管理与发布

(1)恶劣天气的风险预警信息由指挥中心办公室值班人员收集整理上报,并予以发布。

(2)恶劣天气的风险监测信息渠道主要来自气象部门、各路段巡查上报或提供的恶劣天气预警信息。

4. 应急响应与处置

1)分级响应程序

(1)发布红色Ⅰ、橙色Ⅱ级预警后,指挥中心组长、所有成员立即到达相应岗位,按对应的措施要求开展工作。

(2)发布黄色Ⅲ级预警后,指挥中心副组长、所有成员立即到达相应岗位,按对应的措施要求开展工作。

(3)发布蓝色Ⅳ级预警后,所在路段应急小组设24h值班人员,并组织值班人员按对应的措施要求开展工作。

2)应急处置

(1)警情失控且定性为重大突发事件,事发路段有关人员要立即向指挥中心办公室值班人员进行事态报告,指挥中心办公室值班人员立即向管理中心领导、属地政府应急办报告;根据领导安排通知指挥中心办公室、各应急小组进行联合处置;报告119、120等地方专业救援单位。

(2)指挥中心办公室值班人员接到事发路段人员突发事件报告后,要立即报告,同时报告上级管理单位;事发路段应急小组立即赶赴现场。

(3)指挥中心办公室值班人员接到突发事件信息报告后,充分了解事故情况,根据实际情况协调、通知有关应急小组携带应急物资迅速赶往事故现场。

(4)现场处置人员要及时向值班人员上报天气、路况、通行情况,天气情况应包括桥面、重要路段地面温度、能见度情况。并协助社会相关部门工作,同时车辆做好应急准备,车辆内装好反光锥、限速牌等物品。

(5)根据指挥中心的指令,指挥中心办公室值班人员统一发布抢险救灾情况,统一接待媒体单位;利用网站平台、可变情报板等工具,向社会大众发布事故信息、限速警告指令、交通引流疏导通告。

(6)路政疏通应急通道,确保急救车辆能及时为有需要的滞留驾乘人员提供救助。

(7)应急状态结束后,总结恶劣天气应急处置经验教训,并形成书面材料。

3)应急响应终止

(1)当大雾逐渐散去、台风或大(暴)雨停止,天气状况好转,气象部门发布预警结束信息及已确认无发生灾害的可能时,指挥中心办公室值班人员宣布应急响应结束。

(2)各应急参与小组要撰写突发事件应急处置总结报告并归档,同时上报综合部备案。

5. 恶劣天气交通管制方案

(1)指挥中心办公室值班人员在信息情报板发布提示信息提醒驾驶员“谨慎驾驶、减速慢行”,在相关可变情报板上发布限速、提示信息。

(2)各应急小组接到通知后,应立即做好各项准备随时待命出发。养护工程部组织加强路上的巡查工作,并随时反馈降雨、大雾或台风和路况信息。

6. 附则

养护工程部是恶劣气候专项应急预案的管理部门,负责恶劣气候专项应急预案的修订完善、宣传教育、应急演练等工作。

二、交通事故专项应急预案

1. 总则

1)编制目的

为切实做好江门大道交通事故,特别是较大及以上交通事故的应急处置,快速有效地实施应急救援,最大限度地减少事故造成的人员伤亡和财产损失,以及对社会、环境产生的不良影响,做好事故善后工作,特制定交通事故专项应急预案。

2)编制依据

《中华人民共和国公路法》《公路安全保护条例》《路政管理规定》等。

3)适用范围

交通事故专项应急预案适用于江门大道道路交通事故的应急处置与救援工作。

4)事件分级

道路交通事故是指车辆在道路上因过错或者意外造成的人身伤亡或者财产损失的事件。《道路交通事故处理办法》第六条规定，根据人身伤亡或者财产损失的程度和数额，交通事故分为轻微事故、一般事故、重大事故和特大事故。根据公安部修订的道路交通事故等级划分标准，各类的标准如下。

(1)轻微事故：是指一次造成轻伤1~2人，或者财产损失机动车事故不足1000元，非机动车事故不足200元的事故。

(2)一般事故：是指一次造成重伤1~2人，或者轻伤3人以上，或者财产损失不足3万元的事故。

(3)重大事故：是指一次造成死亡1~2人，或者重伤3人以上10人以下，或者财产损失3万元以上不足6万元的事故。

(4)特大事故：是指一次造成死亡3人以上，或者重伤11人以上，或者死亡1人，同时重伤8人以上，或者死亡2人，同时重伤5人以上，或者财产损失6万元以上的事故。

2. 道路交通事故风险分析

1)事件类型

(1)车辆发生单方事故、双方或多方事故。

(2)车辆发生火灾、爆炸等事故。

2)事故风险分析

交通事故风险分析表见表12-2。

交通事故风险分析表 表12-2

序号	事故类型	事故诱发原因	影响后果
1	车辆故障	车辆自身安全装置、车辆自身状况不良	造成道路堵塞或行车安全隐患
2	车辆事故	道路环境因素，车辆超速、超载等因素，驾驶人自身因素	造成道路堵塞或行车安全隐患；人员伤亡、财产损失，一定的社会影响
3	火灾和爆炸	车辆发生自燃及发生事故后燃油泄漏，遇明火发生火灾、爆炸	造成道路堵塞或行车安全隐患；人员伤亡、财产损失，一定的社会影响
4	自然灾害	大雾恶劣天气等造成的不可确定事故	造成道路堵塞或行车安全隐患；人员伤亡、财产损失，一定的社会影响

3. 监测预警

1)交通事故的预防

指挥中心应加强对公路交通安全工作的指导、管理和监督，建立和完善路域内可能造成重大交通事故的信息收集、分析和交流。需要收集和分析的主要内容包括：

(1)可能诱发各类道路交通事故的信息。

(2)所辖道路交通状况。

(3)潜在的重大事故、灾害类型及影响区域。

(4)应急力量的组成及其应急能力、分布,应急设施和物资的种类、数量、特性及分布,上级救援机构或相邻地区可用的应急资源。

(5)可能影响交通事故应急救援的不利因素。

2)预防措施

(1)养护工程部加强路域巡查,提高思想认识,根据部门职责做好日常防范工作。

(2)加强与医疗、消防、公安交警等社会部门间的沟通与协调。随时整合不同渠道的信息资源,进行早期预警。

3)预警信息来源

(1)气象、水利、水文等部门对天气形势、水文、汛情等进行监测、分析得出的可能对道路交通安全造成威胁的信息。

(2)养护工程部在组织巡查巡检中发现的交通事故等隐患信息。

(3)路政等社会其他单位和个人报告的交通事故等隐患信息。

4)预警信息管理与发布

交通事故风险预警信息监测由值班人员主要负责,值班人员予以发布。

4. 事故信息报告程序

1)交通事故 24h 值班电话

0750-3921237。

2)事故报告注意事项

(1)轻微事故、一般事故发生后,事故现场有关人员应当立即报告指挥中心办公室值班人员,值班人员接到报告后,应当立即报告中心领导、值班人员负责人,必要时拨打 119、120 请求救援。紧急情况下现场有关人员或单位可越级上报。

(2)出现重大、特大事故时,值班人员接到报告后应当立即向指挥中心领导、值班领导,并报告事态发展和现场情况,同时上报市政府及属地应急办。

(3)指挥中心办公室值班人员要跟踪续报事故发展、救援工作进展以及事故可能造成的影响等信息,及时提出需要上级协调解决的问题和提供的支援。

(4)对涉外、敏感、可能恶化的事故及发生在重要地段、重大节假日、重大活动和重要会议期间的交通安全事故,应加强情况报告。

5. 应急响应与处置

1)响应分级

按事故的可控性、严重程度和影响范围,交通事故专项应急预案的应急响应级别分为四级,分别是:

(1)Ⅳ级响应,针对发生轻微交通事故。

(2)Ⅲ级响应,针对一般交通安全事故。

(3)Ⅱ级响应,针对重大交通安全事故。

(4)Ⅰ级响应,针对特别重大交通安全事故。

2)响应程序

(1)当事故达到Ⅳ级应急响应标准时,路段应急小组立即赶赴事故现场,先期开展现场应急救援;立即上报事故信息,组织实施应急救援,并及时续报事态发展和现场救援情况。

当事故灾难或险情的严重程度以及发展趋势超出现场人员应急救援能力时,应及时报请值班人员启动更高级别应急响应程序。

(2)当事故达到Ⅲ级应急响应标准时,路段应急小组立即赶赴事故现场,先期开展现场应急救援。路段路政人员要立即赶赴事故现场,立即上报事故信息,联合交警等社会相关部门组织实施应急救援,并及时续报事态发展和现场救援情况。当事故灾难或险情的严重程度以及发展趋势超出应急救援能力时,应及时报请值班人员启动更高级别应急响应程序,统一指挥和调配有关有效资源进行事故的应急处理,防止事故的进一步扩大。

(3)当达到Ⅱ级应急响应标准时,路段应急小组立即赶赴事故现场,先期开展现场应急救援。路段路政人员要立即赶赴事故现场,开展信息上报和应急救援。路政工作分管领导、指挥中心领导要立即赶赴事故现场进行研究、指导和协调工作。事故发生路段单位要立即向值班人员反馈情况;联合交警等社会相关部门组织实施应急救援,并及时续报事态发展和现场救援情况。值班人员按照信息报告程序向上级汇报事故应急救援情况,并及时续报事态发展和现场救援情况。

(4)当事故达到Ⅰ级应急响应标准时,路段应急小组立即赶赴事故现场,先期开展现场应急救援。值班人员负责人、路段路政领导要立即赶赴事故现场,开展信息上报和应急救援。指挥中心领导、路段路政工作主管领导要立即赶赴事故现场进行研究、指导和协调工作。路段应急小组要立即向值班人员反馈情况;联合交警等社会相关部门组织实施应急救援,并及时续报事态发展和现场救援情况。值班人员按照信息报告程序向上级汇报事故应急救援情况,并及时续报事态发展和现场救援情况。

3)现场处置

(1)指挥中心办公室值班人员接到事故信息后(驾驶员电话、巡查人员等上报),通知事发路段应急小组赶赴现场,进行事故处理。向指挥中心领导汇报事故情况;向市政府应急办、属地应急办汇报事故情况;值班人员在事故发生地上游路段的可变情报板上发布事故警示信息,提醒后来车辆,防止二次事故。

(2)事发路段路政根据事故实际情况,协调交警制定交通管制方案,上报值班人员;配合交警部门做好事故现场交通管制工作,协调交警对车辆进行分流措施,上游入口采取限制进入的交通管制措施,减少车辆拥堵;通知相应社会救援单位(如消防、医院、环保等)上路实施抢救,并配合医疗、消防、环保等社会救援部门做好相关救援工作。

(3)应急小组接到事故信息后,立即组织救援人员,尽快赶到现场。按规定放置安全作业标志牌,先将车辆清离行车道,并及时调动更多清障车辆和清障人员参加,快速清障,避免发生交通事故等次生事故发生。

(4)事发路段路政在事件处置结束后,要与交警协调解除交通管制,及时向指挥中心办公室值班人员进行报告。值班人员要按照信息报告程序向上级报告,并发布最新路况信息。并通知善后处理组进行善后工作。

(5)人员伤亡处置措施:现场人员第一时间上报指挥中心办公室值班人员,紧急情况下可直接拨打急救电话,说清楚事故情况和具体出事地点,以及详细的联系方法,等候救援。同时报告交警、消防部门开展紧急救援。应急小组按要求快速摆放相应的标志标牌,对事故发生地点开展先期交通管制,引导车流减速正常通过事故现场,确保事故现场安全。必要时，与值班人员得联系，布置相应路政巡查车辆接应，争取在最短的时间内让急救车辆抵达伤亡地点。急救人员到达现场后，应积极进行协助。

4）应急人员的安全防护

应急小组在路政巡查车、清障车辆、养护车辆上配备相应数量的专业防护装备，采取安全防护措施，严格执行应急救援人员进入和离开事故现场人数清点的规定。

5）应急响应终止

（1）现场应急处置完成后，经相应级别的指挥中心批准，现场应急处置工作结束，应急救援队伍撤离现场，应急响应程序关闭。

（2）事发单位要撰写突发事件应急处置总结报告并归档，同时上报综合部备案。

6. 附则

养护工程部是交通事故专项应急预案的管理部门，负责交通事故专项应急预案的修订完善、宣传教育、应急演练等工作。

三、危险化学品运输车辆事故专项应急预案

1. 总则

1）编制目的

为了建立健全江门大道危险化学品运输车辆事故应急处置机制，确保危险化学品运输车辆在江门大道路面发生故障或事故时的有序应对，切实加强对危险化学品运输车辆意外事故的有效预防和控制，最大限度地降低事故危害程度，保障人民生命财产安全，确保江门大道安全畅通，特制定危险化学品运输车辆事故专项应急预案。

2）编制依据

依据《中华人民共和国公路法》《中华人民共和国环境保护法》《公路安全保护条例》《危险化学品安全管理条例》等编制。

3）适用范围

在江门大道上运输危险化学品的车辆因交通事故或其他突发原因，可能或已经导致泄漏、起火、爆炸等危害性后果的，适用危险化学品运输车辆事故专项应急预案。

危险化学品运输车辆事故专项应急预案所指危险化学品，包括爆炸品、压缩气体和液化气体、易燃气体、易燃液体、易燃固体、易燃物品和遇湿易燃物品、氧化剂和有机过氧化物、有毒品和腐蚀品等。

4）事件分级

参照江门大道专项应急预案的总则部分。

2. 危险化学品运输车辆事故风险分析

1）事件类型

（1）运输危险化学品的车辆发生碰撞、侧翻等交通事故，导致火灾或爆炸事故。

（2）运输危险化学品的车辆发生碰撞、侧翻等交通事故，导致危化品严重泄漏，对环境、空气、水体及周边人员或设施的安全造成威胁。

（3）运输危险化学品的车辆发生事故或故障，未发现泄漏，但对过往车辆或周边设施、人员造成安全威胁。

2）事故现场区域划分

危险化学品事故根据危害范围分为3个区域：

（1）事故中心区域。中心区即距事故现场0～500m的区域。此区域的危险化学品浓度指标高，有危险化学品扩散，并伴有爆炸、火灾发生，建筑物设施及设备损坏，人员急性中毒。

（2）事故波及区域。事故波及区即距事故现场500～1000m的区域。该区域空气中危险化学品浓度较高，有可能发生人员或物品的伤害或损坏。

（3）受影响区域。受影响区域是指事故波及区外可能受影响的区域，该区域可能有从中心区和波及区扩散的小剂量危险化学品危害。

3. 监测预警

1）危险化学品运输车辆事故的预防

（1）对行驶在江门大道的危险化学品车辆加强监控，可以通过巡逻（包括路政巡逻、养护巡查）动态监控加强管控；特别是通过桥梁、隧道等重点路段时，要加强对车辆的监控。

（2）如有危险化学品车辆滞留路面、桥梁、隧道等地点，要及时了解掌握情况，第一时间通知所属路段路政前来处置，并做好交通疏导和人员疏散等工作。

2）事故预警

在日常巡查或者接到社会其他单位或个人、驾乘人员报警后，应立即报告值班人员，由值班人员紧急报告属地人民政府应急办、环保局、消防、公安等部门，协调交警建立交通疏导方案并向社会予以紧急发布。

4. 应急响应与处置

1）启动程序

（1）指挥中心办公室值班人员在接到危险化学品运输车辆事故信息报告后，应立即通知所在路段应急小组，并报告中心领导，并与路段应急小组展开紧急联络，随时掌握最新事故信息；将事故最新信息报告当地消防部门、环保部门和120急救中心，报告所属路段交警和属地政府应急办，特殊情况下，可越级上报。

（2）事发所在路段应急小组在接到指挥中心办公室值班人员危险化学品运输车辆事故信息报告后，要及时调集应急救援力量，立即赶到现场，迅速核实情况，采取有效措施隔离现场，先期采取交通疏导措施，确保其他车辆和人员安全；在确保自身安全的前提下，尽最大可能抢救伤员，维持事故现场秩序。

2）信息报送程序

（1）各路段人员在日常巡查中，遇到危险化学品运输车辆事故或接到事故报告时，应尽可能地迅速问明并记录报警时间及报警人姓名、单位、联系电话，事故发生的时间、地点，危险品名称、性质、危害后果，是否发生泄漏、燃烧或爆炸，现场人员伤亡及损失等情况。在了解事故现场的具体位置和性质后，事发路段要立即上报值班人员建议通知当班路政人员赶赴现场进行先期处置，告知路政人员携带齐全有效的自身防护和处置装备；值班人员第一时间报告属地政府应急办、路段交警、消防、医疗等部门。

（2）值班人员在接到危险化学品运输车辆事故报告时，当接基层单位信息上报时，应立即将危险化学品运输车辆事故有关情况报告给中心领导，同时向市政府应急办、属地应急办进行紧急报送；当接交警、社会单位或个人报警时，应尽可能地迅速问明并记录报警时间及报警人姓名、单位、联系电话，事故发生的时间、地点，危险品名称、性质、危害后果，是否发生泄漏、燃烧或爆炸，现场人员伤亡及损失等情况。在了解事故现场的具体位置和性质后，立即报告给中心领导，同时通知路政人员赶赴事故现场，随时与路政联系掌握事态进展情况，同时向省高管局、市政府应急办、属地应急办进行紧急报送，按照相关信息报送程序做好信息报送工作。

3）处置程序

（1）危险化学品运输车辆在公路上发生事故。

①当危险化学品运输车辆在公路上发生事故时，巡查人员发现或接到报警后，要立即前往现场寻找押运员及驾驶员，配合押运员及驾驶员开展现场应急处置，并同时通知值班人员，视情况通知交警、消防、环保、急救等部门。

②巡查人员积极组织疏散现场人员撤离到较高地势和上风（或侧上风）方向，保护现场，疏导交通。发生危险化学品泄漏、爆炸时，协助危险化学品运输车辆的押运员、驾驶员、消防部门、环保部门等做好处理工作。

③危及行车安全时，巡查人员协助交警阻断交通，并对主线车辆进行分流，通知值班人员利用可变情报板，发布道路通行信息。

④应急小组的清理现场、恢复运营工作必须在消防部门、环保部门处理完毕，确认无危险后再进行。

⑤事故处理完毕，危险消除后，尽快恢复交通，值班人员发布相关信息。

（2）其他情况。

①发现载有危险化学品的车辆在公路上长时间停留时，应让其立即离开。

②路上巡查发现运输危险化学品的车辆超速行驶或与其他车辆保持安全距离不够，要及时提醒驾驶员。

4）现场处置措施

（1）先期到达的路政人员，在确保自身安全的前提下，要迅速建立临时交通管制措施，快速疏通应急车道或联系交警实施道路紧急封闭措施，按照相关规范设置警示标志、警示牌，停放好巡查车辆，划定警戒区，尽最大可能了解和掌握事故伤亡情况。在掌握现场情况后，立即报告值班人员，同时上报本单位路政中队负责人。

（2）在现场开展前期处置时，以车辆押运员、驾驶员为主，应急物资以车辆随车配备应急物资、防护装备为主，应急小组以协调配合为主。

（3）在交警未到现场时，路政人员可对现场进行临时管制，待交警到达现场后，路政人员应将现场警戒及管制权移交由交警进行处置，同时做好相关配合工作。路政人员在实施现场临时管制或配合进行交通管制时应按照下列要求进行：

①协同有关部门划定隔离区，封闭隔离区段道路，疏散过往车辆、人员，禁止无关人员、车辆进入现场，并安排人员在来车方向实施预警，防止发生二次事故。劝说围观人员退离现场划定范围，防止发生意外。

②确保应急车道畅通，引导消防、急救、勘查、抢险、环保等部门的车辆驶入现场依次停放在警戒线内的来车方向便于勘查、救援的位置，指挥其他车辆迅速驶离现场。

③协调交警尽快封闭道路附近道口，需实施远端交通分流的，与交警沟通后报值班

人员。

④危险化学品运输车辆事故现场的处置，应在当地政府统一指挥下进行，原则上以交警、安监、消防、环保部门为主，管理中心负责做好现场配合、交通引导、后勤保障、路产勘查、清障及清理工作。

5)现场处置注意事项

除按照交通事故处理程序进行先期处置外，还应该注意：

(1)发生事故初期或出现事故征兆时，现场人员首先要做的是向押运员、驾驶员了解承运物资的危险性，做好自身防护工作，确定安全距离，避免盲目施救。

(2)一旦押运员、驾驶员不能有效处置事故或控制事态，应迅速报告地方政府，由地方政府应急办协调安监、消防、公安、环保、卫生、医疗等应急部门参与应急处置。

(3)事故现场统一指挥由地方政府应急领导机构负责，具体处置救援行动工作由安监、消防部门专家意见进行。

(4)各救援单位职责分工：

①安监部门负责提出危险化学品清理方案。

②消防部门负责迅速控制危害源，扑灭火灾。

③卫生医疗急救部门负责抢救伤员，同时确定危险化学品对人员危害的程度，提供有效的抢救方案。

④交警部门负责保障救援交通顺畅，实施事故现场交通管制；同时勘查现场，查明事故原因。

⑤环保部门负责测定事故的危害区域、危险化学物品的性质及危害程度。

⑥路政部门人员负责被损坏路产的核查统计。

⑦应急小组人员负责事故车辆的清障工作。

6)事故现场交通措施组织

(1)到达事故现场后，应急小组配合协助交警确定人员、车辆分流疏散方案，实施交通管制，并设置交通警示等标志，控制险情。

(2)事故现场进行交通管制后，由一名交警在来车方向负责指挥、疏导交通，防止二次事故。

(3)消防人员对起火车辆实施灭火工作，同时各救援人员协助医务工作者疏散受困人员、救援受伤人员。

(4)伤员救护完毕以及事故险情得到控制后，交警迅速查明事故原因。

(5)消防部门制定泄漏、残余危险化学品清理办法以及事故车清障方案，善后处理组按消防部门指示进行危险化学品的清理工作和事故车辆的拖吊工作。

(6)现场清理后，善后处理组立即协助路政人员对损坏的路产进行核查统计。

(7)养护人员对被危险化学品污染的路面进行检测，并及时对损坏道路设施进行维修。

(8)事故现场处理完毕后，路政、善后处理组及时撤除交通警示标志，电话通知值班人员，撤销可变情报板上的相关事故警示信息。

7)应急人员的安全防护

值班人员、各路政人员、善后处理组等应在路政巡查车、清障车辆、养护车辆上配备相应数量的专业防护装备,采取安全防护措施,严格执行应急救援人员进入和离开事故现场人数清点的规定。

8)应急响应终止

(1)现场应急处置完成后,经相应级别的指挥中心批准,现场应急处置工作结束,应急救援队伍撤离现场,应急响应程序关闭。

(2)事发单位要撰写突发事件应急处置总结报告并归档,同时上报综合部备案。

5. 附则

养护工程部是危险化学品运输车辆事故专项应急预案的管理部门,负责危险化学品运输车辆事故专项应急预案的修订完善、宣传教育、应急演练等工作。

四、桥梁突发事件专项应急预案

1. 总则

1)编制目的

为有效应对所管辖桥梁可能出现的突发事件,及时采取应急控制措施,组织实施抢险救援工作,最大限度地减少桥梁突发事件造成的损失,保障江门大道安全畅通和人民群众生命财产安全,特制定桥梁突发事件专项应急预案。

2)编制依据

《公路桥梁管理与养护工作制度》,广东省桥梁管理与养护相关制度、办法等。

3)适用范围

(1)桥梁突发事件专项应急预案适用于江门大道的桥梁在养护维修、检测、使用过程中出现突发事件,可能造成桥梁坍塌、交通中断和人员伤亡的应急救援。江门大道的重要和特大型桥梁建立单独的应急预案,并接受管理中心的统一指挥。

(2)需要配合地方政府、交通主管部门保障江门大道快速通行,以保证人员、物资运输的应急行动。

4)事件类型及分级

(1)事件类型。

①雨、雾、大风等恶劣天气、水毁、山体滑坡、道路塌方、泥石流、地震灾害等不可抗因素,以及交通事故、恐怖活动、社会性群体性突发事件等引发的桥梁交通中断或较长时间阻塞。

②公路桥梁在养护维修、检测、使用过程中出现桥梁及其辅助设施损毁、破坏等导致丧失正常使用功能、交通中断或人员伤亡的突发事件。

③车辆与公路桥梁设施相撞,危及桥梁安全的情况。

④由于交通突发事件或车辆故障导致大型超重车辆长时间滞留桥面影响桥梁安全的情况。

⑤桥梁主要部件有严重病害交通通行受到限制的情况。

⑥危险化学品运输车辆在桥梁上引发的危化品泄漏的危险情况。

(2)事件分级。

按照公路桥梁的损坏程度和突发事件性质分为特别重大事件(Ⅰ)、重大事件(Ⅱ)、较大事件(Ⅲ)、一般事件(Ⅳ)四个等级。

①特别重大事件。

公路桥梁损毁中断交通的，抢修时间预计在24h以上。

②重大事件。

a. 公路桥梁出现严重病害危及桥梁安全的，预计处置时间在24h以内、12h以上的。

b. 车辆或船舶与公路桥梁设施相撞，危及桥梁安全的。

③较大事件。

a. 公路桥梁出现病害危及桥梁安全的，预计处置时间在12h以内、8h以上的。

b. 车辆或船舶与公路桥梁设施相撞，造成一般后果的。

④一般事件。

a. 由于交通突发事件或车辆故障导致大型超重车辆长时间滞留桥面影响桥梁安全的或一般性损坏处置时间预计在8h以内、6h以上的。

b. 桥梁主要部件有严重病害，以致交通通行受到限制的。

2. 监测预警

(1)桥梁突发事件的风险预警信息监测由养护工程部主要负责，指挥中心办公室值班人员配合收集整理并发布信息。

(2)桥梁突发事件的风险监测信息渠道主要来自养护日常巡查监测以及上级交通主管部门发布或提供的桥梁灾害预警信息。

3. 应急响应与处置

1)分级响应程序

(1)发布红色Ⅰ级预警后，指挥中心组长、所有成员和各路段应急小组全体人员立即到达相应岗位，按对应的措施要求开展工作。

(2)发布橙色Ⅱ级预警后，指挥中心组长、所有成员和各路段应急小组全体人员立即到达相应岗位，按对应的措施要求开展工作。

(3)发布黄色Ⅲ级预警后，养护工程部部长和相关应急小组成员立即到达相应岗位，按对应的措施要求开展工作。

(4)发布蓝色Ⅳ级预警后，养护工程部部长和相关应急小组成员立即到达相应岗位，并组织值班人员按对应的措施要求开展工作。

2)处置程序

(1)所在路段养护部门接到、获得或发现有关桥梁突发事件信息后，要立即上报指挥中心办公室值班人员，同时组织本路段应急小组开展紧急处置；值班人员通知交警等有关部门采取封闭道路等交通管制措施，协调、安排好交通疏导工作。

(2)值班人员要根据所上报桥梁突发事件信息、路况交通管制信息，向中心领导及部分管理人员做好通知；必要时经指挥中心同意后，向属地政府应急办和相关部门报告；同时做好路况信息发布工作。

(3)养护工程部在接到、获得有关公路桥梁特别重大事件、重大事件、较大事件和一般事件信息后，要立即上报上级单位管理与养护部门。

(4)根据桥梁突发事件响应级别，指挥中心和有关人员应立即赶赴桥梁突发事件现场进行应急处置，安排桥梁养护的抢险队伍进行抢险、抢修和现场处置。

(5)安排进行桥梁的特殊检测和维修加固工作。

3)应急处置

(1)自然灾害等突发事件的处置。

①因重大的事故灾难造成桥梁通行受阻、环境污染,桥梁养护部门要立即报告值班人员建议通知属地政府应急办及安监、环保、消防、急救、公安、交警等部门,由专业机构和人员采取措施予以处置。

②因公共卫生、社会群体性事件等严重影响运营安全和工作秩序的桥梁突发事件,桥梁养护部门要立即报告值班人员建议通知当地政府应急办、公安、消防、卫生、交警等部门进行联合处置。

(2)当发生车辆事故、桥梁受撞击而造成交通阻塞时的应急处置。

①桥梁管理单位应立即通知,将突发事件信息上报值班人员,建议通知所在路段交警和路政;值班人员组织本单位应急救援队伍赶赴现场开展紧急应急处置;路政、养护和交警联合制定道路绕行方案,采取必要的交通管制信息并报值班人员。

②值班人员接到报告后,要立即将突发事件信息报告至指挥中心;做好路况信息的告知工作;通知清障救援力量前往现场开展清障。

③现场指挥领导和有关人员要及时调动一切可用的清障车辆和尽可能多的清障人员参加清障;路政人员负责协助交警对车辆进行分流;如遇有驾乘人员伤亡事故,配合交警做好现场保护工作,协助120做好伤员救助工作;路政人员做好现场路产路权勘察工作;应急小组做好现场清理工作。

4)应急响应终止

(1)当桥梁突发事件现场得到控制,公路畅通,现场的各种专业应急处置行动已无继续的必要时,经桥梁突发事件指挥中心批准,由指挥中心办公室宣布应急响应结束。

(2)各应急小组要撰写突发事件应急处置总结报告并归档,同时上报综合部备案。

5)后期处置

(1)信息发布。

公路桥梁突发事件应急处置结束后,应及时清理现场,恢复交通,并通知值班人员发布信息。

(2)原因调查。

管理中心应组织专人或委托检测机构对公路桥梁突发事件进行调查,要认真分析突发事件原因,分清责任,并从设计、施工、养护维修、管理各个方面提出改进建议。

(3)总结建议。

各部门要总结和评价导致应急状态的突发事件情况和在应急期间采取的主要行动。

4.责任追究

(1)疏于管理与养护,不按相关规定及时安排桥梁检查,或桥梁检查工作不认真、没有及时发现桥梁病害、准确掌握桥梁技术状况,或未及时采取相关措施,而导致桥梁出现安全突发事件的,按其职责追究相应责任。

(2)公路桥梁维修加固或改建没有及时采取交通管制或交通管制措施不力而造成桥梁安全突发事件的,按其职责追究相应责任。

(3)养护部门要根据桥梁技术状况和管理与养护要求及时上报管理中心要求安排相应投资,未根据桥梁技术状况和管理与养护要求上报管理中心要求安排相应投资而造成的桥梁安全突发事件,由养护部门承担主要责任。

(4)管理中心要对重点保障桥梁应安排人员观测,并建立健全桥梁安全管理责任制和制定应急处置预案,对没有明确责任、疏于管理而导致桥梁安全突发事件的,按其职责追究相应责任。

(5)对发生桥梁突发事件,不报、瞒报或不按规定时间上报,造成长时间中断交通、社会反映强烈的,按其职责追究相应责任。

5. 附则

养护工程部是桥梁突发事件专项应急预案的专职管理部门,负责桥梁突发事件专项应急预案的修订完善、宣传教育、应急演练等工作,综合部做好相关演练协助工作。

五、隧道火灾事故专项应急预案

1. 事故风险分析

1)应急事件类型

隧道火灾事故专项应急预案适用于江门大道隧道火灾事故的应急救援。

2)事件类型和危害程度分析

(1)隧道火灾的外因分析。

①车辆本身故障:车辆故障引发汽车火灾的主要原因有机件摩擦起火、化油器回火、电气线路短路、车辆漏油等。

②车辆撞击起火:由于隧道内车辆超速行驶和隧道能见度低,极易发生车辆之间、车辆与隧道及隧道设施相撞或剐蹭,或发生交通事故。

③车辆上的货物引起火灾:隧道内有各种车辆通过,它们所载的货物有可燃的或易燃的物品,可能会因各种原因引发火灾。

(2)隧道火灾的内因分析。

据国际消防技术委员会(CTIF)近期对多国隧道的检查发现,当前不少隧道由于设计和管理差错,存在以下火灾隐患。

①通风排气道少:隧道中经常有运输化学物品和多种易燃易爆物品的车辆通过,由于隧道内通风排气道少,必然导致通风不畅,温度上升快,许多有害气体都滞留在隧道内,不但损害人体健康,而且遇到高温和明火,极易发生火灾和爆炸,造成重大损失。

②缺少紧急出口通道:当前各国隧道的外观比较优美,结构各不相同,高度和密度也各异,但都缺少紧急进出口道。不少公路只能从两端进出。有些隧道虽然有少量进出口道,但标志不醒目,一旦发生火灾,不但消防和救护车辆无法到现场,车内人员也难以逃出,必然造成重大损失。

③防火救护设备少:不少隧道内缺少灭火水源和灭火器,消火栓间隔太远,救护工具也很少。一旦发生火灾,现场人员无法及时灭火救灾。此外,还有许多人们不重视或不了解的危险因素。如国际消防技术委员会多次在火灾案例报告中所述,通过隧道运输的面粉、咖啡粉和牛奶粉等有机粉末与隧道中灰尘混合后,遇到高温或明火时同样会发生爆炸。隧道火

灾危险性大于敞开空间火灾危险性。

(3)公路隧道的火灾特点与危害分析。

①火势猛烈，突发性强。

汽车在公路上行驶时具有很大的惯性，车身又携带有一定的燃油，有的汽车运输各种可燃、易燃、易爆等物品，相撞后迅速起火。因此在起火后，借着风洞效应、火势凶猛，并且由于部分驾驶员不熟悉灭火流程，加上驾驶员害怕、希望尽快逃生等心理作用，第一时间无法控制初起火灾。因此，在较短时间内会形成大火。

②人员疏散逃生难、车辆和货物不易疏散和保护。

由于公路隧道内空间狭小，一旦发生火灾事故，整个洞内浓烟很大，人员不易扩散，即使洞内有照明设施也起不到太大作用。加之烟气有毒，火势在发展过程中燃烧也需要大量氧气，使洞内空气稀薄、温度高。隧道内火灾发生后，氧气在短时间内会大量减少，逃生人员很快会因缺氧而窒息晕倒、死亡。

③烟雾大、能见度低、排烟效果差

烟雾的产生主要与可燃物的物理和化学特性、燃烧状态和供氧程度有关，由于隧道空间和密闭状态等情况的特性，火灾发生时，隧道内氧气不足，多产生不完全燃烧，发烟量较大，而且产生的热烟气难以快速扩散，导致火灾初期升温迅速，并产生较强的热冲击，致使逃生人员和救援人员的能见度不足。由于产生的浓烟大于排烟量，因此造成隧道内聚集大量浓烟，无法排出。给扑救工作带来极大影响，并且由于热烟气作用，而使得轰燃现象随时发生。

④易爆炸燃烧、发生垮塌。

由于车辆火灾是公路隧道火灾的主要危险源，而车辆火灾又多是由电气线路短路、汽化器、载重汽车气动系统和车辆相互撞击起火等引起。无论什么原因引起火灾，都因高温积热不散、辐射热强，多数会造成汽车油箱爆炸，一旦发生火灾，火源的温度高，燃烧蔓延速度快，如遇车辆运载的是易燃易爆物品或后继遇难车辆多，则将加剧燃烧和火势的快速发展。

2. 信息报告程序

1)事故及事故险情信息报告程序

(1)危险源监控责任单位为养护工程部。

(2)信息收集。

养护工程部通过监控、紧急电话等多种途径收集信息。

(3)信息报告程序。

获得的信息部门直接报告指挥中心办公室值班人员，值班人员报告给管理中心领导、属地政府应急办及消防、医院等相关单位，并通知相应应急小组赶赴事故现场进行处置。

2)事故及事故险情信息报告责任人

(1)现场事故信息的采集与收集：事故上报工作由路段应急小组负责。

(2)信息汇总分析发布：信息发布工作由指挥中心办公室值班人员负责。

3. 应急处置措施

1)处置措施

(1)缜密侦察、报告及时。

公路隧道内发生火灾后，到场的力量要首先封锁洞口，防止再有车辆进入，在侦察中，要清楚隧道里面是否有人员被困、车辆数量，并充分利用隧道现有设备探测洞内的可燃气体浓度，防止轰燃发生。并向相关知情人员了解，洞内是否有其他易燃易爆等危险化学品车辆，是否有其他管线穿越洞内，了解隧道的地质构造情况。

(2)充分发挥公路隧道内部固定消防设施的作用。

公路隧道消防设施设置的原则是立足自救、扑救初期火灾。公路隧道内一般有自动报警系统、手动报警系统、视频监控系统、气体监测系统、消火栓系统、送排风系统等。在实际的扑救过程中，要充分利用内部报警、监控、监测、消火栓、排烟等系统，为火灾的扑救提供便利；另外，初期救援人员在确保自身安全的前提下还可以利用隧道内的人行、车行横通道，尽快到达火点位置，实施救人和灭火。

(3)成立现场指挥部，社会救援力量未到达现场之前，应急小组在确保人员安全的前提下负责前期处置，待社会救援力量到达现场后，指挥权由属地政府负责。

2)应急响应扩大

隧道火灾事故专项应急预案的应急处置过程中，当伤亡人数(或预期伤亡人数)增加，应急总指挥应及时加大应急力量投入；当事故发展为Ⅱ级以上时，值班人员应及时向上级单位、属地政府应急办提请应急响应升级。

3)隧道火灾的灭火注意事项

(1)在确保自身安全和佩戴必要的防护用品的前提下，正确选择行车路线和方向进入事发地，准确了解事故发生的具体地点、在隧道内的距离、确定最便捷的出动力量和安全行车路线。

(2)加强灭火行动中的安全准备。

进入公路隧道内进行侦察、救人、灭火的救援人员，在进入隧道前需对个人防护装备仔细检查，装备不符合规定的禁止进入。

(3)加强对公路隧道的熟悉和演练。

为增强处置公路隧道火灾事故的能力，管理中心救援人员应对隧道进行必要的调研和熟悉，重点掌握隧道的基本情况和内部的消防设施等内容，与交警、医疗救护、消防等部门开展常态化的联合演练，探讨不同事故的救援对策，不断提高处置公路隧道火灾事故的能力和水平。

4. 应急结束

(1)应急终止条件。

①事件现场得到控制，事件条件已经消除。

②环境安全符合有关标准。

③事件所造成的危害已经彻底消除，无次生、衍生事故隐患继发可能。

④事件现场的各种专业应急处置行动已无继续的必要。

⑤采取了必要的防护措施，以保护公众免受再次危害。

(2)人员撤离到安全位置后，由各组组长清点人数，向值班人员汇报。

5. 后期处置

(1)应急响应结束后，要对事件中损坏的设备和暴露出的问题进行及时整改。

(2)由值班人员负责,财务部门配合妥善处理好相关损失的清理及善后理赔工作。

(3)由综合部负责组织做好管理中心整体应急能力评估,并结合评估对应急预案进行评价,提出修改建议,并对其他后期处置工作组进行督促检查,确保应急事件结束后的后期处置工作有序落实,并做好总结及汇报的准备工作。

6. 附则

养护工程部是隧道火灾专项应急预案的专职管理部门,负责隧道火灾专项应急预案的修订完善、宣传教育、应急演练等工作。

六、下沉式隧道防汛抢险应急预案

1. 总则

1)编制目的

为切实做好江门大道下沉式隧道防汛抢险的交通组织与指挥疏导工作,确保江门大道安全、畅通,防止重特大事故的发生,特制定下沉式隧道防汛抢险应急预案。

2)编制依据

依据《中华人民共和国公路法》《中华人民共和国道路交通安全法》《中华人民共和国突发事件应对法》《公路安全保护条例》《公路交通突发公共事件应急预案》等有关规定。

3)适用范围

下沉式隧道防汛抢险应急预案适用于江门大道下沉式隧道因大(暴)雨导致积水,造成公路交通堵塞、封闭时的应急处置和救援工作。

2. 防汛工作重点

包括强制排水设施的五个下沉式隧道:北环路下沉式隧道、五邑路隧道、迎宾西下沉式隧道、西区工业路下沉式隧道、篁庄大道下沉式隧道。

3. 预警响应

当接到汛情预警时,值班人员及时通知相关路段养护人员,启动防汛值班,各路段按照职责分工,快速响应,积极部署,有效预防,做好各项准备工作。

1)蓝色预警响应

(1)各路段养护人员到岗,24h 值班,确保通信畅通。

(2)各路段养护抢险人员、装备、车辆全部到位备勤。

(3)各路段养护人员随时上报雨天相关工作信息,各类有线、无线通信设备处于开通状态;

2)黄色预警响应

(1)在蓝色预警响应的基础上,进一步加强领导带班,隧道工程师安排加强巡查,发现问题及时组织处置、及时报告。

(2)所在路段养护人员到岗值班,及时收集、报送相关信息,所在路段养护负责人到岗,并做好防汛工作。

3)橙色预警响应

在黄色预警响应的基础上,全部路段养护到达防汛区域备勤,并组织好积水下沉式隧道的积水排水以及水毁设施修复的准备工作,确保下沉式隧道设施安全运行。

4)红色预警响应

在橙色预警响应的基础上,调动全部可调动资源全力应对,进一步加强各项工作力度和力量投入。

4. 实施工作

1)雨天巡视

(1)隧道工程师接到备勤指令后,立即组织路段养护人员上路对各管辖区域内下沉式隧道积水情况进行持续不间断巡视,并及时向值班人员反馈现场信息。

(2)在雨后应立即组织对各管辖区域内的下沉式隧道设施情况进行检查,并及时向值班人员反馈信息,落实雨后设施恢复工作。

2)防汛响应

(1)接到指挥中心下达任务后,抢险人员穿戴好劳动防护用品后,携带防汛抽水设备立即赶赴现场,并及时向值班人员汇报现场情况。

(2)下沉式隧道抽水作业、车辆停放,应用交通锥筒及指示牌进行维护。

(3)如防汛应急抢险车辆、设备遇交通堵塞不能通行时,作业人员要带上必要的工具赶往现场,不得在途中耽搁。同时,积极与交管部门沟通,由交管部门带领赶赴现场。

(4)在防汛及抢险作业过程当中注意安全,在确保自身安全的前提下进行作业。

(5)水泵必须由专人操作,并且对水泵的安全使用和正确保养负有全面责任,操作人员必须经过培训后才能上岗操作、培训记录齐全。

(6)降雨过程中,隧道工程师安排巡查人员对责任区进行不间断巡查,每隔一小时向上级报告一次防汛信息。

(7)强降雨时,路段养护要设专人在下沉式隧道入口密切关注雨情。一旦发现积水或雨水有可能倒灌的情况时,要迅速采取措施,打开下沉式隧道内自排水系统。

(8)如遇积水严重,应设置挡水板、码放防水沙袋或膨胀麻袋,必要时封闭下沉式隧道。

3)应急结束

抽排作业基本完成,次生衍生事件的隐患和危害基本消除,下沉式隧道通行无阻碍后应急处置工作结束。

4)信息管理

参与应急的小组要撰写突发事件应急处置总结报告并归档,同时上报综合部备案。

5. 附则

养护工程部是下沉式隧道防汛抢险专项应急预案的专职管理部门,负责下沉式隧道防汛抢险专项应急预案的修订完善、宣传教育、应急演练等工作,综合部做好相关演练协助工作。

第十三章

信息化建设与管理

为全面掌握江门大道路面、桥梁和隧道管理的情况，加强江门大道桥隧的安全性，为江门大道管理与养护提供决策的依据，实行早期养护和预防性养护等方面都具有非常积极的意义，管理中心应开展养护系统信息化建设。在应用信息化建设的基础上，推行“养护设计”，通过“养护设计”来制订中长期养护计划和年度计划。

信息化建设主要涵盖公路路面管理系统(CPMS)、公路桥梁管理系统(CBMS)和公路隧道管理系统(CTMS)以及江顺大桥管理与养护系统。

CPMS 用于江门大道路基、路面、桥涵构造物、沿线设施和绿化等养护内容的质量评价、路面养护决策、养护需求分析、投资决策、日常管理与养护和养护计划的编制。系统模块包括江门大道数据库、模型数据库、路面管理系统、日常养护系统、养护质量评定系统、养护计划制作系统、景观图像管理系统。

CBMS 能够根据江门大道桥涵的管理特性，提供沿线桥梁的结构诊断、状况登记、评价决策、GIS 查询、资金分配、养护计划检查等综合管理功能。系统包括数据管理子系统、统计查询子系统、评价决策子系统、费用模型子系统、维修计划子系统、GIS 子系统。

CTMS 能够根据江门大道隧道的管理特性，提供沿线隧道基础数据统计、病害跟踪、维修处治流程、技术状况评定、养护计划检查等综合管理功能。系统包括数据模块、统计查询模块、土建结构养护模块、机电设施养护模块、其他工程设施模块、技术状况评定模块。

江顺大桥管理与养护系统对桥梁资产进行 ID 编码并建立属性体系，以此建立桥梁资产数据库，通过数字化、可视化的形式，直观地显示桥梁资产的工作状况，可自动化进行桥梁风险统计、养护计划提示、知识库学习等工作。大桥定制化信息系统建设包含桥梁信息管理模块、养护计划管理模块、现场巡查模块、技术评定模块、维护工作模块、统计分析模块、GIS 地图信息模块、三维可视化平台模块。

针对大桥、特大桥，在运营过程中，发现异常现象的，应进行安全状况监测，时时监控。针对有异常位移变形的高边坡，应设置时时监测系统，对其变化情况进行监测。

第一节　系统建立

(1)管理中心在路段移交过程中，逐步建立和完善三大系统的静态数据库。

(2)管理中心应按系统的要求配置相应的硬件设备，包括台式电脑、手提电脑、数码相机、打印机、养护质量评定系统(MQI)专用数据采集仪(PCR 3.0)、日常养护系统专用的路况数据采集仪(PCRPAD)等。

(3)各部门应安排 1 ~ 2 名专职的养护技术人员负责系统的管理工作，系统管理人员必须接受系统基本原理和系统操作的培训,并能熟练使用这两套管理系统。包括能熟练使用数据导出、数据导入、数据备份、数据恢复、数据上报、数据分析、数据查询、计划编制等各项基本功能。

(4)公路通车满一年以后,应根据《公路养护技术规范》(JTJ 073)等标准规范的要求,对管理系统的动态数据进行采集。

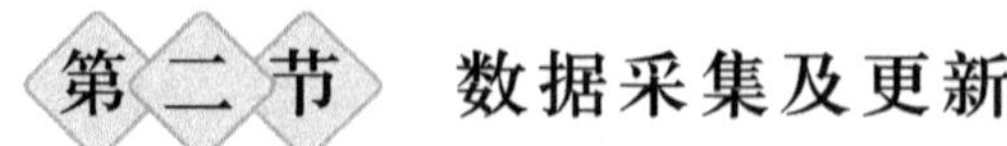

第二节 数据采集及更新

一、路面管理系统

(1)CPMS 数据采集的目的是通过数据的采集更新,为公路养护质量评定、养护规划(需求分析)和养护计划(路面大中修计划)编制提供科学依据。

(2)数据采集内容包括路面损坏状况检测、路面结构强度检测、道路平整度检测及路基、涵洞、通道、桥梁、其他构造物和沿线设施的损坏数据采集。有条件的部门可检测路面抗滑性能。

(3)数据采集设备要求路面损坏检测应采用实地丈量辅以路况数据采集仪(PCR)现场记录的方法检测,鼓励使用路况快速检测系统(设备)自动采集和处理路面各种损坏数据;路面结构强度可采用相关规范规定的方法检测,鼓励使用快速检测设备检测;道路平整度应采用高效、快速检测设备采集,如激光平整度或路况快速检测系统;路面抗滑性能检测应采用横向力系数检测车(SCRIM)或其他自动化检测设备;路基、涵洞、通道、桥梁、其他构造物和沿线设施损坏数据应采用实地丈量辅以路况数据采集仪(PCR)检测。

(4)数据采集要求路面弯沉检测数量应不小于 20 测点/km,采用快速设备检测路面弯沉时,必须对检测设备进行标定,路面弯沉只检测外侧行车道;道路平整度检测设备应进行定期标定(每次大规模检测前应标定一次,并且保证每年至少标定一次),道路平整度只检测行车道,检测数据应满足 CPMS 规定的数据自动录入格式;路面抗滑性能检测数量应不小于 10 段/km,路面抗滑性能只检测外侧行车道;路基、桥涵构造物和沿线设施数据,采用实地丈量的方法用路况数据采集仪(PCR)采集。

(5)CPMS 所需数据的调查频率为路面结构强度(PSSI)指标和路面抗滑性能(SRI)指标每两年全面调查一次;道路平整度(RQI)指标每年全面调查一次;路面破损状况(PCI)指标、路基、路肩、边坡、边沟、桥梁、涵洞、隧道、标志和标线等每 3 个月全面调查一次。

二、桥梁管理系统

(1)CBMS 数据采集的目的是收集整理能全面描述和记录公路桥梁基本特征和当前技术状况的信息,为桥梁的养护、维修和加固计划的编制提供科学依据。

(2)数据采集内容包括内业数据和外业数据。内业数据包括桥梁静态库和所有历史数据的采集;外业数据包括桥梁病害库和维修建议库的数据采集。其中,内业数据来源于桥梁卡片、设计图纸、竣工资料、档案资料等,如需要弥补丢失的数据,必要时应到现场实地勘测;外业数据来源于桥梁野外实地采集。

(3)数据采集设备包括常规设备和特殊检测设备。常规设备包括:照相机、高倍望远镜

(8～15倍)、检查专用梯、钢直尺、花杆、手电筒、红色工作服、电子测距仪等;专用设备包括:桥梁检测车、混凝土保护层测定仪、钢筋锈蚀仪、超声波测定仪、探地雷达测定仪、回弹仪、碳化及氯离子测定仪、刻度放大镜。

(4)数据采集要求:桥梁定期检查和详细检查的数据采集方法通常采用直观评定和仪器设备相结合的方法,采集人员采用一些常规设备进行桥梁特征数据的量测和状况评估,采用部分特殊设备量测其内在质量的变化。桥梁定期检查和特殊检查应由具备相应桥检资质的专业检测队伍承担。

(5)数据采集频率视桥梁技术状况的不同,公路桥梁病害的定期检查频率为1～3年/次。新建桥梁在使用1年后必须进行一次全面的检查;通车2年(含2年)以上,交通量较大或重车较多的项目,每年检查(测)一次;通车5年(含5年)以上的项目,每年检查(测)一次;在检查的过程中,重要构件明显达到三、四类技术状况的应立即安排一次详细检查。对于相对稳定的桥梁静态库和文档数据可保持不变,当发生变化时,应及时修改。

三、隧道管理系统

(1)CTMS采集数据的目的是根据隧道的管理特性,提供沿线隧道基础数据统计、病害跟踪、维修处治流程、技术状况评定、养护计划检查等综合管理。

(2)数据采集内容包括内业数据和外业数据。内业数据包括隧道静态库和所有历史数据的采集;外业数据包括隧道病害库数据采集。其中,内业数据来源于设计图纸、竣工资料、档案资料等,如需要弥补丢失的数据,必要时应到现场实地勘测;外业数据来源于隧道现场实地采集。

(3)数据采集设备包括常规设备和特殊检测设备。常规设备包括:照相机、检查专用梯、钢直尺、手电筒、红色工作服、电子测距仪等;专用设备包括:登高车、混凝土保护层测定仪、钢筋锈蚀仪、超声波测定仪、探地雷达测定仪、回弹仪、碳化及氯离子测定仪、刻度放大镜。

(4)数据采集要求:隧道定期检查和详细检查的数据采集方法通常采用直观评定和仪器设备相结合的方法,采集人员采用一些常规设备进行隧道特征数据的量测和状况评估,采用部分特殊设备量测其内在质量的变化。隧道定期检查和特殊检查应由具备相应桥检资质的专业检测队伍承担。

(5)数据采集频率视隧道养护等级的不同,经常检查一级养护隧道1次/月,二级养护隧道1次/2月,三级养护隧道1次/季度。

定期检查的周期应根据隧道技术状况确定,宜每年1次,最长不得超过3年1次。在检查的过程中发现重要结构分项技术状况评定状况值为3或4时,应立即开展一次定期检查。新建隧道在交付使用1年后进行首次定期检查。

第三节　系统的使用要求

(1)各部门负责CPMS、CBMS及CTMS使用的具体工作,应按照系统要求及时进行数据的定期更新和上报工作。

(2)各部门应及时利用CPMS、CBMS和CTMS,对检测数据进行分析处理,根据系统的评定结果提出养护分析报告，确保江门大道的养护质量和服务水平。

(3)每一位从事管理与养护的工程技术人员(包括管理与养护职能部门负责人)，必须能熟练应用和操作管理系统；中心分管理与养护护工作的领导(包括总工程师)，应了解该系统的基本功能，并熟练掌握系统的查询功能；中心行政负责人，应充分认识和重视管理系统在管理与养护工作中的应用。

第四节　系统的管理

(1)CPMS 公路模型数据库、CBMS 桥梁模型数据库和 CTMS 隧道模型数据库由养护中心统一管理，各部门不得随意修改，如确实存在问题需要修改时，须报请中心核准，由中心修改下发。

(2)数据库中的所有数据，各部门必须每年备份一次，形成完整的历史资料，为未来各项工作提供基础数据。

(3)各部门应结合省公路局的要求及时做好管理系统相关数据的更新和各类报表的上报工作。其中，上报数据和报表频率为每季度一次的必须于本季度第一个月 8 日以前上报上一个季度的数据、每年一次的必须于 11 月 30 日前报送至中心。

(4)CPMS、CBMS 及 CTMS 推广的基础是数据的真实性，中心将进行定期和不定期的检查与监督，以确保检测结果真实可信。并结合每次的管理与养护效绩考核，把三套管理系统的使用情况作为内业检查的重点，检查的内容包括领导的重视程度、系统的运行情况、数据的准确性与完整性、内业资料是否齐全、数据更新的及时性、是否按时间要求上报、养护技术人员对系统认知和应用的熟悉程度、系统硬件设备的配置情况等，并将检查结果纳入管理与养护绩效考核成绩中。

附录A

管理制度附表

日间巡查记录表 附表 A-1

巡查时间：20　年　月　日　自　时　分　至　时　分

巡查类型：日间巡查　　　　　　　　　　天气：

序号	巡 查 项 目	时间	桩号	地名	原因及损坏状况	处 理 方 法
1	路面状况(路肩、坡面、标线等)					
2	构造物状况(挡土墙、护坡等)					
3	安全隔离设施状况(波形栏、隔音墙等)					
4	标志牌、照明、通讯状况					
5	绿化状况					
6	桥梁状况					
7	隧道状况					
8	排水状况					
9	交通状况					
10	其他状况					

巡查人：　　　　　　　　　　　　养护责任人：

夜间巡查记录表 附表 A-2

巡查时间：20　年　月　日　自　时　分　至　时　分

巡查类型：夜间巡查　　　　　　　　　　天气：

序号	巡 查 项 目	时间	桩号	地名	原因及损坏状况	处 理 方 法
1	标线					
2	轮廓标					
3	反光道钉					
4	分流、导流坝					
5	其他					
备注：						

巡查人：　　　　　　　　　　　　养护责任人：

养护质量考核表 附表 A-3

序号	分类	种类	细目	考核内容及管护要求	扣分细则	扣分	得分	备注
1	安全生产（10分）		1	施工安全制度健全，养护员工严格按照操作规程作业，不违章作业	达不到要求的扣0.5分			
			2	每月至少进行一次安全意识教育及安全检查，并有记录	达不到要求的扣0.5分			
			3	按规范规定布置交通控制区，配置安全标志齐全	达不到要求的扣1分			
			4	现场施工人员着标志服，持安全培训证，按安全规定施工	达不到要求的扣1分			
			5	发现安全隐患时及时修复、上报	达不到要求的扣0.5分			
			6	上班期间不许饮酒，严禁酒后上路作业	达不到要求的扣0.5分			
			7	驾驶员在出车前要严格检查车况，不开带病车，机械发生故障，驾驶员及时向所内负责人反映情况，及时修复	达不到要求的扣0.5分			
			8	驾驶员严格遵守交通规则，要礼貌先让	达不到要求的扣0.5分			
			9	施工场地清理	施工完毕，施工场地未清理干净的，每发现1处，扣0.5分			
			10	重大责任事故	由于施工安全管理不善造成重大责任事故的，扣10分			
2	路基养护（15分）		1	边坡垃圾是否清理干净	每发现1处边坡垃圾，视情况扣0.5分			
			2	边坡杂草割除是否符合要求	每发现一处未按规定要求割除（每公里为一处）扣0.5分			
			3	边沟、急流槽、截水沟是否清理、疏通，保持排水系统清洁畅通	每发现1处未清理或疏通的扣1分			
			4	路肩不整齐	路肩与路面衔接不平顺，不利于排水、有缺口有高草等，发现1处扣0.5分			
			5	边坡坍塌	挖方边坡$3m^3$以下坍方未清理，填方边坡有冲沟，缺口者每处扣0.5分			

续上表

序号	分类	种类	细目	考核内容及管护要求	扣分细则	扣分	得分	备注
2	路基养护（15分）		6	挡墙、护坡完好无损，无裂缝、无沉陷	达不到要求的每处扣0.5分			
3	路面养护（25分）	沥青路面	1	沥青铣刨规范，整体美观，铣刨面层深度达4cm，铣刨平整度满足要求	铣刨不规范、铣刨深度、平整度不符要求的，每发现1人次，扣0.5分			
			2	沥青切割方正、接边平顺，无啃边现象	未切割或切割不规范的，接边有啃边现象的，每发现1处，扣0.5分			
			3	沥青摊铺前应确保基底整洁、无杂物，乳化沥青喷洒均匀、计量准确（$0.5kg/m^2$）	沥青摊铺前，未清理基底、未喷洒乳化沥青（或喷洒不均匀的），每发现1处，扣0.5分			
			4	沥青摊铺平整、与井框或其他构筑物高差不大于5mm	维修后沥青路面平整度不符要求的，扣0.5分			
			5	沥青碾压规范、压实充分，表面颗粒无松散现象	沥青压实不充分的，表面颗粒有松散现象的，每发现1处，扣0.5分			
			6	沥青坑槽修补须用乳化沥青作封边处理	坑槽修补做封边处理的，每发现1处，扣0.5分			
			7	沥青路面无网裂、拥包、坑槽、沉陷、脱皮等病害	沥青路面维修后短期内出现网裂、拥抱、坑槽、沉陷、脱皮等病害的，每处扣0.5分			
		混凝土路面	8	混凝土浇筑前应确保基底整洁、无杂物	混凝土浇筑前，未清理基底的，每发现1处，扣0.5分			
			9	混凝土须振捣均匀、无离析现象	混凝土振捣不均匀的，每发现1处，扣0.5分			
			10	混凝土表面平整、无蜂窝、裂缝现象	混凝土表面不平整、有蜂窝、裂缝现象，每发现1处，扣0.5分			
			11	与井框或其他构筑物高差不大于5mm	维修后路面与井框或其他构筑物高差大于5mm的，每发现1处，扣0.5分			

续上表

序号	分类	种类	细目	考核内容及管护要求	扣分细则	扣分	得分	备注
3	路面养护(25分)	混凝土路面	12	混凝土表面刻槽规范、并与周边原路面刻槽顺接	混凝土表面在达到规定强度后未及时刻槽或刻槽不规范的,每发现1处,扣0.5分			
			13	混凝土路面棱边顺直、无边角剥落现象	混凝土板棱边不顺直、有边角剥落现象的,每发现1处,扣0.5分			
			14	混凝土路面无断板、碎板、板角断裂、起拱、唧泥现象	混凝土路面维修后短期内断板、碎板、板角断裂、起拱、唧泥现象,每处扣1分			
			15	混凝土路面填缝饱满,与原路面无错台现象	混凝土路面填缝料缺失的、未用热沥青灌缝的、与原路面高差大于10mm的,每发现1处,扣0.5分			
		人行道	16	人行道面层砌块铺筑前应确保基底平整、无杂物	砌块铺筑前,未清理基底的,每发现1处,扣0.5分			
			17	铺筑时,应确保砂浆饱满、砌块底部无脱空现象	铺筑时,砌块底部有脱空现象的,每发现1处,扣0.5分			
			18	铺筑平整度满足要求,砌块间高差不得大于5mm	砌块间高差大于5mm的,每发现1处,扣0.5分			
			19	与井框或其他构筑物高差不大于5mm	与井框或其他构筑物高差大于5mm的,每发现1处,扣0.5分			
			20	人行道砌块间填充饱满、勾缝规范	砌块间未填缝或勾缝不规范的,每发现1处,扣0.5分			
			21	人行道砌块无松动、碎裂、沉陷现象	人行道砌块有松动、碎裂、沉陷现象的,每发现1处,扣0.5分			
			22	砌块材料、颜色与原路面一致,不得随意使用混凝土或其他面层材料替代破损人行道	修复材料与原路面不一致的,每发现1处,扣0.5分			

续上表

序号	分类	种类	细目	考核内容及管护要求	扣分细则	扣分	得分	备注
3	路面养护(25分)	人行道	23	侧、平石安放顺直，灌浆饱满	侧、平石修复不规范的，每发现1处，扣0.5分			
		保洁	24	路面是否有垃圾未清扫	每发现1处未清扫扣0.5分，有垃圾影响行车安全的视情况加重处罚			
4	桥涵养护(15分)	桥梁	1	保持桥梁、锥坡清洁，清除桥下易燃易爆物、堆积物；及时修理、更换栏杆、泄水孔、支座和桥面的局部轻微损坏；修补墩、台的微小损坏	桥梁、锥坡不清洁每处扣0.5分；桥梁或通道下发现柴草等易燃易爆物或堆积物未及时上报的，每处扣0.5分；栏杆泄水孔等未处理每处扣0.5分；处理不良（达不到规范要求）每处扣0.3分，并重新修理			
		管涵、通道	2	保持管涵清洁、通畅，涵洞进出口的铺砌和加固修理；通道局部维修和疏通	未疏通管涵每道扣0.5分；通道未处理每处罚款扣0.5分；处理不良（达不到规范要求）每处扣0.3分，并重新修理			
		桥面铺装	3	铺装层完好、平整、清洁，出现路面破损按规范要求及时修复修复质量符合《公路桥涵养护规范》要求	未达到养护要求的每处扣1分			
		上部构件	4	结构基本完好，出现渗水、污染，出现裂缝、锈蚀、露筋、剥落、风化等病害，可以通过小修保养经费进行维修的，按规范要求及时处理、修复修复质量符合《公路桥涵养护规范》要求	每发现一处病害扣1分			
		桥梁支座	5	保持支座清洁、完好，处于正常的工作状态出现可以通过小修保养经费进行维修的支座病害，要按规范要求及时处理修复质量符合《公路桥涵养护规范》要求	未达到养护要求，每个支座扣1分			

续上表

序号	分类	种类	细目	考核内容及管护要求	扣分细则	扣分	得分	备注
4	桥涵养护(15分)	墩台、基础	6	墩台与基础基本保持完好,出现裂缝、风化、锈蚀、露筋、下沉、冲刷等病害,可以通过维修保养经费进行维修的,要按规范要求及时处理修复质量符合《公路桥涵养护规范》要求	每发现一处病害扣1分			
		翼墙、锥坡损坏	7	出现勾缝脱落、局部损坏等,7天内必须修复修复质量符合《公路桥涵养护规范》要求	未达到养护要求,出现损坏每处扣1分			
		伸缩缝损坏	8	伸缩缝要经常养护、检查,确保干净,无杂物;坚持日常清扫,每月彻底清扫一次出现严重损坏要在2天内修复修复质量符合《公路桥涵养护规范》要求	伸缩缝清扫不及时每处,扣0.5分;严重损坏未及时修复,每处扣1分			
		排水不良	9	属于维修保养范围内的,24h内必须处置	未达到养护要求的每处扣1分			
		栏杆、护栏损坏	10	栏杆、护栏完整清洁,无松动、缺损,出现损坏与缺失的24h内必须处置修复质量符合《公路工程质量检验评定标准》	未达到养护要求,出现损坏每处扣0.5分,出现锈蚀、变形等情况每处扣1分,修复质量不符合标准要求扣0.5分			
		上跨桥防落网损坏	11	出现损坏,24h内做应急处理,7天内必须修复修复质量符合《公路工程质量检验评定标准》	未达到养护要求,损坏直径≤0.2m,每处扣0.5分,损坏直径>0.2m,每处扣1分修复质量不符合标准要求,每处扣0.5分			
		涵洞损坏、淤积	12	出现损坏、淤积,7天内必须修复	未达到养护要求,出现损坏、淤积,每处扣0.5分			
		桥头跳台	13	桥头、涵顶、隧道口无跳台现象	桥头、涵顶、隧道口跳台,每处扣0.5分			
		积水	14	桥头、涵顶、隧道口无积水现象	桥面、涵内、隧道积水,每处扣0.5分			

续上表

序号	分类	种类	细目	考核内容及管护要求	扣分细则	扣分	得分	备注
4	桥涵养护（15分）	保洁	15	1. 清扫清除路面上的垃圾和杂物，保证每天清扫一次，保持路面具有良好的卫生状况； 2. 随时清除中央隔离带、路缘带、路肩至隔离栅、桥涵通道下部的垃圾、杂草、杂物，以保证良好的卫生环境； 3. 清理积雨，防止道路损坏	发现一处明显的垃圾、杂物、杂草或污垢扣0.3分；有较大面积垃圾、杂物、污垢，每处扣0.5分；有较大面积未按时限清理的积雨，每$10m^2$扣0.5分；桥涵通道下部有未及时清理的垃圾，每处扣0.5分			
5	隧道（10分）		1	保持隧道清洁	洞内外每发现一处未清扫干净的扣0.2分			
			2	及时更换边沟破损的盖板	破损未更换每处扣0.5分			
			3	清除隧道口碎落岩石和修理隧道圬工接缝	未处理每处扣0.5分			
			4	处理渗漏水（车损除外）	渗漏水未处理每处扣0.5分			
6	交安设施（15分）	波形护栏	1	及时修理、更换，并保持清洁	不符合要求的每处扣0.5分			
		防眩板	2	及时修理、更换，并保持清洁	不符合要求的每处扣0.5分			
		隔离栅	3	及时修理、更换，并保持清洁	不符合要求的每处扣0.5分			
		标志牌	4	及时修理、更换，并保持清洁	不符合要求的每处扣0.5分			
		里程桩	5	及时修理、更换，并保持清洁	不符合要求的每处扣0.5分			
		百米标	6	及时修理、更换，并保持清洁	不符合要求的每处扣0.5分			
		界牌	7	及时修理、更换，并保持清洁	不符合要求的每处扣0.5分			
		轮廓标	8	及时修理、更换，并保持清洁	不符合要求的每处扣0.5分			
		诱导标	9	及时修理、更换，并保持清洁	不符合要求的每处扣0.5分			
		隔音墙	10	及时修理、更换，并保持清洁	不符合要求的每处扣0.5分			
		标线	11	路面维修后及时补齐	不符合要求的每处扣0.5分			

续上表

序号	分类	种类	细目	考核内容及管护要求	扣分细则	扣分	得分	备注
7	综合管理(10分)	巡查记录	1	按合同要求进行巡查并记录	无巡查资料视作未巡查,每次扣1分,巡查资料不全每次扣0.5分			
		施工记录	2	有详细的施工记录	无施工记录的,每次扣1分;施工记录不详细的,每次扣0.5分			
		上报资料	3	按业主的要求及时提供施工计划、总结等相关资料	未及时提交资料的,每次扣0.5分			
		人员到位	4	要求合同人员全部到位	检查发现合同人员未到位的,每人次扣0.5分			
		工作联系单执行情况	5	按要求执行工作联系单指令	有一张工作联系单未执行扣0.5分			
		月计划执行情况	6	按月计划要求全部完成任务	月计划未完成扣0.5分,特殊情况下月计划未完成的,在作出说明后酌情扣分			
		机械设备与仓库管理	7	机械设备管理办法和规章制度、实施细则完善;机械设备台账和设备档案齐全、更新及时;设备安全生产保障措施完善;设备操作人员培训合格;设备管护完好,无人为损坏操作人员定人、定机、持证上岗,明确岗位职责仓库管理制度健全采购程序规范,材料保存完好、整齐、易查,出入库程序规范,库存材料数量合理防火、防盗措施完善	工作要求中未达到要求的项目,每项扣0.5分			
		桥涵及构造物和路面病害检查记录	8	按要求记录	未提供检查记录资料或资料不齐者扣0.5分			
		巡查人员,车辆配置	9	按要求合理配足巡查人员	未按要求配足人员和车辆,每缺1次扣0.5分			

续上表

序号	分类	种类	细目	考核内容及管护要求	扣分细则	扣分	得分	备注
7	综合管理(10分)	巡查责任落实	10	巡查责任必须落实到个人,按照GPS的轨迹,要求做到定人,定路段,定时间进行巡查	未达到本条要求者,每处扣0.5分			
		巡查记录	11	巡查工作每日有记载,内容准确,应做到项目,位置准确无误,发现问题要及时上报,并有记录处理完毕后,要有处理结果,由相关负责人审核签字	未达到本条要求者,每次扣0.5分			
		巡查问题处置	12	养护维修范围内的市管道路,在巡查过程中发现设施明显损坏、影响车辆和行人安全等安全隐患、危急情况及时做好维护并通知管理与养护部门,做好记录	未达到本条要求者,每次扣0.5分			
		汛期应急巡查	13	遇应急情况,如大雨、暴雨等,巡查员应将各自负责巡查道路基本情况报知管理与养护单位	未达到本条要求者,每次扣0.5分			
8	额外加减分	印象分	1		总体印象好或在新闻媒体上为单位获得荣誉者可酌加0~5分,反之扣0~5分			
9	投诉	群众投诉	1	维修及时性、因质量问题被群众投诉的处理	施工单位未能在规定时间内完成修复的,每逾期1次,处罚500元;因质量问题被群众投诉的,每发生1次,处罚500元,处罚金额不设上限			
10	合计							

该单位考核得分: 考核负责人: 日期:

存在问题详细记录:

技术安全交底表 附表 A-4

工程名称	
交底时间	
交底地点	
参加人员	
主持人	
交底内容： 记录人：	

养护工程计量单 附表 A-5

施工单位(盖章)： 年 月 日

项目名称			桩号		
计算草图：					
工程量		单 价		合 计	
施工单位 负责人			养护工程部 审核人		

养护工程质量验收单

附表 A-6

施工单位(盖章)：　　　　　　　　　　　　编号：

<table>
<tr><td>工程名称</td><td></td><td>实施依据</td><td colspan="2"></td></tr>
<tr><td rowspan="2">施工地点
(路段、桩号)</td><td rowspan="2"></td><td rowspan="2">开工时间
完工时间</td><td colspan="2"></td></tr>
<tr><td colspan="2"></td></tr>
<tr><td>工程内容</td><td colspan="4"></td></tr>
<tr><td>施工单位自检</td><td colspan="4">负责人：________　　时间：________</td></tr>
<tr><td>验收单位鉴定意见</td><td colspan="4"></td></tr>
<tr><td>验收人员</td><td>姓名</td><td>职务</td><td colspan="2">备注</td></tr>
<tr><td></td><td></td><td></td><td colspan="2"></td></tr>
<tr><td></td><td></td><td></td><td colspan="2"></td></tr>
<tr><td></td><td></td><td></td><td colspan="2"></td></tr>
</table>

验收日期：　　年　　月　　日

专项工程审批表 附表 A-7

专项工程审批表

项目名称：______________

申请单位：______________

编　　号：______________

江门大道管理中心

二O　　年　月　日

<table>
<tr><td colspan="2">项目名称</td><td colspan="4"></td></tr>
<tr><td>年度计划
项目</td><td>是 □
否 □</td><td>年度计划
估算金额</td><td></td><td>实施估算
金额</td><td></td></tr>
<tr><td colspan="6">项目概述及技术方案：</td></tr>
<tr><td colspan="6">实施方式：</td></tr>
<tr><td colspan="6">养护工程部意见：

签名(盖章)：
年 月 日</td></tr>
<tr><td colspan="6">相关部门意见：

签名(盖章)：
年 月 日</td></tr>
<tr><td>领导
审批
意见</td><td colspan="5"></td></tr>
</table>

专项工程经费结算单

附表 A-8

施工单位名称：　　　　　　　　　　　　　　　　合同编号：

验收单编号：　　　　　　　　　　　　　　　　　年　月　日

项目名称		支付金额(元)	
养护工程部经办人	审核意见： 签字：　　　　日期：		
养护工程部负责人	审核意见： 签字：　　　　日期：		
公司领导	审核意见： 签字：　　　　日期：		

附录B

路 基 附 表

路基损坏调查表

附表 B-1

<table>
<tr><td colspan="5">路线名称</td><td colspan="5"></td><td colspan="6">调查方向</td></tr>
<tr><td colspan="5">调查时间</td><td colspan="5"></td><td colspan="6">调查人员</td></tr>
<tr><td rowspan="2">调查内容</td><td rowspan="2">程度</td><td rowspan="2">单位扣分</td><td rowspan="2">权重(ω_i)</td><td rowspan="2">计量单位</td><td colspan="10">起点桩号：　终点桩号：
线段长度：　路面宽度：</td><td rowspan="2">累计损坏</td></tr>
<tr><td>1</td><td>2</td><td>3</td><td>4</td><td>5</td><td>6</td><td>7</td><td>8</td><td>9</td><td>10</td></tr>
<tr><td>路肩边沟不洁</td><td>—</td><td>0.5</td><td>0.05</td><td>m</td><td></td><td></td><td></td><td></td><td></td><td></td><td></td><td></td><td></td><td></td><td></td></tr>
<tr><td rowspan="2">路肩损坏</td><td>轻</td><td>1</td><td rowspan="2">0.10</td><td rowspan="2">m^2</td><td></td><td></td><td></td><td></td><td></td><td></td><td></td><td></td><td></td><td></td><td></td></tr>
<tr><td>重</td><td>2</td><td></td><td></td><td></td><td></td><td></td><td></td><td></td><td></td><td></td><td></td><td></td></tr>
<tr><td rowspan="3">边坡坍塌</td><td>轻</td><td>20</td><td rowspan="3">0.25</td><td rowspan="3">处</td><td></td><td></td><td></td><td></td><td></td><td></td><td></td><td></td><td></td><td></td><td></td></tr>
<tr><td>中</td><td>30</td><td></td><td></td><td></td><td></td><td></td><td></td><td></td><td></td><td></td><td></td><td></td></tr>
<tr><td>重</td><td>50</td><td></td><td></td><td></td><td></td><td></td><td></td><td></td><td></td><td></td><td></td><td></td></tr>
<tr><td rowspan="3">水毁冲沟</td><td>轻</td><td>20</td><td rowspan="3">0.25</td><td rowspan="3">处</td><td></td><td></td><td></td><td></td><td></td><td></td><td></td><td></td><td></td><td></td><td></td></tr>
<tr><td>中</td><td>30</td><td></td><td></td><td></td><td></td><td></td><td></td><td></td><td></td><td></td><td></td><td></td></tr>
<tr><td>重</td><td>50</td><td></td><td></td><td></td><td></td><td></td><td></td><td></td><td></td><td></td><td></td><td></td></tr>
<tr><td rowspan="3">路基构造物损坏</td><td>轻</td><td>20</td><td rowspan="3">0.10</td><td rowspan="3">处</td><td></td><td></td><td></td><td></td><td></td><td></td><td></td><td></td><td></td><td></td><td></td></tr>
<tr><td>中</td><td>30</td><td></td><td></td><td></td><td></td><td></td><td></td><td></td><td></td><td></td><td></td><td></td></tr>
<tr><td>重</td><td>50</td><td></td><td></td><td></td><td></td><td></td><td></td><td></td><td></td><td></td><td></td><td></td></tr>
<tr><td>路缘石缺损</td><td></td><td>4</td><td>0.05</td><td>m</td><td></td><td></td><td></td><td></td><td></td><td></td><td></td><td></td><td></td><td></td><td></td></tr>
<tr><td rowspan="3">路基沉降</td><td>轻</td><td>20</td><td rowspan="3">0.10</td><td rowspan="3">处</td><td></td><td></td><td></td><td></td><td></td><td></td><td></td><td></td><td></td><td></td><td></td></tr>
<tr><td>中</td><td>30</td><td></td><td></td><td></td><td></td><td></td><td></td><td></td><td></td><td></td><td></td><td></td></tr>
<tr><td>重</td><td>50</td><td></td><td></td><td></td><td></td><td></td><td></td><td></td><td></td><td></td><td></td><td></td></tr>
<tr><td rowspan="2">排水系统淤塞</td><td>轻</td><td>1</td><td rowspan="2">0.10</td><td>m</td><td></td><td></td><td></td><td></td><td></td><td></td><td></td><td></td><td></td><td></td><td></td></tr>
<tr><td>重</td><td>20</td><td>处</td><td></td><td></td><td></td><td></td><td></td><td></td><td></td><td></td><td></td><td></td><td></td></tr>
<tr><td colspan="5">评定结果：
SCI =</td><td colspan="11">计算方法：
$SCI=\sum_{i=1}^{8}\omega_i(100-GD_{iSCI})$</td></tr>
</table>

特殊检查记录表

附表 B-2

养护作业单位：　　　　　　　　　　　　年　月　日天气：

<table>
<tr><td>巡查路线及桩号</td><td colspan="2">线 K　+　~K　+
线 K　+　~K　+</td><td>巡查时间</td><td>时至　时
时至　时</td></tr>
<tr><td rowspan="8">巡查情况记录</td><td>巡查内容</td><td colspan="3">发现隐患情况</td></tr>
<tr><td>1. 路基(有无大面积沉陷、断裂,路基线形有无扭曲等现象)</td><td colspan="3"></td></tr>
<tr><td>2. 边坡(有无大面积塌陷、冲毁)</td><td colspan="3"></td></tr>
<tr><td>3. 挡土墙</td><td colspan="3"></td></tr>
<tr><td>4. 排水沟</td><td colspan="3"></td></tr>
<tr><td>5. 管沟</td><td colspan="3"></td></tr>
<tr><td>6. 绿化带挡块</td><td colspan="3"></td></tr>
<tr><td>7. 其他</td><td colspan="3"></td></tr>
<tr><td>处理情况</td><td colspan="4"></td></tr>
<tr><td>巡查人员签名</td><td colspan="2"></td><td>负责人签名</td><td></td></tr>
<tr><td>备注</td><td colspan="4"></td></tr>
</table>

备注：发现隐患情况栏应准确填写病害名称、桩号、位置和数量等情况。

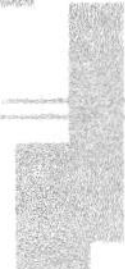

附录C

路 面 附 表

沥青路面损坏调查表 附表 C-1

路线名称：	调查方法：			调查时间： 调查人员：										
调查内容	程度	权重 ω_i	单位	起点桩号： 终点桩号： 路段长度： 路面宽度：										累计损坏
				1	2	3	4	5	6	7	8	9	10	
龟裂	轻	0.6	m^2											
	中	0.8												
	重	1.0												
块状裂缝	轻	0.6	m^2											
	重	0.8												
纵向裂缝	轻	0.6	m											
	重	1.0												
横向裂缝	轻	0.6	m											
	重	1.0												
坑槽	轻	0.8	m^2											
	重	1.0												
松散	轻	0.6	m^2											
	重	1.0												
沉陷	轻	0.6	m^2											
	重	1.0												
车辙	轻	0.6	m^2											
	重	1.0												
波浪拥包	轻	0.6	m^2											
	重	1.0												
泛油		0.2	m^2											
修补		0.1	m^2											
评定结果： DR = % PCI =				计算方法： $PCI = 100 - a_0 DR^{a_1}$ $DR = 100 \times \frac{\sum_{i=1}^{i_0} \omega_i A_i}{A}$ $a_0 = 15.00$ $a_1 = 0.412$										

特殊检查记录表 附表 C-2

养护作业单位： 年 月 日天气：

<table>
<tr><td>巡查路线及桩号</td><td colspan="2">线 K + ~K +
线 K + ~K +</td><td>巡查时间</td><td>时至 时
时至 时</td></tr>
<tr><td rowspan="8">巡查情况记录</td><td>巡查内容</td><td colspan="3">发现隐患情况</td></tr>
<tr><td>1. 路面（有无坑槽、唧泥、沉陷、坍塌、扭曲、波浪、散落物等对行车安全构成较大威胁的病害）</td><td colspan="3"></td></tr>
<tr><td>2. 路缘石</td><td colspan="3"></td></tr>
<tr><td>3. 排水设施</td><td colspan="3"></td></tr>
<tr><td>4. 其他</td><td colspan="3"></td></tr>
<tr><td></td><td colspan="3"></td></tr>
<tr><td></td><td colspan="3"></td></tr>
<tr><td></td><td colspan="3"></td></tr>
<tr><td>处理情况</td><td colspan="4"></td></tr>
<tr><td>巡查人员签名</td><td colspan="2"></td><td>负责人签名</td><td></td></tr>
<tr><td>备注</td><td colspan="4"></td></tr>
</table>

备注：发现隐患情况栏应准确填写病害名称、桩号、位置和数量等情况。

扫路车作业记录表 附表 C-3

养护作业单位： 填表时间：

驾驶人		车牌号码	
车辆运行前起始公里数(km)		车辆运行停运公里数(km)	
车辆作业线路一览表及里程			
作业总里程(km)			
作业时间	时 分～ 时 分 时 分～ 时 分		
作业总计时长			
备注			

人工保洁作业日志　　附表 C-4

<table>
<tr><td>养护作业单位</td><td colspan="3"></td><td>日期</td><td colspan="2"></td></tr>
<tr><td rowspan="2">工作时间</td><td colspan="3">时　　分～　　时　　分</td><td>工作时长</td><td></td><td>分钟</td></tr>
<tr><td colspan="3">时　　分～　　时　　分</td><td>工作时长</td><td></td><td>分钟</td></tr>
<tr><td>线路名称</td><td>起点桩号</td><td>止点桩号</td><td>保洁部位</td><td>长度(m)</td><td>面积(m^2)</td><td>备注</td></tr>
<tr><td></td><td></td><td></td><td></td><td></td><td></td><td></td></tr>
<tr><td></td><td></td><td></td><td></td><td></td><td></td><td></td></tr>
<tr><td></td><td></td><td></td><td></td><td></td><td></td><td></td></tr>
<tr><td></td><td></td><td></td><td></td><td></td><td></td><td></td></tr>
<tr><td></td><td></td><td></td><td></td><td></td><td></td><td></td></tr>
<tr><td></td><td></td><td></td><td></td><td></td><td></td><td></td></tr>
<tr><td></td><td></td><td></td><td></td><td></td><td></td><td></td></tr>
<tr><td></td><td></td><td></td><td></td><td></td><td></td><td></td></tr>
<tr><td></td><td></td><td></td><td></td><td></td><td></td><td></td></tr>
<tr><td></td><td></td><td></td><td></td><td></td><td></td><td></td></tr>
<tr><td></td><td></td><td></td><td></td><td></td><td></td><td></td></tr>
<tr><td>主要工作
数量汇总</td><td colspan="6">清扫路面　m^2,清扫行人道　m^2,清理绿化带　m^2,清理垃圾桶(池)　m^3,装运垃圾　m^3,其他</td></tr>
<tr><td>其他事项</td><td colspan="6"></td></tr>
<tr><td>作业人</td><td colspan="3"></td><td>时间</td><td colspan="2"></td></tr>
</table>

注:人工保洁时,每日每人一页。

沥青路面灌缝施工记录表

附表 C-5

施工单位： 编号： 第 页共 页

小修工程名称							
线路名称 及桩号范围							
指令来源 或作业依据							
路面及裂缝处理情况							
工程数量现场核对表 （总长及计算、简图 及说明，可附页）							
自检意见							
检测		施工员		审核		日期	

沥青路面灌缝质量验收表

附表 C-6

养护作业单位：　　　　　　　　　　　　　编号：　　第　页共　页

小修工程名称							
线路名称 及桩号范围							
检查项目	检查结果						
灌缝密实情况							
路面处理情况							
自检意见							
抽检意见							
检测		施工员		审核		日期	

沥青路面坑槽修补施工记录表

附表 C-7

养护作业单位：　　　　　　　　　　　　编号：　　第　页共　页

<table>
<tr><td>小修工程名称</td><td colspan="7"></td></tr>
<tr><td>线路名称
及桩号范围</td><td colspan="7"></td></tr>
<tr><td>指令来源
或作业依据</td><td colspan="7"></td></tr>
<tr><td>材料配比组成
或性能标准</td><td colspan="7"></td></tr>
<tr><td>工程数量现场核对表
（计算、简图及说明，
可附页）</td><td colspan="7"></td></tr>
<tr><td>自检意见</td><td colspan="7"></td></tr>
<tr><td>检测</td><td></td><td>施工员</td><td></td><td>审核</td><td></td><td>日期</td><td></td></tr>
</table>

沥青路面坑槽修补质量验收表 附表 C-8

<table>
<tr><td>小修工程名称</td><td colspan="7"></td></tr>
<tr><td>线路名称
及桩号范围</td><td colspan="7"></td></tr>
<tr><td>检查项目</td><td colspan="7">检查结果</td></tr>
<tr><td>坑槽清理情况</td><td colspan="7"></td></tr>
<tr><td>路面压实情况</td><td colspan="7"></td></tr>
<tr><td>平整度检查情况</td><td colspan="7"></td></tr>
<tr><td>自检意见</td><td colspan="7"></td></tr>
<tr><td>抽检意见</td><td colspan="7"></td></tr>
<tr><td>检测</td><td></td><td>施工员</td><td></td><td>审核</td><td></td><td>日期</td><td></td></tr>
</table>

附录D

隧道附表

隧道展示图 附表 D-1

桩号		
土建结构	左墙	
	拱部	
	右墙	

隧道名称：______________ 检查日期：____ 年____月____ 日

检查人： 记录人：

隧道展示图

1 2 3

4 5 6

病害表述图例

1-出水冒泥；2-衬砌凸起；3-围岩碎落；4-墙体变形；5-衬砌或围岩开裂；6-漏水

日常维修保养施工记录表 附表 D-2

实施单位：

工程名称				施工日期		年 月 日( )	
桩号				方向			
管理人员				外雇人员			
养护生产日志							
人工		材料			机械		
人 员	工日	名 称	单位	数量	名 称	台时	台班
施工具体内容							
累计工程量__________							

负责人： 记录人：

日常维修保养工程验收单 附表 D-3

承包单位： 合同编号：

<table>
<tr><td>项目</td><td></td><td>编号</td><td></td></tr>
<tr><td>单位</td><td></td><td>工程数量</td><td></td></tr>
<tr><td>施工日期</td><td></td><td>地点桩号</td><td></td></tr>
<tr><td colspan="4">工程内容：

工程质量描述：

计算式及说明：

施工负责人： 年 月 日</td></tr>
<tr><td colspan="4">验收组意见：

验收组人员：
年 月 日</td></tr>
</table>

日常维修保养工程结算单 附表 D-4

工程名称： 承包单位：

合同编号： 截止日期： 编号：

序号	项目名称	单位	数量	单价	金额
1					
2					
3					
4					
5					
6					
7					
8					
9					
10					
11					
12					
13					
14					
15					
16					
17					
18					

负责人： 经办人： 承包人：

日常维修保养工程月报表　　附表 D-5

填报单位：　　　年　　月

序号	项目	单位	单价	计划总工程量		本月完成		本月占计划百分比	截至本月累计完成		累计完成占计划百分比	备注
				数量	金额（元）	数量	金额（元）		数量	金额（元）		

负责人：　　填报人：　　填报日期：　　年　　月

机电故障记录表　　附表 D-6

隧道名称：＿＿＿＿＿（上行洞/下行洞）　　路线名称：＿＿＿＿＿

隧道编码：＿＿＿＿＿＿＿＿　　路线编码：＿＿＿＿＿

养护机构：＿＿＿＿＿＿＿＿　　检修日期：＿＿年＿月＿日 天气：＿

1	设备名称	
2	设备位置	
3	设备部位	
4	故障的原因及内容	
5	应急措施	

机电设施技术状况评定表　　附表 D-7

<table>
<tr><td>隧道情况</td><td>隧道名称</td><td></td><td>路线名称</td><td></td><td>隧道长度</td><td></td><td>建成时间</td><td></td></tr>
<tr><td>评定情况</td><td>管理
与养护单位</td><td></td><td>上次
评定等级</td><td></td><td>上次
评定日期</td><td></td><td>本次
评定日期</td><td></td></tr>
<tr><td colspan="2">设施名称</td><td>供配电设施</td><td>照明设施</td><td colspan="2">通风设施</td><td>消防设施</td><td colspan="2">监控与通信设施</td></tr>
<tr><td colspan="2">设备完好率 E_i</td><td></td><td></td><td colspan="2"></td><td></td><td colspan="2"></td></tr>
<tr><td colspan="2">评定状况值(0～3)</td><td></td><td></td><td colspan="2"></td><td></td><td colspan="2"></td></tr>
<tr><td colspan="2">权重 ω_i</td><td></td><td></td><td colspan="2"></td><td></td><td colspan="2"></td></tr>
<tr><td colspan="3">$\mathrm{JDCI}=100\times\left(\sum_{i=1}^{n}E_i\omega_i/\sum_{i=1}^{n}\omega_i\right)$</td><td></td><td colspan="3">机电设施评定等级</td><td colspan="2"></td></tr>
<tr><td colspan="2">养护措施建议</td><td colspan="7"></td></tr>
<tr><td colspan="2">评定人</td><td colspan="2"></td><td colspan="3">负责人</td><td colspan="2"></td></tr>
</table>

附录E

沿线设施附表

沿线设施检查记录表　　附表 E-1

填报单位：			路线名称：			
序号	里程桩号	部位	缺陷类型	缺陷程度	缺陷长度(m)或面积(m^2)	照片编号
1						
2						
3						
4						
5						
6						
7						
8						
9						
10						
11						
12						
13						
14						
15						
16						
17						
18						
19						
20						
21						
22						
23						
24						
25						
		检查人：		记录人：	日期：	

参 考 文 献

[1] 中华人民共和国行业标准. JTJ 073.2—2001　公路沥青路面养护技术规范[S]. 北京:人民交通出版社,2001.

[2] 中华人民共和国行业标准. JTG B01—2014　公路工程技术标准[S]. 北京:人民交通出版社股份有限公司,2014.

[3] 中华人民共和国行业标准. JTG F80/1—2017　公路工程质量检验评定标准　第一册　土建工程[S]. 北京:人民交通出版社股份有限公司,2018.

[4] 中华人民共和国行业标准. JTG H20—2007　公路技术状况评定标准[S]. 北京:人民交通出版社,2008.

[5] 中华人民共和国行业标准. JTG E60—2008　公路路基路面现场测试规程[S]. 北京:人民交通出版社,2008.

[6] 中华人民共和国行业标准. JTG H11—2004　公路桥涵养护规范[S]. 北京:人民交通出版社,2004.

[7] 中华人民共和国行业标准. JTG/T H21—2011　公路桥梁技术状况评定标准[S]. 北京:人民交通出版社,2011.

[8] 中华人民共和国行业标准. JTG H12—2015　公路隧道养护技术规范[S]. 北京:人民交通出版社股份有限公司,2015.

[9] 中华人民共和国行业标准. JTG H30—2015　公路养护安全作业规程[S]. 北京:人民交通出版社股份有限公司,2015.

[10] 陈拴发. 水泥混凝土路面维修与改造[M]. 北京:人民交通出版社,2011.